Florian Langegger

Doktor, Tod und Teufel

Vom Wahnsinn und von der Psychiatrie in einer vernünftigen Welt

Suhrkamp

Umschlagabbildung: Gustave Doré, Der Eissee

suhrkamp taschenbuch 879
Erstausgabe
Erste Auflage 1983

Abbildungsnachweis am Schluß des Bandes
Satz: Wagner, Nördlingen
Druck: Ebner Ulm · Printed in Germany
Umschlag nach Entwürfen von
Willy Fleckhaus und Rolf Staudt

1 2 3 4 5 6 – 88 87 86 85 84 83

So wie man im Theater hinter der Szene eine zweite, verschleierte Wirklichkeit ahnt, so gibt es auch im Hintergrund der Welt, in der wir leben, eine andere, zartere, nicht an die Gesetze der Schwerkraft gebundene Wirklichkeit – eine Welt von höherer Realität als die unsere. Viele Menschen, deren Körper in unserer Welt weilen, sind nicht in ihr, sondern in jener anderen beheimatet; niemals werden sie von der Wirklichkeit ganz erfaßt, immer wieder entwinden sie sich ihrem Zugriff – man kann das ebensogut eine Art Gesundheit wie eine Krankheit nennen.

Kierkegaard

Inhalt

Wie dieses Buch entstand

Ausgangspunkt der folgenden Überlegungen war meine Beschäftigung mit chronisch psychisch Kranken.

Ich hatte annähernd zehn Jahre als Arzt in der klinischen Psychiatrie gearbeitet und mich psychiatrisch und psychotherapeutisch ausgebildet. Während dieser Zeit begegneten mir eine Anzahl Menschen – sehr oft waren es junge Menschen –, die wegen einer seelischen Krankheit in eine psychiatrische Klinik kamen und von ihrer Krankheit bis heute nicht genasen. Dabei wurden diese Menschen von gut ausgebildeten und den neuen Methoden aufgeschlossenen, gewissenhaften Ärzten und Therapeuten behandelt, so daß man mit gutem Gewissen behaupten kann, das Menschenmögliche sei versucht worden.

Zu Beginn meiner Ausbildung traf ich in psychiatrischen Kliniken auch viele ältere Patienten an, die jahre- und jahrzehntelang hospitalisiert gewesen waren[1] und größtenteils einen erschreckenden und entsetzlichen Anblick boten. Völlig abgestumpft vegetierten sie dahin wie Wracks, die kaum mehr etwas von ihrem einstigen Leben erahnen ließen, das sie doch auch einmal besessen haben mußten. – Ich konnte mich nur beruhigen, indem ich mir sagte, diese Unglücklichen waren zu einer Zeit erkrankt, als moderne Behandlungsmethoden noch nicht zur Verfügung standen. Dieses Argument gilt aber nicht für die eingangs erwähnten jungen Kranken aus den letzten Jahren. Ihnen waren nämlich die Segnungen der modernen Psychiatrie bereits zuteil geworden, und dennoch hatte ihnen nicht geholfen werden können.

Ich kam mir angesichts solcher Fälle als Versager vor.

Die psychiatrische und psychotherapeutische Literatur glänzt ja von Erfolgsberichten neuer Behandlungsmethoden. Es sind Berichte, an deren Aufrichtigkeit und Ernsthaftigkeit sehr oft nicht zu zweifeln ist. Sie hinterließen bei mir den Eindruck, man wisse heute immer mehr über das Wesen und die Hintergründe seelischer Krankheiten und könne immer mehr Krankheitsformen immer besser behandeln. Sosehr mir das Studium der Fachliteratur, wie auch Kolloquien, Fallbesprechungen mit Kollegen, Tagungen, Kongresse, Supervision, etc., etc., in vielen Fällen halfen, so wenig konnte ich dabei für meinen Umgang mit chronischen, unheilbaren Fällen profitieren. Ich weiß nicht, ob es an meinem übersteigerten Lern- und Helferwillen lag oder an der Art der Ausbildung, die ich genossen hatte; jedenfalls hatte sich in mir irgendwie der Eindruck festgesetzt, daß solche Fälle nicht vorkommen sollten.

Je besser ich ausgebildet war und je mehr ich über mein Fachgebiet wußte, desto schlechter fühlte ich mich in bezug auf die Chronischen. Ich begann mich und jene Patienten zu hassen, die mir den Erfolg verweigerten. Die nachträgliche Bearbeitung mißlungener Therapien bringt ja immer irgendeinen Fehler zutage, an dem die Heilung gescheitert sein mochte. Die Fülle seelischer Möglichkeiten ist so unerschöpflich, daß man nie auslernt. Später macht man statt der alten Fehler neue Fehler, und dann und wann ist man wiederum mit dem Problem der Unheilbarkeit konfrontiert.

Meine Mißerfolge machten mir sehr zu schaffen. Ich sann auf Mittel und Wege, mein angeknackstes Selbstwertgefühl zu heben und meine Schuldgefühle zu mindern. Eine gewisse Hilfe war mir dabei die Erkenntnis, daß auch meine Lehrer und von mir geschätzte ältere Kollegen solche erfolglosen Therapien zu verzeichnen hatten. Das brachte mich dazu, ganz allgemein an dem Wert der Theorien über das Wesen der seelischen Störungen und an den daraus abgeleiteten therapeutischen Systemen zu zweifeln.

Mit der Zeit wurde mir klar, daß diejenigen, welche stets Erfolg haben, ihre Patienten *auswählen*. Dann können sie maßgeschneiderte Arbeit leisten, die aber nur sehr wenigen paßt.[1a] Was darüber hinausgeht, wird in vielen Publikationen einfach verschwiegen. Niemand berichtet gerne von seinen Mißerfolgen.

Die Gesamtheit des therapeutischen Feldes scheint einer Landkarte zu gleichen, die zwar viel kultiviertes Land aufweist, dazwischen aber auch weite Landstriche, die brach liegen, wo Unkraut wuchert. In den letzteren Gebieten sind die Therapieversager beheimatet.

Es tauchte in mir der Verdacht auf, daß neue Therapieverfahren gar nicht immer einer Rodung und Bebauung von Neuland gleichkommen, sondern auf schon kultiviertem Land den Boden umpflügen und eine bislang nicht gekannte Getreidesorte anpflanzen oder oft sogar nur einem Modetrend folgend das weniger Gefragte durch das Gefragtere ersetzen. Die leeren Flecken dazwischen scheinen die selben zu bleiben.

Der ganze sogenannte theoretische Unterbau und Überbau von Psychiatrie und Psychologie wurden mir höchst suspekt. Ich konnte all den Namen und Worten, mit denen man die lebendige Wirklichkeit der menschlichen Seele in den Griff zu bekommen versuchte, nicht mehr recht Glauben schenken. Und wenn jemand die Glaubwürdigkeit seiner Publikationen mit dem Argument untermauerte, daß die Theorien ja Wirkungen zeitigten, folglich als echte Machtwörter anerkannt werden müßten, so erinnerte ich mich an frühere Heilmethoden der Psychiatrie, die den Kranken geholfen hatten, obwohl sie nach moderner wissenschaftlicher Ansicht gar nicht wirken konnten, sondern genau das Gegenteil hätten bewirken müssen.

Dieses Mißtrauen hatte mir immerhin *ein* Resultat gebracht: ich hatte mich entschieden, daß es Patienten gibt, die trotz aller Bemühung nicht geheilt werden können.

Diese Einsicht ist einerseits banal, denn die Realität führt sie einem täglich vor Augen. Jeder ehrliche Praktiker wird das bestätigen. Dennoch ist sie eine bittere Pille für den therapeutischen Ehrgeiz und Optimismus.

Dabei ist es aber nicht einerlei, ob man notgedrungen und widerwillig »ja« dazu sagt, mit der geheimen Hoffnung, der unliebsame Sachverhalt werde sich eines Tages mit besseren Heilmitteln doch noch aus der Welt schaffen lassen, oder ob man sich für diese Überlegung einmal des ärztlichen Pflichtgefühls entledigt und sich zu einem positiven »ja, so ist es« durchringt und davon absieht, sogleich etwas daran ändern oder verbessern zu wollen.

Wer solches versucht, macht sich natürlich eines therapeutischen Nihilismus schuldig. Diesen Vorwurf muß man auf sich nehmen. Er wiegt allerdings nicht sonderlich schwer, wenn der Anerkennung des chronischen Krankheitszustandes alle nur erdenklichen psychiatrischen und psychotherapeutischen Bemühungen vorausgegangen sind.

Weiters mußte ich mich ernsthaft fragen, ob ich mit diesen Gedankengängen nicht bloß meine antitherapeutische Seite und meine Resignation zu sanktionieren versuchte, und selbstverständlich auch meine Unfähigkeit? Diesen Vorwurf nehme ich ernst und muß ihn gelten lassen. – Auch bemerkte ich rasch, daß ich mit meiner Ansicht über chronisch psychisch Kranke auf dem besten Wege war, eine neue Theorie jenen hinzuzufügen, die ich eben erst verworfen hatte.

Eigentlich gibt es so etwas wie die »chronisch psychisch Kranken« als eine für sich abzuhandelnde Patientengruppe gar nicht. Es gibt nur den einzelnen Menschen in seiner Einmaligkeit, der mit keinem anderen vergleichbar ist. Und unter den »chronisch psychisch Kranken« gibt es Schizophrene, Depressive, Neurotiker, Psychopathen ... Menschen mit den verschiedensten Leiden. Wozu soll es dienlich sein, die »chronisch psychisch Kranken« als eine Gruppe zusammenzufassen und darüber Worte zu verlieren? ... Wahrscheinlich könnte man noch viele weitere Einwände gegen meine Ansicht geltend machen.[2]

Dennoch ließ mich das Problem nicht los, und ich sah mich gezwungen, mich eingehend damit zu beschäftigen. Es gibt Dinge, die man tun muß und die einem den Gefolgseid abverlangen, selbst wenn man seiner Sache nicht sicher ist und den eigenen Standpunkt immer wieder als höchst fragwürdig erlebt.

Anmerkungen

1 Der längste mir bekannte Klinikaufenthalt betraf einen Patienten, der als Jüngling wegen »exzessiver Onanie« hospitalisiert worden war und über sechzig Jahre lang bis zu seinem Tod in der Klinik blieb.

1a Z. B. werden von den Personen, die sich für eine Behandlung an das New York Psychoanalytic Institute wenden, 89% als für eine Analyse ungeeignet abgewiesen. In den angenommenen Fällen hat die Analyse eine »hohe Erfolgsrate« aufzuweisen. Zit. n. *The New Yorker*, 1. 12. 1980, S. 54.

2 Wenn ich im folgenden immer wieder pauschal von »psychischen Störungen« oder von »Geisteskranken« spreche, so tue ich dies nicht in der Absicht, das alte Problem der »Einheitspsychose« neu aufzuwerten, sondern weil ich keine geeignetere Bezeichnung für die gesamte Vielfalt seelischer Verhaltensabsonderlichkeiten finden kann. Einschränkend sei lediglich vorweggenommen, daß ich die organisch bedingten seelischen Veränderungen ausschließe. Weiters bin ich mir bewußt, daß verschiedene Autoren vehement bestreiten, daß es so etwas wie Geisteskrankheiten überhaupt gibt. Ich möchte in die diesbezügliche Diskussion nicht eintreten. Irgendeiner Vokabel muß ich mich bedienen. Ich meine, daß ich am ehesten verstanden werde, wenn ich von »Geisteskranken« oder von »psychisch Kranken« spreche. Nur wo nötig, werde ich einzelne Krankheitsbilder diagnostisch gesondert hervorheben.

Annäherung an das Unabänderliche

Die Sphäre der chronisch psychisch Kranken ist mit derart vielen Tabus umstellt, daß eine Annäherung nur nach Überwindung heftiger Widerstände möglich ist. Aus der Gesellschaft ist diese Gruppe der Kranken weitgehend ausgestoßen. Darüber wird noch ausführlich zu sprechen sein. – Für die Medizin, der die Betreuung von Kranken traditionellerweise obliegt, sind sie, insofern sich Medizin als eine Gilde von Heilenden versteht, ein steter Stein des Anstoßes. So kommt es, daß viele Menschen überhaupt nicht wissen oder vergessen zu haben scheinen, daß es so etwas wie unheilbar Geisteskranke gibt. Noch viel weniger bekannt ist, *wie* das Leben solcher Menschen aussieht.

Die Verdrängung des Wissens um die chronisch Geisteskranken geht auf verschiedenen Wegen vor sich. Dem in der ambulanten Praxis tätigen Psychiater und Psychologen stehen vielerlei Möglichkeiten offen, seine Klientel auszuwählen. Das Spektrum reicht von der offensichtlichen und bewußten Bevorzugung bestimmter Patienten bis zur sublimen, oftmals ihm selbst unbewußten Ablehnung unerfreulicher Fälle. – Mit gewissen Einschränkungen gilt dasselbe von den psychiatrischen Polikliniken. Herkunft und soziale Stellung des Arztes, Lage und Einrichtung der Praxis, Art und Weise der Behandlung ziehen automatisch gewisse Patienten an, während andere sich davon zurückgestoßen fühlen. Daneben hat der Arzt, bzw. der Psychotherapeut, es selbst in der Hand, beispielsweise einem Anrufer, der sich für eine Behandlung anmelden möchte, zuzusagen oder abzusagen. Mit einiger therapeutischer Erfahrung kann man aus telephonischen Schilderungen schon sehr viel entnehmen. Manche Fälle klingen vielversprechend und interessant, andere langweilig oder lästig und von vorneherein hoffnungslos. Dementsprechend bekommt der Hilfesuchende einen positiven Bescheid, oder er wird mit der Mitteilung abgewiesen, die Praxis sei überfüllt und der Arzt sei außerstande, neue Patienten aufzunehmen.

Stellt sich im Laufe einer Behandlung heraus, daß ein Fall sich ungünstig entwickelt, so stehen dem Arzt wiederum zahlreiche Mittel zur Verfügung, eine solche Therapie abzubrechen. Man kann etwa dem Patienten in aller Offenheit mitteilen, es habe sich herausgestellt, daß er sich für das angewandte Verfahren nicht eigne. Man kann ihn mit Vorwürfen vor die Türe setzen, weil er die Ratschläge des Arztes nicht befolgt oder gar den Arzt angelogen habe. – Dabei weiß jeder Arzt, daß seine Anordnungen von *allen* Patienten in einem sehr hohen Prozentsatz *nicht* befolgt werden, genauso wie er weiß, daß kein Patient in der Lage ist, immer die Wahrheit zu sagen. – Solche strengen Verweise lassen sich mit guten Ratschlägen kombinieren und mit freundlichen Empfehlungen, wie der Patient seine Zeit und sein Geld besser anlegen könne, als sie mit unnützen Heilverfahren zu vergeuden.

Wenn dem Arzt und Therapeuten diese Vorgänge unbewußt sind, und er in bester Absicht versucht, stets aufgeschlossen und wohlwollend zu sein, so wird er doch mit Sicherheit in manchen Fällen seine unbewußte Ablehnung äußern, welche dann vom Patienten folgerichtig als Feindseligkeit empfunden wird und oftmals den Abbruch der Therapie nach sich zieht. Als Alibi mag dem Arzt dann dienen, daß es ja der *Patient* war, der »von sich aus« das therapeutische Bündnis löste.

Über diese Wechselwirkungen zwischen Arzt und Patient wurde bereits viel nachgedacht und publiziert. Es liegt mir fern, irgend jemanden deswegen anzugreifen. Ich bin vielmehr der Überzeugung, daß die geschilderten Zustände notwendigerweise so sind und sich gar nicht vermeiden lassen, so wenig wie sich persönliche Wertschätzungen, Zuneigungen und Abneigungen aus der Welt schaffen lassen. Mein Anliegen ist vielmehr zu zeigen, daß der in der ambulanten Praxis tätige Psychiater ein *verfälschtes* Bild von der Gesamtheit der seelisch Kranken zu sehen bekommt. Ich meine, daß sich dies nicht ändern läßt und daß man dem am besten begegnet, indem man versucht, sich dessen möglichst bewußt zu sein.

Es ist eine bekannte Tatsache und muß nicht weiter belegt werden, daß bei dem beschriebenen Auswahlprozeß die chronischen Patienten nicht bevorzugt behandelt werden. Zur Entlastung der Psychiater muß man hinzufügen, daß die allgemeine öffentliche Meinung – in welcher diejenige des Psychiaters ja eingebettet ist – auch nicht gerade dazu beiträgt, die chronisch psychisch Kranken besser zu stellen.

Ähnlich, aber in mancher Hinsicht doch anders, liegen die Verhältnisse in den psychiatrischen *Kliniken*. Die Herausnahme eines Menschen aus seiner gewohnten Umgebung und seine Unterbringung in einer Heilanstalt wiegen schwerer als eine bloß ambulante Behandlung und gehen nicht mit dem gleichen Maß an Willkür vor sich. Dennoch finden auch auf dem Weg in die Klinik und in der Klinik selbst Auswahlmechanismen statt, die das Bild verfälschen. So sind gewisse Kliniken auf bestimmte Sorten von Patienten spezialisiert. Meist erfolgt die Auswahl nach diagnostischen Kriterien oder nach sozialen Kategorien. An manchen Orten werden nur Neurotiker oder nur Süchtige oder nur psychosomatisch Kranke behandelt, die jeweils nur einen kleinen Teil aller psychisch Kranken ausmachen. Das Bild kann weiter verfälscht werden, indem man die Aufenthaltsdauer in einer Klinik entweder von vorneherein befristet oder die Behandlung, wie beschrieben, auf andere Weise gewaltsam beendet. Die Beziehungen zwischen Behandlern und Behandelten in der Klinik sind von denen in der ambulanten Praxis nicht so sehr verschieden. Es liegt auf der Hand, daß auch die finanziellen Kosten einer ambulanten wie einer klinischen Behandlung Einfluß auf die Auswahl der Patienten haben. – Ein weiterer Verteilungsmechanismus hat sich durch die Bestrebungen der sogenannten »Antipsychiater« ergeben, welche sich bemühen, möglichst alle Patienten aus den Kliniken zu entlassen. Aber auch damit ist das Problem der chronischen Krankheitsverläufe nicht zu lösen. Es zeigt sich nämlich, daß viele der auf diese Weise Zwangsentlassenen nicht zu einem normalen Leben außerhalb der Klinik fähig sind. Wenn man ihnen die Wiederaufnahme verweigert, müssen sie in irgendwelchen Heimen oder Wohnstätten Unterkunft finden. Das Problem ist auf diese Weise nur verschoben. Geheilt sind die Kranken damit noch lange nicht.

Am ehesten bekommt man die volle ungeschminkte Wirklichkeit des Phänomens Geisteskrankheit in jenen Kliniken zu sehen, welche von Gesetzes wegen verpflichtet sind, alle Kranken einer Region ungeachtet der Diagnose, Prognose, des Alters, Geschlechts, der sozialen Klasse etc. vorbehaltlos aufzunehmen. Meist sind das die staatlichen Großkliniken. Es ist ein unangenehmer Gedanke, daß ausgerechnet sie jener Ort sein sollen, wo das, was wir Geisteskrankheit nennen, so recht eigentlich lebt und daheim ist, während die meist viel erfreulicheren Varianten, die man in anderen psychiatrischen Institutionen antrifft, mehr oder weniger elitäre Verfälschungen sind. Und doch ist es so.

Ich muß meine Ausführungen hier für einen Augenblick unterbrechen. Der Leser könnte nach allem Bisherigen sonst glauben, es gebe über die Psychiatrie und speziell die großen Kliniken überhaupt nichts Positives zu sagen. Diesem Eindruck möchte ich ein für alle mal ganz energisch entgegentreten. Die positiven Seiten der Psychiatrie existieren zweifellos. Es wurde und wird sehr viel Segensreiches für die seelisch Kranken getan. Viele Männer und Frauen haben auf diesem Gebiet Großartiges geleistet, das man nur anerkennen kann. – Auch darüber wurde schon genug geschrieben.

Aber das ist nicht mein Thema. Ich bin von den unerfreulichen Aspekten der seelischen Krankheiten und ihrer Behandlung ausgegangen und möchte vorerst dabei bleiben. Die Welten des Wahnsinns und der Psychiatrie haben eine gemeinsame Geschichte mit verschiedenen ganz schauderhaften Kapiteln. Vieles, was einst als Heilmittel galt, beurteilen wir heute ganz eindeutig als Folter. Ebenso wird manches, das heute in der Psychiatrie angeblich zum Wohle der Kranken eingesetzt wird, bei einer künftigen kritischen Betrachtung möglicherweise nicht ganz so positiv wegkommen. Deshalb lohnt es sich, die Schattenseiten des Psychiatriebetriebes möglichst genau unter die Lupe zu nehmen.

Zunächst, was heißt das überhaupt, »Psychiatriebetrieb«? Meinen wir damit in erster Linie schreckliche Krankheiten? Oder meinen wir damit gewisse Menschen, die uns Angst machen, und die wir ablehnen? Oder meinen wir damit die Unterbringung und Behandlung der Geisteskranken in den Psychiatrischen Kliniken, von denen immer wieder erschütternde Berichte in die Öffentlichkeit gelangen? – Man reagiert auf alle Fälle betroffen, wenn von »Wahnsinn« oder von »Psychiatrie« die Rede ist. Und dann vermischen sich in der Vorstellung die Begriffe von Krankheit, Kranken und Behandlung.

Aber wieso reagieren wir denn überhaupt mit Betroffenheit? Betroffenheit verrät doch immer, daß man selbst *betroffen* ist, daß die Sache, die zur Debatte steht, etwas mit einem zu tun hat.

Wahrscheinlich geht es bei der ganzen Diskussion der Schattenseiten des Psychiatriebetriebs gar nicht so sehr um eine *Sache an sich*. Die Wandlung der klinischen Psychiatrie während der letzten Jahrzehnte in Richtung einer humaneren Behandlung der Kranken ist nämlich augenfällig und gar nicht zu leugnen. Geblieben ist merkwürdigerweise das *Vorurteil* in weitesten Kreisen der Bevölkerung, welches trotz Aufklärungskampagnen hartnäckig an der Vorstellung vom Grauen seelischen Krankseins und seiner Behandlung festhält. Das Vorurteil wie die Betroffenheit der anscheinend Unbeteiligten lassen vermuten, daß eine heimliche Wechselwirkung zwischen Kranken und Gesunden besteht.

Wer die Welt der psychisch Kranken und der Psychiatrie nach wie vor als eine *Sache an sich* betrachtet haben will, die mit der heilen Welt der Normalen möglichst keine Berührungspunkte haben soll, der übersieht erfolgreich diese Wechselwirkung. Psychische Krankheiten sind ja nicht etwas, das abgelöst von seiner Umgebung *an sich* existiert. Sie erwachsen vielmehr aus der Gesamtheit der Bevölkerung, von der sie selbst gleichzeitig ein Teil sind. Ihre Abhängigkeit von ihrer Umgebung ist vergleichbar derjenigen einer Pflanze von dem Erdreich, in dem sie wurzelt. Zu Schreckgespenstern werden die seelischen Krankheiten überhaupt erst, wenn sie aus der Perspektive der Gesunden betrachtet werden. Wie sollte das Kranke sich auch an sich selbst stoßen? Es ist immer der gesundgebliebene Persönlichkeitsanteil, der an der Krankheit leidet, bzw. die Gesunden, denen vor den Kranken graut.

Das Grauen und der Schrecken sind die spontane Reaktion der Gesunden auf das Phänomen der Geisteskrankheit. Diese Reaktion findet ihren Niederschlag in der Art und Weise, *wie* eine Gesellschaft mit ihren geisteskranken Mitgliedern umgeht. Die psychiatrischen Kliniken sind die Reaktion der seelisch Gesunden auf die seelisch Kranken. Psychiatrische Kliniken werden ja nicht von Geisteskranken gebaut und unterhalten, sondern von geistig Gesunden! – Schließlich erschrecken die Menschen, wenn sie des Endproduktes aus jenem Wechselspiel von gesund und krank, von actio und reactio gewahr werden, wobei zuletzt nicht mehr so klar auszumachen ist, wer mit dem Schrecklichen den Anfang machte, die Kranken oder die Gesunden.

Deshalb kann man bei der Beurteilung der Zustände in der Psychiatrie Krankheit und Behandlung, bzw. Kranke und Gesunde nicht scharf voneinander trennen. Beide gehören zusammen. Die Behandlung ist die Reaktion der Bevölkerung auf eine Krankheit, die in ihr selbst zuhause ist und immer wieder aus ihr erwächst. Der Horror vor Geisteskrankheiten und vor der Psychiatrie ist gleichermaßen ein Schaudern vor der *Sache* und vor der eigenen *Reaktion*.

Ein weiteres Argument, welches sich der Anerkennung der »Chronischen« entgegenstellt, und dem man sich nicht völlig verschließen kann, ist jenes, es gehe den Geisteskranken bei besserer Behandlung doch auch besser. Das leuchtet ein. Zweifellos haben menschlichere Verhältnisse in den psychiatrischen Kliniken vieles zum Wohlergehen der Patienten beigetragen, und es ist von weiteren Verbesserungen noch manches zu erhoffen.

Bedeutet bessere Behandlung aber automatisch auch schon mehr Gesundheit? – Gehen wir noch einen Schritt weiter: Ist eine Besserung im Zustand des Patienten gleich Gesundheit? – Eine solche Anordnung von Besserung und Gesundung in gegensätzlichen Positionen mag zunächst paradox erscheinen. Doch ist sie es nicht, wie die folgenden Überlegungen zeigen werden.

Eine alte psychiatrische Faustregel besagt, daß von einem nicht ausgewählten Patientenkollektiv etwa ein Drittel geheilt werden könne, ein Drittel eine Besserung erfahre und das dritte Drittel ungeheilt oder krank bleibe.[1] Man kennt diese Verhältniszahlen, seit man vor ungefähr zweihundert Jahren im Gefolge der Aufklärung begann, die Schicksale der Kranken zahlenmäßig zu verfolgen und Statistiken anzulegen. Sie finden sich bei Esquirol[2], später bei Griesinger[3], und sie sind in demselben Verhältnis auch das Ergebnis vieler moderner Verlaufsuntersuchungen.

Dazu einige Beispiele aus jüngster Zeit:

Manfred Bleuler verfolgte das Schicksal von 208 Schizophrenen über 20 Jahre lang. Er faßte seine Beobachtungen 1972 in einem Buch zusammen[4] und kommt darin u. a. zu folgenden Resultaten:

Ungefähr $^2/_3$ bis $^3/_4$ der Schizophrenien verlaufen gutartig, nur $^1/_3$ bis $^1/_4$ bösartig.[5]

Anhand von Stichproben 2, 5, 10 und 20 Jahre nach der Ersthospitalisierung zeigte sich, daß der Prozentsatz der hospitalisierten Patienten immer ungefähr gleich bleibt: immer sind etwa $^1/_3$ (von Bleulers 208 Patienten) hospitalisiert, $^2/_3$ außerhalb der Kliniken.[6]

Dementsprechend verbrachten alle Probanden im Durchschnitt $^1/_3$ ihrer Lebensjahre in Kliniken, $^2/_3$ der Zeit außerhalb.[7]

$^1/_3$ der Patienten war nach der ersten Hospitalisierung nie mehr in klinischer Behandlung.[8]

Viele Jahre nach Beginn der Erkrankung erwerbstätig sind zwischen $^1/_4$ und $^1/_3$ der Patienten, und zwar außerhalb von Spitälern und unbetreut.[9]

Strömgren ermittelte bei dänischen Schizophrenen, die hospitalisiert gewesen waren, katamnestische Befunde, die sich ebenfalls ziemlich genau an die $^3/_3$ Regel halten. Er fand:[10]

	am 1. 10. 1964 (in %)	am 1. 10. 1970 (in %)
aktive psychotische Befunde	32	26
nur schwache psychotische Befunde	37	33
nichts sicher Psychotisches	22	31
unbekannt	9	10

G. Huber, G. Gross und R. Schüttler kommen in der »Bonn-Studie« über die Langzeitentwicklung schizophrener Erkrankungen zu folgenden Ergebnissen:[11]

Heilungen	22,1
uncharakteristische Restsymptome	43,2
ungeheilt	34,7

Bezüglich der affektiven Psychose (= manisch-depressives Kranksein) werden $^1/_3$ bis die Hälfte der Patienten im Intervall zwischen den Krankheitsphasen nicht mehr völlig gesund.[12]

Nach fünfjähriger Beobachtung finden sich soziale Heilungen[13]

bei schizoaffektiven Psychosen	29
bei bipolaren affektiven Psychosen	36
bei monopolaren Depressionen	47

Ciompi und Muller untersuchten depressive Kranke im Alter und fanden bei $^1/_3$ ein Fortbestehen oder eine Verschlechterung der Krankheitssymptome, bei $^1/_3$ waren die Rückfälle mit der Zeit leichter und seltener geworden, $^1/_3$ der früheren Patienten hatte überhaupt keine Beschwerden mehr.[14]

Stolze verarbeitete 1962 verschiedene Publikationen, die sich mit den Erfolgen *ambulanter* psychotherapeutischer Behandlung befaßten. Er errechnete für die Heilung und Besserungen zusammen eine Quote von 64,5%, was annähernd $^2/_3$ entspricht.[15]

Tölle untersuchte in Münster das Schicksal von 115 psychopathischen Patienten. Er fand[16]

ungünstige Lebensläufe	33,9%
günstige Lebensläufe	31,3%
eine Zwischengruppe, »deren Lebensläufe durch gelungene Anpassung und Abwehr, Arrangement und Einengung gekennzeichnet sind«	34,8%

Die Trinkerheilstätte Anton-Proksch-Institut in Kalksburg bei Wien erreicht bei 1/3 der Patienten dauernde Abstinenz, 1/3 werden rückfällig, 1/3 werden als chancenlose Fälle bezeichnet.[17]

Die psychotherapeutische Klinik Stuttgart-Sonnenberg erreicht in 45% aller Fälle das bei Therapiebeginn gesteckte Ziel. Rechnet man ein Drittel geheilter Fälle plus ein halbes Drittel gebesserter, so ergäbe das zusamen 50%. Das Resultat von 45% liegt damit im Rahmen des zu Erwartenden. – Die Beschwerden der Stuttgarter Patienten konnten zu 1/3 stark gebessert und zu 1/3 leicht gebessert werden. 1/3 blieb ungebessert.[18]

Die Übersicht zeigt, daß psychische Krankheiten auch in jüngster Zeit ziemlich genau nach der 3/3 Regel verlaufen. Besonders erstaunlich sind die beiden letztgenannten Resultate aus Kalksburg und Stuttgart, weil es sich dort um hochspezialisierte Institutionen mit einem stark ausgewählten Patientengut handelt. Dennoch sehen die Verlaufsstatistiken nicht anders aus als an anderen Orten und zu anderen Zeiten.

Diese Gegenüberstellung alter und neuer Behandlungsergebnisse ist sehr erstaunlich. Der erwähnte Griesinger, der erste bedeutende Systematiker in der deutschen Psychiatrie, empfahl damals als probate Mittel unter anderem das Deckelbad, Zugpflaster und Klistiere, Blutegel, Schröpfköpfe und Blausäure.[19] Es scheint, als spotteten seine Erfolgszahlen im Vergleich mit den heutigen den Fortschritten bei der Behandlung psychisch Kranker – wenigstens soweit sie den quantitativen Erfolg betreffen. – Es drängt sich der Eindruck auf, als hätten die Krankheitsverläufe – statistisch gesehen – eine nur schwer zu beeinflussende Eigengesetzlichkeit. Wir müssen uns folglich Rechenschaft ablegen, was wir sagen, wenn wir behaupten, heute besser zu behandeln als unsere Vorgänger.

Statistisch betrachtet sind die angeführten Resultate allerdings gar nicht überraschend, sondern im Gegenteil zu erwarten. Man muß sich dazu lediglich vor Augen halten, daß psychisches Kranksein eine *unbekannte* Größe ist, von der nicht genau bekannt ist, welches ihr Ursprung ist, und daß auch nicht mit Sicherheit vorhergesagt werden kann, wie ein Krankheitsfall sich entwickeln wird.

Macht man ein Gedankenexperiment, bei dem man 100% Kranke an den Ausgangspunkt einer Berechnung stellt, und *gibt man vor,* daß diese Kranken sich in drei Richtungen bewegen können, nämlich Richtung Gesundheit, Besserung oder Krankheit, so ist statistisch zu erwarten, *falls der Vorgang nicht durch äußere Einflüsse gestört wird* (!), daß sich mit der Zeit bei genügend großen Zahlen eine gleichmäßige Verteilung innerhalb der drei Gruppen einstellen wird.

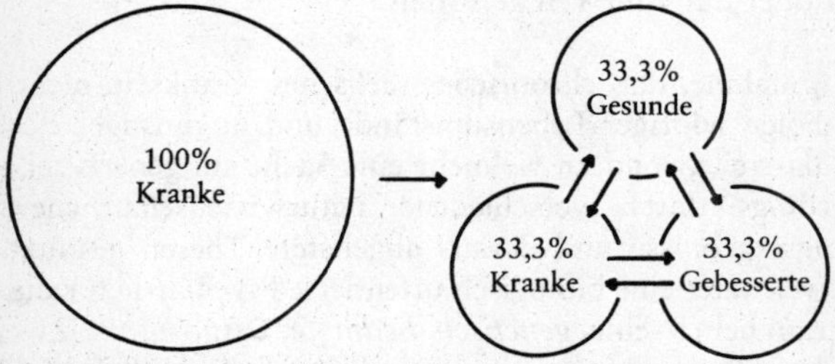

Ausgangslage: 100% Kranke

Endergebnis: Zwischen gesund, gebessert und krank hat sich ein Gleichgewicht eingestellt.

Es wäre nun sicherlich falsch, aus diesen über die Zeiten konstanten Behandlungsergebnissen einen therapeutischen Nihilismus abzuleiten. Denn die angeführten Zahlen stammen aus Kliniken, aus Situationen also, wo immer etwas für die Kranken getan worden war. Es muß offen bleiben, ob die Ergebnisse anders aussehen würden, wenn man therapeutisch gar nichts unternehmen würde.

Für die Wirksamkeit der Behandlung sprechen Vergleichsuntersuchungen zwischen den Behandlungserfolgen zu Beginn dieses Jahrhunderts und den letzten Dezennien. Diese zeigen, daß die schweren schizophrenen Defektzustände heute seltener zu beobachten sind als zu Anfang des Jahrhunderts, bei gleichzeitiger Zunahme leichter und mittelschwerer Defektzustände.[20]

Das Beispiel macht den Unterschied zwischen *Besserung* und *Gesundung* deutlich. Alle Fälle mit Defektzuständen müssen statistisch als ungeheilt aufgeführt werden. *Praktisch* macht es aber einen enormen Unterschied, ob ein leichter oder ein schwerer Defektzustand vorliegt. Der Psychiatrie kommt demnach das Verdienst zu, die Patienten innerhalb jenes Bereiches, der über die Jahrhunderte konstant zu bleiben scheint, besser zu behandeln.

Der Grund, weshalb die Heilungsquoten über die Zeiten hinweg gleich geblieben sind, liegt vermutlich darin, daß wir heute so wenig wie damals wissen, was die eigentliche Ursache der Geisteskrankheiten ist. Dementsprechend waren und sind die Therapiemethoden weitgehend nur auf die Bekämpfung der sichtbaren Symptome ausgerichtet, und haben wohl das Wesen der Sache nicht oder nur zum Teil getroffen.

Die Annahme, daß chronisches seelisches Kranksein nicht bloß eine Folge widriger Lebensumstände und ungünstiger Behandlung darstelle, sondern vielmehr eine Sache sui generis sei, wird neuerdings durch verschiedene naturwissenschaftliche Forschungsergebnisse und daraus abgeleitete Thesen gestützt. Erstens vermutet eine biologisch orientierte Psychiatrie für die Geisteskrankheiten eine *genetisch bedingte Disposition*. Zweitens sprechen gewisse Untersuchungen dafür, daß sich beim Embryo *während der Schwangerschaft* bestimmte biologische Regelkreise unter ungünstigen Umständen (z. B. Alkoholismus, Drogenmißbrauch der Mutter, aber auch Hormonbehandlung während der Schwangerschaft) auf eine abnormale Weise etablieren und irreversibel fixieren können. Drittens kennt die Verhaltensforschung den Begriff der »Prägungen«. Man versteht darunter, daß gewisse Einflüsse, welche normalerweise während einer bestimmten Lebenszeit, der sogenannten »sensiblen Periode«, erfolgen sollen, *zu keinem späteren Zeitpunkt nachgeholt werden können*. Unterbleiben sie, so resultiert daraus ein nicht wieder gutzumachender Defekt. – Alle drei Modelle legen die Vermutung nahe, daß es sowohl vom Erbgut her wie infolge von Einflüssen während der Schwangerschaft und nach der Geburt *Unabänderliches* im menschlichen Leben gebe.

Einstweilen ist die Forschung auf diesen Gebieten noch nicht so weit vorgedrungen, daß ihre Ergebnisse hier als wirklich beweisend herangezogen werden könnten oder daß daraus im Einzelfall der psychiatrischen Praxis handfeste Konsequenzen gezogen werden könnten. Wenn ich sie hier anführe, so deshalb, um zu zeigen, daß sich aus den Resultaten naturwissenschaftlicher Forschung allmählich ein Substrat zur Stützung der Idee des Unabänderlichen, des im menschlichen Leben schicksalhaft Festgelegten abzuzeichnen beginnt.

Eine einfache Rechnung zeigt, daß die chronisch psychisch Kranken, wenn sie nicht anderswo untergebracht werden, innerhalb weniger Jahre den Hauptanteil jeder psychiatrischen Klinik ausmachen. Diese Tatsache ist aus dem klinischen Alltag hinlänglich bekannt.

Manfred Bleuler schreibt: »Unter den Spitalinsassen sammeln sich aber offensichtlich die chronischen Fälle an, vorausgesetzt wenigstens, daß man die chronisch Spitalbedürftigen nicht abschiebt.«[21]

Klinische Psychiatrie – und das ist die für manchen vielleicht überraschende Feststellung zu Ende dieses Exkurses – ist zum größten Teil *Psychiatrie der chronisch psychisch Kranken.*

Solche Betrachtungsweise widerspricht der normalen medizinischen Perspektive, deren Hauptaugenmerk auf die Akutkranken gerichtet ist. Dagegen fehlt im medizinischen Denken eine Haltung, die dem chronischen Leiden gerecht würde, heute mehr denn je. Als »hoffnungslose Fälle« werden die Unheilbaren im allgemeinen mit einem Minimum an Aufwand am Leben erhalten. Einmal mehr scheint dabei die tragische Wahrheit Gültigkeit zu haben, daß die am schwersten Kranken die schlechteste Behandlung erfahren.

Nach allen bis hierher angestellten Überlegungen muß man sich fragen, ob sogenannte erfolgreiche Behandlungen seelischer Störungen vielleicht nicht viel anderes sind als ein Begleiten von Fällen, die auch spontan günstig verlaufen wären. – Das Verhältnis der heilbaren zu den unheilbar psychisch Kranken ließe sich dann mit Touristen und Einheimischen im Lande des seelischen Leidens vergleichen. Die eigentlichen und bis zu innerst seelisch Kranken sind die Chronischen. Alle anderen sind nur zeitweilige Gäste, die das Land früher oder später wieder verlassen.

Wenn die folgende Darstellung davon ausgeht, *daß* es unheilbar psychisch Kranke gibt, so soll damit keineswegs dem Prinzip *Hoffnung* Abbruch getan werden. So einfach ist die Hoffnung in der menschlichen Seele ohnehin nicht zu begraben. Von »chronisch« zu sprechen gestatten wir uns ja erst, wenn sich alle Hoffnung als vergeblich erwiesen hat.

Das folgende Beispiel möge erläutern, was ich meine, wenn ich von »chronisch« spreche, und welche Umstände gegeben sein müssen, ehe ich mir erlaube, ein so schwerwiegendes Urteil zu fällen:

Ein Psychotherapeut unserer Klinik blättert in der Krankengeschichte einer seiner Patientinnen. Er findet darin den Zustand der Kranken sehr treffend von dem Arzt, der die Abteilung führt, geschildert. Genauso hat er selbst die Patientin in der letzten Psychotherapiestunde erlebt. Mit Schrecken bemerkt er plötzlich, daß die Eintragung schon vier Jahre zurückliegt. – In all den Jahren hatte sich bei der Frau überhaupt nichts verändert.

Die Hoffnung, wiewohl sie für gewöhnlich als eine der schönsten menschlichen Tugenden angesehen wird, kann sich im Umgang mit chronisch Kranken geradezu als schädlich erweisen. Einem unveränderlich chronisch Kranken gegenüber Hoffnung zu hegen, wird jenem nicht nur nicht gerecht, sondern tut ihm gewissermaßen sogar Gewalt an. Zusätzlich zu seiner Krankheit leidet er dann nämlich an der immer aufs neue enttäuschten Hoffnung. Für sich selbst sind solche Kranke ein ständiger Quell von Enttäuschung. Mit Beschämung müssen sie auch immer wieder erleben, wie sie die Hoffnung all derer enttäuschen, die sich um sie bemühen. – Wünschenswert wäre eine Haltung, welche dem Unveränderlichen gerecht wird, ohne deswegen an der der Hoffnung gegenüberliegenden Klippe der *Resignation* zu stranden.

Um die aufgegebene Hoffnung muß einem deswegen nicht bang sein. Im allgemeinen stellt sie sich von selbst wieder ein, sobald nur der geringste Anlaß dazu besteht. Eher zu oft als zu selten. Wie oft wird nicht grundlos gehofft! Die Hoffnung ist sofort zur Stelle und läßt unserer Phantasie eilige Flügel wachsen, wann immer die Not unerträglich zu werden droht.

Ich bin mir bewußt, daß ich, indem ich diese Haltung vertrete, den Verdacht auf mich lenke, jene antitherapeutische Seite zu propagieren, welche sich gern hinter therapeutischem Eifer verbirgt und doch nichts anderes beabsichtigt, als das nun einmal etablierte Verhältnis zwischen Behandlern und Behandelten für alle Ewigkeit festzueisen – was dem Behandler bekanntlich nicht zu unterschätzende materielle und seelische Vorteile einbringt. Ich kenne diese Seite meiner selbst und habe solchen Vorwürfen eigentlich nichts zu entgegnen. Wenn ich dennoch mit meiner Argumentation fortfahre, so deshalb, weil ich ein ärztliches Credo, das sich immer wieder mit Versprechungen zukünftiger

Erfolge Hoffnung macht und über heutiges Elend hinwegtäuscht, für einseitig und unvollständig halte. – Sicherlich sollen diejenigen, welche mit Kranken zu tun haben, bemüht sein, soviel wie möglich zu lernen und sich nichts vormachen über die Schattenseiten ihrer angeblich so edlen Motive. Allein, mit der Bewußtmachung derselben sind die chronisch Kranken noch nicht geheilt. – Ich halte die Einsicht, daß ausgerechnet *die* Menschen, welche eigentlich heilen sollten, oft alles daran setzen – bewußt oder unbewußt –, um die Kranken krank zu halten, für unerhört wichtig. Das schließt aber nicht aus, daß es so etwas wie nicht zu besserndes Kranksein wirklich gibt.

Ich möchte sogar noch einen Schritt weitergehen. Es liegt mir nicht nur daran, den chronisch psychisch Kranken zur Anerkennung zu verhelfen. Ich möchte sie darüber hinaus aus ihrer nur negativen Rolle herausheben und sie *beispielhaft für alle psychisch Kranken* abhandeln.

Als Christa Robinson, Robert Bosnak, C. T. Frey und ich das erste Referat zu diesem Thema ausarbeiteten[22], waren wir immer wieder tief deprimiert über die Ausweglosigkeit mancher Fälle. Wir versuchten, die Fakten so zurechtzubiegen, daß wir der Trostlosigkeit und Hoffnungslosigkeit, die sich einstellten, nicht voll ins Auge sehen mußten. Wiederholt ertappten wir uns dabei, wie wir in aussichtsreichere Gefilde abschweiften, obwohl nichts dazu berechtigte, und wir mußten uns zwingen bei dem Thema zu bleiben, das wir uns vorgenommen hatten. Es stellten sich uns heftige Widerstände gegen die Anerkennung der Unverbesserlichkeit mancher Krankheitszustände in den Weg.

Tatsächlich ist die Beschäftigung mit chronisch Kranken oft sehr deprimierend. Der unheilbar Kranke verkörpert wie kein anderer das Elend und das Tragische, aber auch das Besondere des Krankseins. (Ich meine dies nicht im Sinne einer Idealisierung des Krankseins, sondern einer Profilierung seines Wesens.) Bei geheilten Fällen und sogar bei den an einer Krankheit Gestorbenen mag man sich trösten, daß alles Leiden nur ›vorübergehend‹ war; das Böse nur eine privatio boni. Nicht so bei den chronisch Kranken. Sie zwingen unausweichlich zur Konfrontation mit der Krankheit. Sie sind die Kranken schlechthin. Deshalb läßt sich an ihnen manches besonders deutlich machen, was in geringerem Maß auch für ihre vom Schicksal gnädiger bedachten Leidensgefährten Geltung hat.

Anmerkungen

1 Zit. n. H. Stolze, *Die Katamnesen des Psychotherapeuten*, 1962, S. 2454.
2 J.E.D. Esquirol, *Von den Geisteskrankheiten*, 1816/1968, S. 92/93.
3 W. Griesinger, *Die Pathologie und Therapie psychischer Krankheiten*, 3. Aufl. 1871, S. 466 ff.
4 Manfred Bleuler, *Die schizophrenen Geistesstörungen ...*, 1972.
5 Ebda. S. 230.
6 Ebda. S. 305.
7 Ebda. S. 310.
8 Ebda. S. 302.
9 Ebda. S. 312.
10 E. Strömgren, Verlauf der Schizophrenien, in: G. Huber, *Verlauf und Ausgang schizophrener Erkrankungen*, 1973, S. 131.
11 G. Huber, G. Gross, R. Schüttler, in: G. Schimmelpenning (Hrsg.), *Psychiatrische Verlaufsforschung*, 1980, S. 112.
12 J. Angst, *Verlauf endogener Psychosen*, S. 10.
13 Ebda. S. 11.
14 L. Ciompi, Ch. Muller, *Katamnestische Untersuchungen zur Altersentwicklung psychischer Krankheiten*, 1969, S. 350.
15 H. Stolze, *Die Katamnesen des Psychotherapeuten*, 1962, S. 2453.
16 R. Tölle, in: G. Schimmelpenning (Hrsg.), *Psychiatrische Verlaufsforschung*, 1980, S. 224.
17 Zit. in: *Schweiz. Ärztezeitung* 59, 1978, S. 917.
18 Göllner, Volk, Ermann, Analyse von Behandlungsergebnissen ..., in: F. Beese, *Stationäre Psychotherapie*, 1978, S. 299.
19 W. Griesinger, S. 484 ff.
20 C. Astrup, R. Holmboe, K. Noreik, *Follow-up of Functional Psychoses at two Norwegian Mental Hospitals*, 1968. J. Shimazono in: H. Mitsuda, T. Fukuda (Hrsg.), *Schizophrenia and Schizophrenialike Psychoses*, 1975, S. 126-128. Auch M. Bleuler, *Die schizophrenen Geistesstörungen*, 1972, S. 262. J. Rey-Bellet, La chronicité vue à travers l'évolution de l'hopital psychiatrique, in: *Chronizität: Schicksal oder Artefakt?*, S. 337-344.
21 M. Bleuler, a.a.O., S. 240.
22 C. T. Frey-Wehrlin, R. Bosnak, F. Langegger, Ch. Robinson, *Behandlung chronischer Psychosen*, 1978.

Der Ort der chronisch psychisch Kranken

Das Bemühen um Anerkennung der Realität chronisch psychischen Krankseins ist ein verwirrendes Unternehmen. Immer wieder fällt man der Versuchung anheim, Bedingungen zu ersinnen, unter denen der Kranke hätte genesen können. So löblich solches Bemühen ist, wenn es zum gewünschten Erfolg führt, so wenig nützt es in jenen Fällen, deren Krankheit sich nicht bessert. Nicht nur zermürben die ständig aufs neue enttäuschten Heilserwartungen alle Beteiligten, auch entfernt sich der Behandler mit solchen Phantasien von den ihm anvertrauten Kranken und läßt sie recht eigentlich im Stich. In seinen Gedanken flüchtet er sich an die Gestade der Gesundheit, während der Patient, als Mensch mit seinem Leiden abgelehnt und alleingelassen, im Lande der Hoffnungslosigkeit zurückbleibt.

Hat man sich dagegen zur Anerkennung chronischen Krankseins als eines Zustandes eigener Dignität durchgerungen, so bedarf man, um in dieser Position ausharren zu können, unbedingt einer *Neuorientierung*. Ansonsten würde die Hoffnungslosigkeit unerträglich. Für diese Standortbestimmung müssen wir uns also die Frage stellen: »*Wo* befinden sich unsere chronisch Kranken und wo befinden sich damit auch diejenigen, die bei ihnen bleiben und versuchen, ihnen beizustehen?«

Die Ablehnung des Leidens ist so allgemein menschlich, daß man nicht bald einen Ort findet, wo es ein dauerndes Heimatrecht beanspruchen dürfte. Selbst die scheinbare Freudigkeit, mit welcher die Gläubigen vieler Religionen Leiden suchen und auf sich nehmen – man denke hier vor allem an den Buddhismus und die ihm verwandten geistigen Systeme, aber auch an das Christentum –, meint eigentlich nicht das Leiden selbst, sondern die dahinter winkende jenseitige Glückseligkeit. Das religiöse Leiden ist deshalb nicht wirklich chronisch, denn es kennt eine Heilung.

Der einzige Ort, den die Phantasie der Völker mit nie und nimmer endenden Qualen ausgestattet hat, die die *Hölle*, die *Unterwelt*. Dort, und eigentlich *nur dort* gibt es ein Leiden ohne Ende. Wer in die Hölle fällt, der schmachtet *für immer*.

Schon die alten Ägypter kannten ein Totenland im Westen, von wo keiner ins Leben zurückkehrte. Nicht einmal der tote Pharao war dagegen gefeit. Mit eindrücklichen Worten warnte man ihn davor: »Mögest du nicht auf jenen westlichen Bahnen dahingehen, denn die dort hingehen, die kommen nicht wieder.«[1] Später entwickelte sich im ägyptischen Glauben die Vorstellung einer regelrechten »Vernichtungsstätte, aus der es kein Entkommen gibt«![2] Platon schreibt, »deren Zustand für unheilbar erkannt wird, ... diese wirft ihr gebührendes Geschick in den Tartaros, aus dem sie nie wieder heraussteigen.«[3] Im alttestamentarischen Buch der Weisheit heißt es, ein Retter aus dem Hades sei nicht bekannt[4], und bei Hiob 7,9-10 »es steigt nicht auf, wer fuhr in die Scheol. Nie kehrt er in sein Haus zurück. Nie sieht ihn seine Heimat wieder.«[5] – Diese Hoffnungslosigkeit und Ausweglosigkeit ist ein typischer Aspekt der Unterwelt, der im Glaubensgut fast aller Völker anzutreffen ist.

Die Methode des Vergleichens von seelischen Zuständen und menschlichen Verhaltensweisen mit mythologischen Bildern wurde von C. G. Jung in die Psychologie eingeführt und von ihm »Amplifikation« genannt (von lat. amplificatio: Vergrößerung, Vermehrung, Anreicherung). Zum besseren Verständnis ungenügend geklärter Sachverhalte empfahl Jung, entsprechendes Material aus der Geistesgeschichte der Völker beizuziehen und das in Frage stehende Thema damit gewissermaßen anzureichern.

Unsere Frage, so gefragt, weist uns in die Unterwelt. Als eine erste Antwort können wir formulieren: das chronische psychische Kranksein, die ausgeprägteste denkbare Form seelischen Leidens ist *»die Hölle«*.

Folgen wir diesem Weg, so ist, ehe wir weitere Schlüsse ziehen, zu prüfen, ob die Unterwelt, abgesehen von einer extremen Chronizität, sonst noch Gemeinsamkeiten mit der Welt der Psychiatrie aufweist.

Praktisch alle Völker zu allen Zeiten entwickelten Vorstellungen über ein Leben nach dem Tod.

Mir sind lediglich vereinzelte degenerierte und vom Aussterben bedrohte Indianerstämme im Süden Südamerikas bekannt, die nichts Derartiges glauben. Ausnahmen von dieser Regel sind natürlich auch alle jene, die an Atheismus, Positivismus, Agnostizismus, Materialismus u. ä. glauben. Überblickt man aber die Gesamtheit der menschlichen Geistesgeschichte im historischen Längsschnitt und im ethnologischen Querschnitt, so spielen derartige Ausnahmen eine nur untergeordnete Rolle. Die überwiegende Mehrzahl der Spezies homo sapiens kennt den Glauben an ein Fortleben jenseits des Todes.

Bei den höheren Kulturvölkern finden sich zusätzlich allerlei phantasiereiche Unterscheidungen verschiedener Örtlichkeiten im Jenseits. Prinzipiell werden meist Orte der Belohnung für die Guten und Straforte für die Bösen voneinander getrennt.

Alleine die europäische Literatur blickt auf eine reiche Tradition von Unterweltschilderungen zurück, als deren wichtigste Vertreter Hesiod, Homer, Vergil und Dante zu nennen sind. Sie sind allerdings nur die hervorragendsten Exponenten eines reichen Überlieferungsschatzes, dessen Wurzelwerk und Geäst in den Religionen und im Volksglauben weit verzweigt sind und in einer Vielfalt von Bildern auf uns gekommen sind. Alles in allem umfassen die Vorstellungen der Menschheit von der »Unterwelt« – wie ich diesen Ort im folgenden pauschal nennen werde – ein riesiges Anschauungsmaterial, welches zum Teil sehr bunt und unterschiedlich ist, zum Teil eine über die Völker und Zeiten hinweg erstaunliche Konstanz zeigt.

Ich will versuchen, soweit dies meine Möglichkeiten erlauben, dieses Material daraufhin durchzusehen, ob tatsächlich Gemeinsamkeiten zwischen der Welt der Psychiatrie und den Unterweltvorstellungen bestehen. – Dem unvoreingenommenen Leser wird dieses Vorhaben wahrscheinlich völlig unsinnig erscheinen. Doch bitte ich, mir vorerst etwas Kredit zu geben und zu bedenken, daß wir weder über ein Leben nach dem Tod noch über das Wesen der seelischen Krankheiten im letzten Grunde etwas Sicheres wissen.[6] Folglich ist es legitim, alles, was über die beiden Gebiete bis heute ausgesagt wurde, als Phantasien über einen unbekannten Gegenstand anzusehen. Dann steht dem Versuch, die beiden Welten miteinander zu vergleichen, wissenschaftstheoretisch nichts mehr im Weg.

Das kennzeichnendste Merkmal der Unterwelt ist das Fehlen des Sonnenlichts. Es herrscht dort ewige *Finsternis*.[7] Sogar das Feuer, das in der Hölle lodert, ist dunkel.[8]

Im slawischen Henoch 10,2 heißt es: »Alle Arten Peinigungen (zeigte man mir) an jenem Ort (dem Hades-Gehinnom) und furchtbare (grausame, wilde) Finsternis und unerhellbare Nebel, und nicht ist daselbst Licht, sondern *finsteres* Feuer (oder Feuer der Finsternis) brennt beständig.«[9]

Die Sicht ist getrübt.[10] Nebel herrscht, man sieht nichts.[11] *Das Tibetanische Totenbuch*[12] spricht vom »Dunkel der Unwissenheit« im Jenseits.

Mangel an Licht und Klarheit scheint der am schwersten wiegende Defekt des unterirdischen Reiches zu sein. Zwanglos läßt sich dem an die Seite setzen, was man » Verdunkelung des Geistes« nennt, jener allgemeine Trivialausdruck für jegliche Form seelischer Störung. Wir sprechen in diesem Sinne auch von »geistiger Umnachtung«.

So klagte eine Patientin während einer längerdauernden Depression: »Wenn mir nur die Sonne wieder scheinen würde!«

Vergleicht man seelisches Kranksein mit dem Tod, so muß man sich vor Augen halten, welche Rolle die Seele bzw. der Geist für die menschliche Selbstwahrnehmung spielen. Nur dank der Tatsache, daß wir über ein geistiges Reflexionsvermögen verfügen, sind wir überhaupt in der Lage festzustellen, *daß* wir leben. Wessen Geist in extremem Grad zerstört ist, der verfügt über kein Organ mehr, mittels dessen er wahrnehmen könnte, daß er selbst und die Welt rings um ihn überhaupt existieren. Dann spielt es auch keine Rolle mehr, *ob* er existiert. Es erübrigt sich über ein Leben zu spekulieren, von dem niemand etwas weiß.

Dies eine erste praktisch relevante Parallele zwischen Geisteskrankheit und Tod. Natürlich kommen nur die wenigsten Kranken bis zu einem so extremen Grad geistiger Zerstörung. Doch scheint es mir für diese Untersuchung, wie gesagt, angebracht und wichtig, sich das *Äußerste* vorzustellen, weil nur von dort her gewisse Erscheinungen, die wir bei leichteren Erkrankungen bloß in Ansätzen beobachten, verstanden werden können.

Die Stimmen der Völker zur Jenseitsfrage erfahren eine willkommene Bereicherung aus Kreisen der *Parapsychologie.* Die Kontaktnahme mit Toten spielt unter den parapsychologischen Aktivitäten eine ziemlich große Rolle. Weiteres für unsere Problemstellung verwertbares Material findet sich neuerdings auch in Berichten über sogenannte *»Sterbeerlebnisse«*. Es handelt sich dabei um die Angaben von Personen, welche bereits »klinisch tot« waren und dank den Möglichkeiten der modernen Medizin wiederbelebt werden konnten. In vielen Fällen geben solche Menschen Beschreibungen ab, die den Anschein erwecken, als hätten diese

»wiederbelebten Toten« für eine kurze Weile Einblick in eine jenseitige Welt genommen. – Für unsere Erörterungen ist es ohne Bedeutung, ob solche »Sterbeerlebnisse« und die erwähnten parapsychologischen Mitteilungen »wahr« sind. *Psychologisch* sind sie auf alle Fälle wahr, unabhängig davon, wie sie zustande kamen. – Es ist immerhin bemerkenswert, daß derartige Schilderungen des Jenseits sich in mancher Hinsicht mit den alten Überlieferungen zu diesem Thema decken. Wir können sie deshalb ruhig miteinbeziehen, ohne deshalb verpflichtet zu sein zu entscheiden, ob diese Übereinstimmung bloß daher rührt, daß Menschen zu allen Zeiten Ähnliches erlebt und auf ähnliche Weise sich ausgedrückt haben, oder ob es »hinter« diesen Gemeinsamkeiten tatsächlich so etwas wie ein handgreifliches Jenseits gibt.

Es überrascht jedenfalls nicht, daß auch parapsychologische Berichte den Umstand der *Dunkelheit* in der Unterwelt besonders hervorheben. Beispielsweise beklagte ein im Laufe spiritistischer Sitzungen hervorgerufener Geist, der sich »Oscar Wilde« nannte und aus verschiedenen amerikanischen Medien sprach, daß er sich in einem »schrecklichen Gleichgewicht zwischen Tageslicht und Dunkel« befände, und daß es der »Göttlichen Gerechtigkeit« wohlgefalle, ihn »in einem trüben Zwielicht festzuhalten«.[13]

Zu der Finsternis in der Unterwelt kommt hinzu, daß *die vier Himmelsrichtungen aufgehoben* sind. Eine ägyptische Darstellung zeigt, wie sie »ermattet« am Boden liegen.[14] Damit fehlt den unterirdischen Sphären das Richtungweisende. Man ist dort *desorientiert*. Im Buch Hiob[15] wird behauptet, der Unterwelt gehe

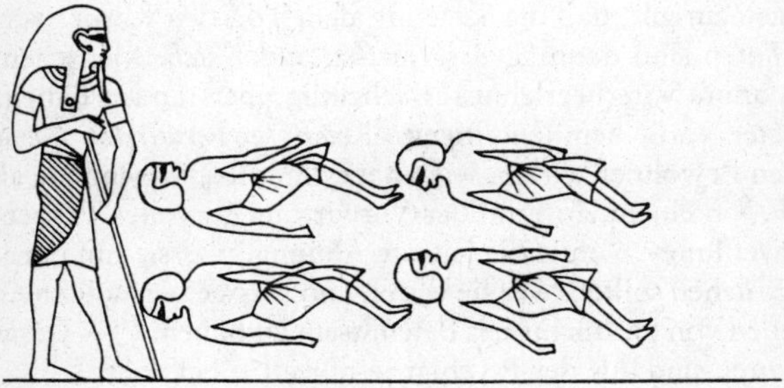

Der ägyptische Gott Atum
Vor ihm liegen die vier im Jenseits aufgehobenen Himmelsrichtungen

überhaupt jede Ordnung ab. Die Zustände dort sind *chaotisch.*

Weiters ist es eine *verkehrte Welt,* wo sich das oberste zu unterst befindet und das unterste zu oberst[16], wo für recht angesehen wird, was auf Erden falsch ist[17], wo die Menschen *verdreht* sind und eine Sprache sprechen, die auf Erden unverständlich wäre[18], weil alle Worte das Gegenteil bedeuten. Süß heißt dort bitter, und bitter heißt süß. Stehen bedeutet liegen, und liegen stehen.[19] Wenn Tote auf Erden umgehen, so erkennt man sie daran, daß ihr Schatten nach der entgegengesetzten Seite fällt wie bei Lebenden. – Weil in der Unterwelt alles umgekehrt ist, sind auch die Texte der ägyptischen Totenbücher gegenläufig zu lesen.[20] Solcher Umkehrung entspricht auch, daß die Toten im Jenseits rückwärts gehen, statt vorwärts[21], was man in einer psychologischen Sprache wohl als »regressiv« übersetzen würde. Wer in dieser Welt alt und weise war, der wird dort wieder jung und naiv. – Die bedauernswerten Toten, die gezwungen sind *auf dem Kopf* zu gehen, galten in Ägypten als besonders bösartig. Eigene Zauber wurden angewendet, die dies verhindern sollten.[22]

In einer umgekehrten Welt laufen auch die Verdauungsfunktionen in entgegengesetzter Richtung ab. Das führt dazu, daß die unseligen Toten ihren eigenen Kot essen müssen.[23] Versteht man das symbolisch, so könnte man frei übersetzen, so einer bekomme seine eigene Scheiße zu kosten. – Beschissene finden sich in Dantes Inferno.[24] In Indien kennt man im Jenseits die Gruppe der »Auswurf-Verzehrer«.[25] – Solches kommt ja auch ganz konkret vor, wenn Geisteskranke in höchster Verwirrung mit ihrem Kot schmieren oder sogar ihren eigenen Kot essen.

Allgemein gilt, daß die Seele mit dem Tod den Körper verläßt. Die Toten sind dann gewissermaßen *außer sich.* Menschen, die sogenannte »Sterbeerlebnisse« lebendig überstanden haben, berichteten von einem jenseitigen *»Reich der verwirrten Geister«.* Dessen Bewohner wirken wie »abgestumpft«, »irgendwie eingeengt«, »in einem Zustand der Verwirrung«, »voller Trauer und Verzweiflung«, »ohne die leiseste Ahnung, was sie tun oder wohin sie gehen sollten, wer sie wären und was sie hier sollten«. »Sie schienen von gar nichts ein Bewußtsein zu haben.«[26] – Derartige Zustände sind aus der Psychiatrie nur allzu bekannt.

Häufig begegnet man im Jenseits *kopflosen* Menschen.[27] Ihre sprichwörtliche *Kopflosigkeit* wird gefürchtet. Die Ägypter versuchten mit Zaubersprüchen, die sie auf die Innenwände der Sarkophage schrieben, einem solch grausamen Schicksal vorzubeugen und zu verhindern, »daß der Kopf eines Mannes von ihm genommen wird.«[28] Der Kopf galt ihnen als der Sitz des Lebens. Deshalb war es besonders wichtig, daß er nicht verlorenging. Vorsorglich gab man den Toten Reserveköpfe aus Stein mit ins Grab und ein Amulett, die sogenannte Kopfstütze, die den Zusammenhalt des Kopfes mit dem Körper garantieren sollte.[29]

Ägyptische Unterweltgötter mit kopflosen, umgekehrten »Feinden«

Viele Tote müssen schwere Lasten tragen und Gewichte schleppen. Sie sind *belastet, bedrückt.*[30] Der berühmteste unter ihnen ist Sisyphus, der immer aufs neue seinen Felsen den Berg hinanwälzt.[31] Die zu solchen Qualen Verdammten weinen nicht mehr. Ihre Seufzer bleiben stumm.[32] Ihre Tränen werden zu Glas. Sie können ihrem Schmerz nicht Ausdruck verleihen. Dafür schmerzt er innerlich um so mehr.[33] Männer und Weiber werden zur Strafe für ihre Verbrechen einen gewaltigen Abhang hinabgestürzt, um sogleich wieder hinaufgehetzt zu werden, und wieder hinunter, und wieder hinauf, ohne Ende.[34] Hoffnungslose Trauer, Verwirrung und Klagerufe erfüllen die Finsternis. Die Unglücklichen befinden sich am »Ort des Weinens und Zähneknirschens«.[35] – Zu diesen schrecklichen Bildern kommen einem *bedrückte* Menschen in den Sinn, *depressive* Kranke, die darüber klagen, daß etwas unermeßlich, unerträglich Schweres auf ihnen laste. Die Tränen, die nicht geweint werden können, sind bei ihnen ein häufiges Symptom. Schieben sich zwischen die depressiven Phasen im Leben der Kranken noch manische Episoden, dann gestaltet sich der Krankheitsverlauf wirklich wie eine erbarmungslose Jagd über Höhen und durch Tiefen.

Auch den *Gespaltenen* begegnet man in der Unterwelt. Gespaltenheit ist ein besonderes Charakteristikum dieser Sphären. Schon der Satan, der Fürst und Anführer der höllischen Heerscharen, ist mit sich selbst entzweit.[36] Dante schildert Tote, die der Länge nach von Kopf bis Fuß gespalten sind, und andere, deren Kopf und Herz durch eine horizontale klaffende Wunde voneinander getrennt sind.

> »und zweie waren eins und eines zweie,
> wie das so möglich, liegt bei höhern Winken.«[37]

Derartige Aufspaltungen sind auch Bestandteil des Initiationsrituals der *Schamanen*. Der Vergleich mit den Praktiken der Schamanen drängt sich auf, weil der künftige Schamane eine *Unterweltreise* zu absolvieren hat. Erst wird er zerstückelt, später werden die Teile zu einem neuen Menschen zusammengesetzt. Nur wenn alle Teile richtig und vollkommen wieder zusammengekommen sind, ist der Neuling in sein Amt eingeweiht, und erst dann ist er ein echter Schamane. Gelingt das Zusammensetzen nicht, bleibt er krank oder er stirbt.[38]

Zu solchen Spaltungen assoziiert man natürlich innere Zerrissenheit, Spaltungsirresein, *Schizophrenie*. Folgt man den verschiedenen Jenseitstexten, so drängt sich der Eindruck auf, daß diesen Entzweiungen eine natürliche Heilungstendenz innewohne. Von sich aus würden sie nämlich wieder zusammenwachsen. Doch lauert im Hinterhalt ein Teufel, der mit dem Schwert sofort wieder entzweihaut, was sich anschickt ganz zu werden.[39] – In auffallender Analogie zu dieser Beobachtung Dantes sagt das *Tibetanische Totenbuch* (das Dante sicherlich nicht bekannt war): »Selbst wenn dein Körper in Stücke zerhackt wird, erholt er sich wieder. Das wiederholte Zerhacken bereitet furchtbaren Schmerz und Qual.«[40] Auch die Schergen des ägyptischen Totenreiches achten mit größter Sorgfalt darauf, daß die Leiber der Hingemetzelten sich nicht wieder zu neuer Ganzheit vereinigen.[41] – Man würde hier von chronisch rezidivierenden, phasischen Verläufen sprechen, wie sie gerade bei Schizophrenie häufig vorkommen.

Im Gegensatz dazu trägt eine ägyptische Totengottheit, die dem Leben dient, den Namen »der Zusammenfügende«.[42]

Einzelne Symptome dieser Krankheit werden in den Totenbüchern anschaulich dargestellt. Mancher Tote leidet unter einem Gefühl, als ob er »von vielen Menschen verfolgt« würde.[43] Wer denkt da nicht an Verfolgungswahn! – Dante schildert die im *Eissee* Eingefrorenen, die steif und völlig unbeweglich vor sich hinstarren.[44] Das Bild erinnert an die Symptomatik des katatonen Stupors. – Die Unterwelt tritt dem Besucher entgegen als ein von unbekannten Mächten erfülltes Land der Wunder. Alle Dinge scheinen dort belebt zu sein. Die Toten können mit jedwedem Gegenstand Zwiesprache üben und erhalten sogar eine Antwort. – Derartige Erlebnisweisen sind den verschiedensten psychischen Ausnahmezuständen eigen, vor allem wiederum der Schizophrenie.

Gänzlich zur Illusion wird die Hölle in den Gedankengängen des späten Buddhismus, wonach die Höllen mit ihren verschiedenen Qualen gar nicht als Sache existieren, sondern bloß das Produkt der Einbildungskraft der Toten sind. Sie existieren nur dank der Verblendung der Menschen. Nur unter dem Einfluß irriger Vorstellungen glaubt der, welcher nicht das Wesen der Welt durchschaut, in der Hölle im Feuer zu brennen, gleich einem Menschen, der in einem schweren Traum befangen das, was er in ihm erlebt, für real hält.[45] – Solche Vorstellungen nähern sich sehr den heutigen psychologisch-psychiatrischen Ansichten über den Wahn und seine Verwandtschaft zum Traum. Die Brücke, welche Hölle und Wahn verbindet, wird hier scheinbar mit spielerischer Leichtigkeit geschlagen. Die Grenzen von Realität und Imagination heben sich gleichsam auf. Die Frage nach der Eigenheit und Unterschiedenheit der beiden Bereiche stellt sich überhaupt nicht mehr.

Aeneas trifft auf seiner Unterweltfahrt an einem besonderen Ort die *Selbstmörder* an.[46] Das Thema wird später von Dante im Inferno aufgegriffen[47], findet sich aber auch in ganz anderen Kulturen.[48] – Heute hat sich dieser Menschengruppe die Psychiatrie angenommen. – Überhaupt finden sich in der Unterwelt alle jene, die sich selbst quälen[49], und alle jene, die sich selbst verneinen.[50] Auch die Rastlosen enden im Inferno.[51]

Viel ist in den letzten Jahren die Rede von *narzißtischen Störungen*. Es überrascht deshalb nicht, daß wir in der Unterwelt an den Ufern des Styx auch den unglücklichen *Narziß* antreffen, der nicht aufhört, sich in Sehnsucht nach seinem eigenen Spiegelbild zu verzehren, das ihm aus den Fluten des Totenflusses entgegenblickt.[52]

Die Unterwelt ist mit phantastischen Fabelwesen bevölkert, halb Mensch, halb Tier, und mit allen Ausgeburten der Phantasie.[53] Schon in den ägyptischen Texten spielen solche Mischwesen eine große Rolle: ein Gott mit zwei Löwenköpfen; eine Schlange mit drei Köpfen, die sich auf vier Menschenbeinen fortbewegt ... Viel, viel später, in der surrealistischen Bilderwelt eines Hieronymus Bosch, ist diese Welt des Irrsinns, die selbst vor den abstrusesten Konstruktionen und Unmöglichkeiten nicht Halt macht, erneut auferstanden.

Auch der *Inzest,* der sich seit Freud unauslöschlich in die psychologischen Gemüter eingeprägt hat, findet sich bereits in den ägyptischen Texten in Formen, die alle konventionellen Familienanordnungen auf den Kopf stellen: Hathor ist »die Mutter ihres Vaters und die Tochter ihres Sohnes.« Tum-Ra-Horchuti ist »der Vater seiner Mutter«, Ta-Urt ist »die Mutter desjenigen, der sie mit ihrer Mutter erzeugt hat«, usw.[54]

Häufig werden die Toten *Ängsten* ausgesetzt. Abgründe tun sich vor ihnen auf, in die sie hineinzufallen drohen. So wenig sie aber je hineinstürzen, so wenig lassen die Ängste jemals nach. Gleich Tantalus[55] sind viele Verdammte in Gefahr, von einem überhängenden Felsen erschlagen zu werden. Doch keiner dieser Felsen fällt je. Drohung und Angst werden eins. Sie erstarren auf ewig zu einer gemeinsamen Geste, als der Inbegriff quälender Vorstellungen, zu denen Menschen nur fähig sind.

Das *Feuer,* das unter allen Höllenstrafen die größte Rolle spielt, legt den Vergleich nahe mit dem *Feuer der Emotion:* brennende Liebe, feuriger Haß – wovon viele Patienten in irgendeiner Weise gequält werden. – Eine Qual ohne Ende. Die Toten verbrennen nicht. Sie restituieren sich und müssen immer wieder durchs Feuer.[56] Oft ist es der eigene Kot, in dem sie sitzen müssen und der sie brennt; ein chronischer Pfuhl von glühendem Unrat.[57]

Die diesem entgegengesetzte Strafe ist das Einfrieren der Seelen im ewigen *Eis.*[58] Dabei denkt man an einen Zustand absoluter *Gefühlskälte:* frostige Atmosphäre, eisiges Schweigen, kühle Reserviertheit – wie sie bei gewissen krankhaften seelischen Äußerungen vorkommen.

Auf wirren Wegen irren die Verdammten umher.[59] Wie Fledermäuse[60] und wie schreiende, aufgescheuchte Vögel[61] schwirren sie umher:

»Den Staren gleich, die, wenn der Frost sich kündet,
ihr Flügel trägt in breiten, dichten Zügen,
so hebt die Luft die Geister, die entmündet

herum, hinum, hinauf, herab sich fügen;
und keine Hoffnung tröstet sie, wann immer,
wenn auch der Rast nicht, so der mindren Rügen.

Und wie die Kraniche im Abendschimmer
als langer Streif ihr Klagelied vollziehen,
nicht anders meldete sich das Gewimmer
der Seelen ...«[62]

Schweigend hocken andere in der Ecke, mit abgewandtem Blick, und wissen nichts zu sagen.[63] Sie geben sich distanziert. Nur mit einem stummen Lächeln zeigen sie an, daß sie ihr Gegenüber wahrnehmen. Aber sie verweigern jede Antwort.

Und diejenigen unter ihnen, die sich in ein Gespräch einlassen, brechen die Konversation oft unvermittelt ab und wenden sich weg, als kennten sie den, mit dem sie eben noch sprachen, plötzlich nicht mehr. Es heißt, daß die Toten im Tod das Benehmen von Einsiedlern annehmen.[64] Ihr Wesen verändert sich bis zur Unkenntlichkeit. Ihre Persönlichkeit ist nicht mehr dieselbe wie früher.[65] – Besinnungslos liegen sie da, »Abbilder schlafender Menschen«[66], wie Schafe, die der Tod weidet.[67] Nach Philo von Alexandrien werden die Gottlosen bestraft durch einen »geistlichen, ewigen Tod ihrer Seelen.«[68] Das *Tibetanische Totenbuch* spricht vom »unmäßigen, leichenhaften Schlafen«, einem »Schlafen der Stupidität.«[69] Wer sich in die Hölle fallen läßt, »wo Dummheit herrscht«, dem droht »grenzenloses Elend von Sklaverei und Stummheit und Stumpfsinn.«[70]

Die Apophisschlange – *der* große Widersacher in der ägyptischen Unterwelt – besitzt keinerlei Sinnesorgane.[71] Solcherart verkörpert sie einen Zustand der Sinnlosigkeit und Besinnungslosigkeit. Ein Ohnmachtszustand reiht sich im Jenseits an den anderen.[72]

Es gibt kein Tun und Planen, nicht Wissen und Weisheit in der Scheol.[73] In der Scheol ist es vorbei mit der Suche nach Genuß.[74] Kraftlos sind die Toten, auf Moder gebettet, Gewürm ist ihre Decke.[75] Schlangen und andere Untiere beißen die Unseligen und fressen sie auf, bis sie zuletzt ganz leer sind.[76] – Psychologische

Äquivalente dazu wären nagende Gewissensbisse und ausgehöhlte Existenzen.

Die Bilder sprechen für sich. Sie bedürfen keines Kommentars. Das *Tibetanische Totenbuch* deutet es an, bei Philo ist es klar ausgesprochen, daß *psychische* Befindlichkeiten damit gemeint sind. Wer jemals längere Zeit in der Psychiatrie tätig war, dem werden solche Bilder jedenfalls nicht fremd sein. Es wird aus allen angeführten Zitaten recht deutlich, daß in der Unterwelt tatsächlich die gesamte Psychopathologie anzutreffen ist.

Die eingangs aufgestellte Hypothese, daß dasjenige, was wir als seelisches Kranksein bezeichnen, seine Entsprechung in den Unterweltmythologien gefunden habe, läßt sich bis hierher bereits erhärten. – Wir können nun zusätzlich noch die Richtung unseres Vorgehens umkehren. Wenn wir nämlich nicht von der *Psychiatrie* ausgehen, sondern von den *Jenseitsvorstellungen,* und uns fragen, wo diese merkwürdigen Zustände anzusiedeln seien, so werden wir wohl oder übel in den Gefilden der Psychopathologie und der Psychiatrie landen. Man kann sich kaum instruktivere und farbigere psychopathologische Lehrbücher denken als die Totenbücher.

Was hat nun aber, müssen wir uns fragen, diese Assoziierung der seelisch Kranken mit den Toten zu bedeuten?

Zunächst widerstrebt es einem ja heftig, ganz offensichtlich *lebende* Menschen als »Tote« apostrophiert zu hören. Alles in einem sträubt sich dagegen, daß jemand, der, für jedermann sichtbar, lebendig ist, zugleich *tot* sein soll. Vergegenwärtigt man sich dazu aber die völlig autistischen Endzustände von Geisteskrankheiten, die es auch heute noch in großer Zahl in den psychiatrischen Kliniken gibt, dann scheint der Vergleich gar nicht mehr so unpassend. Von solchen Menschen sagt man ja auch, daß sie »jeglicher Regung eines geist- oder gemütvollen Lebens entbehren«. Griesinger spricht wörtlich von »abgestorbenen Kranken«[77], worunter er die Unheilbaren versteht.

Ich erinnere mich an eine Patientin, eine alte Frau, die wegen einer Geisteskrankheit jahrzehntelang in Kliniken gelebt hatte. Ihr Gesicht zeigte keinerlei mimische Veränderungen mehr. Sie bewegte sich nicht von selbst, sprach nicht, mußte gefüttert und gewaschen werden. Sie tat nur, was andere mit ihr taten. Sie wandte sogar den Blick nur, wenn man sie dazu aufforderte. Ihre Unlebendigkeit hatte ihr den Spitznamen »die Mumie« eingetragen.

Solche eindrucksvollen und bedauernswerten Endzustände entstehen natürlich nicht von einem Tag auf den anderen. Es gibt alle Übergangsformen seelischer Leblosigkeit, bis hin zu den subtilsten Formen, *wo das seelische Sterben unbemerkt seinen Anfang nimmt.*

Eine tiefe, wesentliche Verwandtschaft verbindet die geringfügigsten seelischen Abnormitäten mit den schweren, katastrophalen Krankheitsverläufen, von denen eingangs die Rede war. Beiden ist die Ver-rücktheit gemeinsam, das Hinaustreten aus den Schranken dessen, was üblicherweise als normales, gesundes geistiges Leben empfunden wird: hinaus in einen jenseitigen Raum oft quälender, oft lustvoller *Andersartigkeit.* Dem Umfang und der äußeren Erscheinung nach gewiß sehr unterschiedlich, durch die Tatsache der *Grenzüberschreitung* aber unleugbar geschwisterlich verbunden. – Für uns ergibt sich daraus die Legitimation, *alle* psychischen Abwegigkeiten unter *einem* Gesichtspunkt zusammenzufassen. Der Aspekt des Jenseitigen und des Höllischen ist zwar nur in den schrecklichsten Fällen deutlich zu erkennen. Er ist aber auch in den leichtesten Fällen schon im Keim vorhanden.

Hört man seinen Patienten aufmerksam zu, so erhält man nicht selten Mitteilungen, die den erwähnten Umstand zum Inhalt haben. Viele Patienten klagen darüber, daß sie sich unlebendig und leblos fühlen. Sie äußern den Wunsch, wieder einmal »richtig zu leben«. – »Wenn nur mein Lebensgeist wieder käme!« – Ihr Leben, so sagen sie, sei doch »kein Leben«. Sein oder Nichtsein wird für sie zur Kernfrage ihrer Existenz: das Leben habe sich von ihnen zurückgezogen, der Lebensfluß sei vertrocknet, die Seele habe sich aus ihrem Körper entfernt ... Was übrigbleibt, ist ein »Nichts«.

Eine Frau, die Jahre zuvor in psychiatrischer Behandlung gewesen war, schrieb mir in einem Brief, »ich sollte gar nicht leben, weil ich ja kein bißchen auf der Welt bin«. – Ein junger Mann sagte mir in der ambulanten Sprechstunde allen Ernstes, er habe den Verdacht, daß er schon lange tot sei. Dabei war er ein umgänglicher, freundlicher Mensch, der ein Auto fuhr, Sport trieb, und täglich seiner Arbeit in einem Büro nachging. – Eine andere Patientin hatte sich in die Handgelenke geschnitten, »um zu sehen, ob noch Leben in ihr sei«. Sie meinte sonst, sie wäre aus Holz. – Scharfetter zitiert einen Patienten[78], der sich durch forciertes Atmen immer wieder vergewissern mußte, daß er noch lebte. – Eine ältere Frau sagte mir einmal, sie fühle sich wie in einer anderen, fremden Welt. Sie sei aus dem Unterbewußtsein ihrer Träume nicht mehr aufgetaucht. Früher, da sei ihre Welt noch ganz gewesen. – Dazu machte sie mit den Händen eine Geste wie eine Kugel. – Aber jetzt sei ihre Welt wie zerhackt. Sie fühle sich innerlich steif und starr.

In manchen Fällen ist solcher Untergangswahn von den lebhaftesten Geruchshalluzinationen begleitet, die von der angeblichen Verwesung des eigenen Leichnams herrühren. Nicht so selten ist die Befürchtung, man stinke. Die Kranken verweigern die Nahrung, »weil Tote nichts essen«.[79] In einer erweiterten Form kann diese Vorstellung den bedrohlichen Inhalt annehmen, mit dem einzelnen Menschen gehe die ganze Welt unter. – Oft klagen Patienten, ein solches Dasein sei »die Hölle«. Auch fühlen sie sich von allen Teufeln besessen.[80] Einer meiner Patienten war sogar von dem Verdacht geplagt, er selbst sei der Teufel. Er mußte sich stets vergewissern, ob ihm nicht am Steiß ein Schwänzlein wachse. – Eine depressive Patientin erklärte beim Eintritt in die Klinik, sie sei ein Leichnam auf zwei Beinen. Sie befürchtete, man werde sie einsargen.

Der deutsche Psychiater Heinar Kipphardt zeichnete in seinem Roman *März* die Lebensgeschichte des schizophrenen Dichters Alexander März. Das Buch ist eine ausgezeichnet gelungene Mischung von psychiatrisch-psychotherapeutischer Erfahrung und dichterischer Gestaltung. Kipphardt legt seinem Helden unter anderem die folgenden Zitate in den Mund:

»Unbestreitbar ist, daß ich ein Leben hatte. Ich hatte eine sogar detailfreudige Lebensgeschichte. Die habe ich jedoch aus mir unbekannter Ursache verlassen. Oder sie mich. Ich erlebte einen Lebensuntergang« (S. 14)

»Ich lag in meinem Zimmer, das Zimmer war dreieckig, ich lag in meinem Grab. Tod, ein leuchtender und prasselnder.« (S. 18)

»Ich bin schon zehn Jahre tot.« (S. 61)

»Ich bin in meiner Wirklichkeit tot.« (S. 110)

»Als industriell Gemordeter erscheine ich als Gespenst.« (S. 147)

»Ich empfinde die Welterstarrung. Knochen und Kehle versteinert.« (S. 215)[81]

Es spielt für unsere Fragestellung keine Rolle, ob die Zitate authentische Aussagen eines Patienten sind oder ob sie von Kipphardt erfunden wurden. Nach meiner Erfahrung könnten sie sehr wohl authentisch sein.

Eine nicht so seltene Variante dieses Themas ist die quälende Vorstellung, daß einer unter dem Einfluß von Verstorbenen oder Dämonen stehe. (Dämonen sind nach verbreiteter Ansicht die Seelen unselig Verstorbener.) Vertraute Gesichter erscheinen den Kranken dann wie Totenfratzen. – Der Tod steht auch im Zentrum der Überlegungen aller jener, die – unbegründet – ihre Ermordung befürchten oder den baldigen Tod herbeisehnen und Hand an sich legen. – Zum Kreise derer, die »nicht von dieser Welt« sind, gehören schließlich auch alle jene, die wähnen, »noch nicht geboren zu sein«.

Hat man als Psychiater und Psychotherapeut derart schwierige Fälle zu behandeln und über Jahre zu betreuen – Menschen, denen ein, je nachdem, mitleidiges oder spöttisches Urteil zubilligt, daß sie »arme Teufel« seien –, so ist man oftmals versucht, wie es am Eingang zu Dantes Unterwelt heißt, »alle Hoffnung fahren zu lassen«.

Der Inhalt solcher Äußerungen von Patienten wird im allgemeinen viel zu wenig gewürdigt. Stattdessen neigt man allzu schnell dazu, sie als »typisch depressiv« oder »typisch hypochondrisch« oder »typisch schizophren« oder ähnlich einer der gängigen psychiatrischen Krankheitsbezeichnungen zuzuordnen. Daß eine lebende Person uns von ihrem vielleicht schon lange zurückliegenden Tod erzählt, ist für uns zu paradox und zu befremdlich.

Anmerkungen

1 H. Kees, *Totenglauben und Jenseitsvorstellungen der alten Ägypter*, ²1956, S. 60.

2 E. Hornung (Hrsg.), *Ägyptische Unterweltsbücher*, 1972. Das Höhlenbuch, 6. Abschnitt, 2. Szene, S. 417. Jüdische Parallelstellen bei Strack-Billerbeck, *Kommentar zum Neuen Testament aus Talmud und Midrasch,* Bd. IV, S. 1093 u. 1095. Indische Parallelstellen bei H. v. Glasenapp, *Unsterblichkeit und Erlösung in den indischen Religionen*, S. 30.

3 Platon, Phaidon 113 e, auch Gorgias 525 c, d, e.

4 Weisheit 2, 1.

5 Auch Hiob 10, 21.

6 Mit Vergnügen stelle ich fest, daß Thomas Szasz die Psychiatrie »ein Spezialfach der Mythologie« nennt. In: Th. Szasz, *Theologie der Medizin,* S. 229.

7 Hiob 10,21-22; Psalm 88,7 u. 13; Matthäus 8,12; 22,13; 25,30; Strack-Billerbeck IV, 1075 ff.; Rigveda 7,104,3.
8 H. Bächtold-Stäubli, *Handwörterbuch des deutschen Aberglaubens,* 1927-1942, IV, 247 u. 251.
9 Strack-Billerbeck IV 1079. Kursivzeichnung von F. L.
10 Dante, *Die göttliche Komödie,* Inferno VIII, 12.
11 Ebda. IV, 10 und IX, 6
12 *Das Tibetanische Totenbuch,* 1935, S. 147.
13 Guido Huber, *Das Fortleben nach dem Tode,* S. 68, 69.
14 Hornung, *Ägypt. Unterweltsbücher,* S. 31 und 205.
15 Hiob 10,22.
16 Dante, Inferno XIX, 47. N. Storå, *Burial Customs of the Skolt Lapps,* S. 197, 199, 207 f.
17 M. Eliade, *Schamanismus und archaische Ekstasetechnik,* S. 199.
18 L. Lévy-Bruhl, *Die Seele der Primitiven,* S. 315.
19 F. Grabowsky, *Tod, Begräbnis, Totenfest ... bei den Dajaken,* S. 187.
20 Hornung, *Ägypt. Unterweltsbücher,* S. 31.
21 Dante, Inferno XX, 14.
22 Kees, S. 177.
23 E. Hornung, *Altägyptische Höllenvorstellungen,* S. 13.
24 Dante, Inferno XVIII, 112 ff.
25 Glasenapp, a.a.O., S. 34.
26 Alle bei R. Moody, *Leben nach dem Tod,* S. 34 ff.
27 Dante, Inferno XXVIII, 118. Bächtold-Stäubli III, 490. *Tibet. Totenbuch,* S. 110.
28 J. H. Breasted, *Die Geburt des Gewissens,* S. 236.
29 Kees, S. 17, 18. Neuere Beispiele von kopflosen Toten in »Geisterkirche«, »Hans Jagenteufel«, »Der getreue Eckhart«, Grimms Sagen Nr. 176, 310, 314.
30 Bächtold-Stäubli, VII, 27 und IX, 572.
31 Homer, *Die Odyssee* XI, 593.
32 Dante, Inferno IV, 26.
33 Ebda. XXXIII, 94 ff.
34 A. Dieterich, *Nekyia,* S. 9.
35 Hornung, *Altägypt. Höllenvorstellungen,* S. 14.
36 Lukas 11,18; Matthäus 12,26.
37 Inferno XXVIII, 125.
38 Eliade S. 47 u. 66.
39 Dante, Inferno XXVIII, 37.
40 *Tibetanisches Totenbuch,* S. 110.
41 Hornung, *Ägypt. Unterweltsbücher,* S. 43.
42 Amduat, 7. Stunde, oberes Register. In: Hornung, *Ägypt. Unterweltsbücher,* S. 133.

43 *Tibetanisches Totenbuch,* S. 118.
44 Inferno, XXXII. Gesang.
45 Glasenapp, S. 28, 29.
46 Vergil, *Aeneis,* VI, 435.
47 XIII. Buch.
48 Z. B. bei den Dajaken auf Borneo. Grabowsky, S. 185.
49 Dante, Inferno IX, 48; auch Dieterich S. 9.
50 Dante, Inferno XIII, 135; XIV, 70.
51 Ebda. VII, 99.
52 Ovid, Metamorphosen III, 505.
53 Bächtold-Stäubli III, 491.
54 G. Kolpaktchy (Hrsg.), *Ägyptisches Totenbuch,* S. 18.
55 Pausanias X, 31, 4.
56 Albrecht Wagner (Hrsg.), *Visio Tnugdali,* S. 138 v. 570-578. Auch: Dante, Inferno XXIV, 100. J. Meyer, *Die Hölle im Islam,* S. 34.
57 Dieterich, *Nekyia,* S. 7. Das Bild findet sich auch in der Paulusapokalypse.
58 Dante, Inferno XXXII, 22 ff.
59 4. Esra 7,80-87; zit. b. Strack-Billerbeck IV, 1026.
60 Homer, *Odyssee* XXIV, 1 ff.
61 Ebda. XI, 605; Vergil, *Aeneis* VI, 311.
62 Dante, Inferno V, 40 ff.
63 Homer, *Odyssee* XI, 142, 149.
64 E. Ahern, *The Cult of the Dead in a Chinese Village,* 1973, S. 243.
65 Ebda. S. 244.
66 Homer, *Odyssee* XI, 476.
67 Psalm 49,15.
68 Zit. b. Strack-Billerbeck IV, 1021.
69 *Tibetanisches Totenbuch,* S. 145.
70 Ebda. S. 78.
71 Hornung, *Ägypt. Unterweltsbücher,* S. 46.
72 *Tibetanisches Totenbuch,* S. 81.
73 Prediger 9,10.
74 Jesus Sirach 14,16.
75 Jesaja 14,10-12.
76 Dieterich, Nekyia S. 7.
77 Griesinger, a.a.O., S. 526.
78 Ch. Scharfetter, *Allgemeine Psychopathologie,* S. 47.
79 M. Foucault, *Wahnsinn und Gesellschaft,* S. 235.
80 Ein solcher Fall bei M. Bleuler, 1972, S. 32, 33.
81 Alle bei H. Kipphardt, *März.*

Leben im Tod
Tod im Leben

Wenn es darum geht, den Tod im Leben aufzuspüren, muß man nicht zuviel Verständnis erwarten. Man kann da mit niemandes Zustimmung rechnen. Denn die meisten Berichte über das Leben in der Unterwelt gehen darin einig, *daß die Toten ihr Totsein nicht anerkennen,* ja, *daß sie gar nicht wissen, daß sie tot sind.*[1]

Das *Tibetanische Totenbuch* belehrt den Leser, daß das menschliche Bewußtsein zu schwach sei, um dem Tod in die Augen zu sehen. Es fällt angesichts des Todes in eine Ohnmacht ...[2]

Von einer besonderen Gruppe der lebenden Toten, den *Vampiren,* heißt es, daß sie kein Spiegelbild erzeugen. Es scheint sich dabei um eine Existenzform zu handeln, die *nicht reflektiert* werden kann. Im psychiatrischen Jargon würde man von »fehlender Krankheitseinsicht«, oder allgemeiner von mangelnder Kenntnis seiner selbst sprechen. Der Balken im eigenen Auge kann nicht gesehen werden. Wir sind immer dann blind, wenn es um die eigenen Fehler und Schwächen geht. Und so fällt es uns auch schwer, unsere eigene Verrücktheit, unseren eigenen seelischen Tod einzusehen.

Hades-Pluto, der Gott der griechisch-römischen Unterwelt, trägt einen ihn unsichtbar machenden Helm (Haides = der Unsichtbare). Man bemerkt den Tod nicht, wenn er zugegen ist.

> Dazu Goethe:
> »Den Teufel spürt das Völkchen nie,
> Und wenn er sie beim Kragen hätte«[3]

Sein Reich, das nach ihm den Namen Hades trägt, liegt im äußersten Westen, wohin die Strahlen der Sonne nie vordringen, »ganz von Nebel umwölkt und Finsternis«.[4]

Nebel, griech. Nephéle, ist in der klassische Mythologie eine *Person,* nämlich eine von Zeus nach dem Bild der Hera gestaltete Wolke. In der nordischen Mythologie hießt die Unterwelt Niflheim, die Nebelstätte. Die Ägypter glaubten, das Dasein im unterirdischen Jenseits wäre »geheimnisvoll« und »verborgen«.[5] Auch in den »Sterbeerlebnissen« moderner

Menschen ist von dieser nebligen und trüben Qualität des Jenseits die Rede.[6]

Nebel als eine *Befindlichkeit* würde dem entsprechen, was wir als »benebelt« oder »vernebelt« bezeichnen. Dort tappt man im Dunkeln. Es scheint sich dabei um einen Zustand zu handeln, der, wenn überhaupt, nur sehr schwer eingesehen werden kann. So sagt auch Dante von der Hölle, sie sei eine »blinde Welt«.[7]

Dieser Unfähigkeit, den »Tod« bei sich selbst zu sehen und ihn sich einzugestehen, begegnet man schon als einer typischen Haltung der ägyptischen Totentexte. Immer sind es die anonymen *Anderen,* die als Götterfeinde das Totengericht nicht bestehen und zur Strafe ins ewige Nicht-Sein hinausgestoßen werden, während der jeweilige Tote gemäß den Texten in seiner Grabkammer als ein »seliger Gerechtfertigter« fortlebt.[8]

Dieselbe Einstellung findet sich selbst noch im modernen China. Gemäß chinesischem Glaube gibt es zwar verschiedenste Jenseitsstrafen, aber kaum je wird ein Chinese zugeben, daß einer seiner Ahnen sich in einem solchen Zustand der Verdammung befinde. Jedermann weiß natürlich von den Jenseitsstrafen, aber niemand fühlt sich davon persönlich betroffen.[9]

Immerhin kann man heute in der Umgangssprache und in der Belletristik dann und wann der Aussage begegnen, eine lebende Person wirke »wie tot«. Jedermann kennt das Schlagwort vom »lebenden Leichnam«. Auch die Metaphern vom »seelischen Mord« und vom »ungelebten Leben« haben Eingang in die Alltagssprache gefunden. In gemilderter Form stellt sich die Frage von Tod und Leben in dem Wunsch, als »jemand« zu gelten, hinter welchem die Befürchtung lauert, »niemand« zu sein.

Es scheint jedenfalls einfacher zu sein, solche Zustände bei *anderen* festzustellen, als bei sich selbst. Wenn wir manchesmal auch laut heraussagen, wir fühlten uns wie erschlagen, ausgelaugt, ausgebrannt, ausgelöscht, erledigt, ruiniert, kaputt, erschossen, auf einem toten Gleis, etc., etc., so wird uns doch kaum je bewußt, was wir da eigentlich sagen.

Es sei in diesem Zusammenhang darauf hingewiesen, daß sowohl das *Tibetanische Totenbuch*[10] wie das ägyptische Amduat[11] auch den *Lebenden* als »Heilmittel« vorgelesen werden sollten, welcher Umstand möglicherweise darauf hindeutet, daß die Qualitäten des »Todes« wenigstens ahnungsweise als etwas empfunden wurden, was es *im Leben* gibt.

Die Vorstellung vom Tod im Leben ist eine äußerst befremdliche, enthält sie doch für unser Empfinden einen absoluten Widerspruch in sich. Vertrauter schon ist uns das Gegensatzpaar lebendig-unlebendig. Es fällt uns leichter, von jemandem zu sagen er wirke »unlebendig«, als er sei »tot«.

Meist ist mit diesem »wie tot« gemeint, daß jemand auf die Reize des Lebens nicht mehr reagiere oder daß er in seiner Entwicklung stehengeblieben sei oder daß er kein eigenes Seelenleben habe, sondern alle geistige Substanz von anderen beziehe. Das will heißen, daß jemand nicht sein eigenes Leben lebe, sondern ein geborgtes, von irgendwo abgeschautes, oder ein ihm aufgezwungenes Leben.

In der Bildersprache der Dichter ist noch am ehesten Raum zur Formulierung von Unmöglichkeiten, wie der Tod im Leben eine ist. Einige Beispiele mögen das beleuchten:

Der Schweizer Dichter Conrad Ferdinand Meyer konnte sein dichterisches Talent erst relativ spät entwickeln. Bis zu seinem 40. Lebensjahr führte er das absonderliche Leben eines menschenscheuen Träumers und Taugenichts, dem nichts Rechtes gelingen wollte. Für seine Familie war er ein Grund zur Schande und eine ständige Belastung. Mehrmals mußte er sich in Irrenanstalten behandeln lassen. Die Leute hielten ihn für »tot«, weil er sich nirgends zeigte. Zuletzt verließ er nur mehr nachts das Haus. – Später schrieb er, wie aus einer bösen Betäubung erwacht: »Ich war von einem schweren Bann gebunden. *Ich lebte nicht.* Ich lag im Traum erstarrt . . .«[12]

Annette Kolb schreibt in ihrem Buch *Mozart* über Mozarts Witwe Konstanze: »Wir besitzen nur ein Tagebuch, das sie als angehende Sechzigerin führt und das sie in ihrer ganzen Leere kennzeichnet: als ganz der Materie zugewandt, *bei lebendigem Leibe völlig tot,* infolgedessen völlig senil und zufrieden, denn sie hat alles, was sie wünscht.«[13]

Ähnlich eine Passage in Gottfried Kellers »Landvogt von Greifensee«:

»Sie (Figura Leu) hatte nur das Gefühl, *als ob Wendelgard keine eigentliche Seele hätte . . .*«[14]

Nietzsches Zarathustra sagt zu dem abgestürzten Seiltänzer: *»Deine Seele wird noch schneller todt sein als dein Leib.«*[15]

Wie *relativ* solches »Leben« und »Tod« sind, geht aus dem folgenden »Credo eines Optimisten« hervor, worin es heißt:

»Pessimisten leben nicht,
sie sind schon lange tot.
Sie haben sich begraben lassen,
bevor sie noch gestorben sind.«[16]

Pessimisten sind natürlich um nichts weniger lebendig als Optimisten. Bloß aus der Sicht des Optimisten scheinen sie »tot« zu sein. Ja, es ist überhaupt erst der Optimist, der seinen Widerpart recht eigentlich »tötet«. Wahrscheinlich geht es ihm in erster Linie um seine eigene pessimistische Seite, die »getötet« werden muß, damit er überhaupt sein optimistisches Credo aufrechterhalten kann. So rosig sieht die Welt nicht aus, daß ein ausschließlicher Optimismus gerechtfertigt wäre.

Wir begegnen in solchen Aussagen einem offenbar zutiefst menschlichen Empfinden, daß bei lebendigem Leibe gerade dasjenige verlorengehen kann, was eben das Wesen des Lebendigen ausmacht.

In diesem Sinne sagt auch Erich Fromm von langweiligen Menschen, sie hätten »etwas Totes, Unlebendiges« an sich.[17]

Im Gegensatz zu der Ansicht des aufgeklärten, vom naturwissenschaftlichen Denken geleiteten Menschen, wonach Leben und Tod Gegensätze sind, die einander ausschließen, ist dem unbefangenen Volksglauben die Vorstellung durchaus vertraut, daß es unter denjenigen Personen, die dem körperlichen Anschein nach als lebendig imponieren, solche gibt, die in Wirklichkeit Tote oder Geister sind. Die Grenze zwischen Tod und Leben ist dort nicht so scharf gezogen. Nicht nur ist für das natürliche Empfinden das Fortleben nach dem Tod eine Selbstverständlichkeit. – Viele Berichte erzählen von einem Weiterleben im Grab.[18] – Der Übergang von einer Seite zur anderen bedingt auch keinen kompletten Wechsel.[19] Ein Lebender kann eines Tages plötzlich für tot gelten, wie auch besondere Tote wieder zum Leben zurückkehren können.

Die Tibeter rechnen mit der Möglichkeit, daß ein Teil des materiellen und geistigen Zusammenhalts, der eine Person ausmacht, sich schon lange vor dem Tod auflösen kann. Eine solche Person vollzieht weiterhin alle normalen Akte des gewohnten Lebens, aber irgendwie ist sie nicht mehr »ganz da«. Nur hellsichtige Menschen, die sich in den okkulten Bereichen auskennen, nehmen diesen besonderen Zustand wahr. Es überrascht niemanden, wenn die Lamas bei Leichenfeiern gelegentlich erklären, »dieser Mensch war schon so und so lange tot«[20] –. Die Tibeter kennen auch Menschen, die schon für tot galten und sich wieder belebten. Sie nennen sie »deslogs«. Das bedeutet wörtlich »vom Jenseits zurückgekehrt«.[21]

In der Bibel sind es Samuel, Moses und Elias, die als Geister auf Erden erscheinen.[22] In katholischen Ländern lebt noch der Glaube, daß die Heiligen nach ihrem Tod ins Leben zurückkehren können und sich dann benehmen wie Lebende. Selbst ihren Abbildern wohnt noch so viel Lebenskraft inne, daß manche Heiligenbilder bluten.

Die Totengeister, die lediglich eine andere Leiblichkeit haben als die Menschen, verhalten sich genauso wie Lebende. Sie essen, trinken und schlafen. Oft haben sie Frauen und Kinder.[23] Sie können sogar verwundet und getötet werden.[24]

Odysseus begegnet in der Unterwelt berühmten Heldengestalten, welche diejenigen Tätigkeiten weiter tun, die sie schon während ihres Erdenlebens ausübten. Minos richtet, Orion jagt, Herakles hält den gespannten Bogen zum Abschuß bereit . . .[25]

In gewisse Kulten in Japan werden die Toten heute noch ganz so behandelt, als ob sie am Leben wären. Man serviert ihnen Mahlzeiten, berichtet ihnen, was an Neuigkeiten in der Familie vorfiel, bringt ihnen die Tageszeitung, richtet ihnen ein Bad . . .[26]

Eine weitere Vorstellung, die unserer Hypothese von den »lebenden Toten« entgegenkommt, ist jene, *daß die menschliche Seele aus vielen Teilseelen bestehe, deren einige lebendig, andere gleichzeitig tot sein können.*[27]

Die Chinesen billigen jedem Menschen drei Seelen zu, die dem »yang« Prinzip zugehören, und mindestens sieben oder neun Seelen, die vom »yin« abhängen.[28]

Tibetische Yogis sind der Ansicht, daß man »mit einem Bein im Jenseits stehen kann« und daß verschiedene Teile der Persönlichkeit gleichzeitig in verschiedenen Welten leben können und dabei verschiedene Existenzweisen erfahren.[29]

Der Seelenstoff ist durchaus nicht fest an den Körper gebunden. Die Seele kann ihren Körper zeitweise verlassen.[30] Von bösen Geistern oder durch Zauberei kann sie aus dem Körper fortgelockt werden. Der Zustand eines solchen »Seelenverlustes« ist identisch mit einer Geistesstörung.[31]

Die Algonquin Indianer erklären zeitweilige Lethargie oder Verzückung damit, daß die Seele eines Menschen entwichen und zu den Ufern des Totenlandes gewandert sei. Weil sie von dort aber weggetrieben wird, kehrt sie wieder in ihren Leib zurück.[32]

Tod und Leben sind, so gesehen, nicht absolute Gegensätze, sondern nur *relativ* voneinander unterschieden. Man ist nur *mehr oder weniger* lebendig oder *mehr oder weniger* tot. Die Übergänge von einer Daseinsform in die andere sind fließend.[32] – Aus dieser begrifflichen Unschärfe und der damit verbundenen ständigen Unsicherheit erklärt sich die bei verschiedenen südamerikanischen Stämmen übliche Grußformel »bist du lebendig?«, und der so Angesprochene antwortet »ja, ich bin lebendig«.[33]

Wenn Dante, der große Unterweltreisende, angesichts des Höllenfürsten von sich selbst sagt, »noch starb ich nicht, und blieb auch nicht am Leben«[34], so kehrt er die scheinbare Unmöglichkeit eines Zustandes, der Leben und Tod gleichzeitig ist, lediglich um zu einem Weder–Noch. In der Umgangssprache sagt man gewissen Mangelzuständen nach, sie seien »zum Sterben zuviel, und zum Leben zuwenig«. Dahinter steckt dieselbe Vorstellung eines Zwischenstadiums, das sowohl am Leben wie am Tod oder aber an keinem von beiden Anteil hat.

In Lappland kennt man solche Zustände, die weder Tod noch Leben entsprechen. Sie bedeuten Verrücktheit und Verlust des Verstandes.[35]

Einen sehr eindrucksvollen Beitrag zu dieser Frage liefert die Ballade vom »Ancient Mariner« von S. T. Coleridge.[36] Sie erzählt die Geschichte eines Seemannes, dessen Schiff im Polareis festgefahren war. Ein Albatros rettet Schiff und Mannschaft auf wunderbare Weise aus dieser Gefahr, worauf der völlig verblendete Seemann nichts Besseres zu tun weiß, als den heilbringenden Vogel totzuschießen. Zur Strafe eilt sogleich der Tod herbei, um den Seemann zu holen. Mit ihm erscheint aber noch eine weitere Figur, ein weibliches Wesen, benannt *»das Leben im Tod«*. Auch sie möchte des Seemannes habhaft werden. Die beiden würfeln. »Das Leben im Tod« gewinnt. Der Seemann darf am Leben bleiben. Von da an muß er allen, die ihm begegnen, seine Leidensgeschichte erzählen, ob sie es wollen oder nicht.

Diese Parabel ist außerordentlich bezeichnend für gewisse psychopathologische Zustände vor allem chronischer Art. Solche Kranke scheinen nur mehr aus einer einzigen Geschichte zu bestehen, die sie entweder stereotyp erzählen oder mit ihrem ganzen Gehabe schlechthin einfach *sind*. In völliger seelischer Erstarrung verkörpern sie gewissermaßen ihren eigenen Typus, wie wenn sie sich als Denkmal verewigen wollten. Wer immer des Weges kommt, Ärzte, Therapeuten, Verwandte und Freunde, werden ungefragt mit dieser Geschichte behelligt oder mit den stets gleichbleibenden Gesten konfrontiert, ob sie es wollen oder nicht. Oft sind diese Geschichten gar nicht übel, und wenn man sie zum ersten Mal hört, findet man sie unter Umständen sogar interessant und knüpft therapeutische Hoffnungen daran. Aber es ist und bleibt halt doch immer wieder dieselbe Geschichte. Wie eine Schallplatte, bei der die Nadel sich in einer Rille festgefahren hat. Vom Patienten selbst wird dieser Umstand bisweilen schmerzlich als »Leerlauf« erlebt: »Die Gedanken gehen immer im Kreis.« Das Dasein ist zu einem »Teufelskreis« geworden, aus dem es kein Entrinnen gibt. Sigmund Freud spricht vom »Wiederholungszwang« des Neurotikers. – Am Leben zu bleiben auf Kosten eines derartigen Stillstands, das ist der »Tod im Leben« oder das »Leben im Tod«.

Von den Toten kennt man diese Einsilbigkeit der Äußerungen aus den Manifestationen des *Spuks*. Sie wird dort *Monoideismus* genannt. Die Toten, die nicht zur Ruhe kommen können und umgehen müssen, machen sich immer auf dieselbe Art und Weise bemerkbar, in einer Art Ritual, das ohne Variationen ist und erst aufhört, wenn die arme Seele erlöst wird.[37]

Sehr oft müssen die Toten im Jenseits Tätigkeiten fortsetzen, die sie auf Erden getan hatten. Was ihnen hier eine Lust war und sie in einen sündigen Lebenswandel verstrickte, das müssen sie dort in einer Art »Symptomsprache« bis zum Überdruß und auf ewig weitertun: die Trinker *müssen* weitertrinken, die Spieler *müssen* weiterspielen, die Unzüchtigen *müssen* ihre Ausschweifungen fortleben, usw.[38]

Homer zeichnet das Bild der unfruchtbaren Weiden- und Pappelhaine der Persephone an den Gestaden der Unterwelt.[39] Das von ihm gebrauchte Adjektiv olesíkarpos bedeutet eigentlich ›fruchtabwerfend‹. Die Bäume tragen zwar Früchte, aber sie werfen sie vorzeitig wieder ab. – Dasselbe kann man bei vielen chronischen Patienten beobachten – und nicht nur bei Patienten! Hier reichen Kranke und Gesunde einander die Hände. – Sie schmieden immer aufs neue Pläne, haben originelle Ideen, fassen gute Vorsätze, nehmen Arbeiten auf, richten Wohnungen ein, schließen Ehen, etc. etc. . . ., aber nie wird daraus etwas Dauerndes. Nichts von alldem kann wirklich ausreifen und Früchte tragen. Alles verdirbt auf halbem Wege. – Die Bemühungen um solche Menschen, seien sie nun Patienten oder nicht, bleiben denn auch »fruchtlos«. Als Helfer kommt man sich dabei manchmal wie die Danaiden vor, die in der Unterwelt nicht müde werden, Wasser in ein löchriges Faß zu schöpfen.[40]

Hugo Rahner nennt die Weide (vgl. den Namen »Trauerweide«!) und speziell die Unterweltsweide ein »Symbol des seelischen Todes, der sterilen Unfruchtbarkeit des Geistes . . . der Verschlossenheit des Geistes gegen die treibende Kraft des himmlischen Wassers der Gnade«.[41]

Eine Patientin träumte immer wieder von kleinen Kindern, die sie geboren hatte oder die ihr anvertraut worden waren. Regelmäßig stieß diesen Kindern etwas zu. Sie erkrankten, erlitten Unfälle, wurden ermordet oder kamen sonstwie ums Leben.

Nestroy sagt: »Der Weg zur Hölle ist mit lauter guten Vorsätzen gepflastert. Gute Vorsätze sind grüne Früchte, die abfallen, ehe sie reif sind.«[42]

Solche Menschen scheinen unter dem Gesetz des *Chronos* zu stehen, des griechischen Göttervaters, von dem das *Chronische* seinen Namen hat; Chronos, der einst über das goldene Zeitalter herrschte und den Lauf des Schicksals aufzuhalten versuchte, indem er seine eigenen Kinder fraß.[43] Dieses *Festhalten des goldenen Zeitalters* eröffnet einen überraschenden Einblick in die Kehrseite des chronischen Leidens und der Hölle, nämlich das *Paradies*.

Der Ausbruch einer seelischen Krankheit erscheint bei genauem Studium der Lebensgeschichte des Betroffenen oft wie ein folgerichtiger Schlußpunkt am Ende einer langen Kette von unglücklichen Verstrickungen; für ein durch äußere oder innere Umstände in die Enge getriebenes Individuum oft noch die ökonomischste, ja geradezu die beste aller möglichen Lösungen. Wie der Tod für den Gläubigen eine Zuflucht ist, die Erlösung verheißt aus dem irdischen Jammertal, so die Krankheit für den geplagten und leidenden Menschen, der mit dem Leben nicht zurechtkommt.

Jede psychische Krankheit birgt irgendwo immer auch einen Profit, einen *Krankheitsgewinn* in sich, um dessentwillen sie in Kauf genommen und ertragen wird und weswegen oft hartnäckig an ihr festgehalten wird.[44] Hinter dem offensichtlichen Leiden ist der Krankheitsgewinn im allgemeinen freilich nur schwer auszumachen. Man hat sich darunter auch nicht einfach plumpe Simulation von Geistesstörung vorzustellen, sondern dem Patienten meist unbewußte seelische Abläufe, die ihm gar keine andere Wahl lassen, als den Verstand zu verlieren. – Benedetti schreibt: »Mancher Kranke hat sich in dem, was wir seinen inneren Tod nennen können, wie für endgültig eingerichtet, sodaß jedes Aufdämmern eines neuen Lebens nur noch Störung, neue Gefahr und Verwirrung bedeuten.«[45]

Scharfetter zitiert einen Patienten, der sich für den »Gärtner im Paradies« hielt.[46]

Oft liegt der »paradiesische« Gewinn des Krankseins gerade in der Verweigerung jedweden Fortschritts, im beharrlichen Festhalten an einem Zustand, der zwar leidvoll ist, dafür aber bekannt und vertraut. Das Verbleiben in der Krankheit bietet eine gewisse Sicherheit gegenüber allen noch so verlockenden Möglichkeiten des Lebens, von denen doch niemand voraussagen kann, was sie eventuell an Enttäuschungen bringen werden.

Aus der Sicht der Jenseitigen erscheint das Leben auf Erden durchaus nicht immer erstrebenswert. So heißt es in dem Schweizer Märchen »Das Teufelchen«: »Gegen die Erde ist ja die Hölle ein wahres Paradies.«[47] Warum sollte da einer unbedingt zurückkehren wollen?

Auch aus den heutzutage immer häufiger berichteten »Sterbeerlebnissen« gewinnt man den Eindruck, es müsse außerordentlich angenehm sein, dieses Leben zu verlassen und ins Jenseits hinüberzugehen. Die Seele, so erfährt man, gelange auf ihrer Wanderung an einen Punkt, wo sie nicht mehr in dieses Leben zurückkehren möchte.[48] – Durch die Trennung von ihrem unvollkommenen Leib werde sie auch schöner und verklärter.[49] – Das Jenseits scheint so etwas wie eine magische Faszination zu besitzen. Die Toten lieben es darum nicht, wenn man sie in ihrer Seligkeit stört. Sie rächen sich dafür an den Lebenden.[50]

Wenn Chronos nach seinem Sturz in die Unterwelt die Herrschaft über die *Inseln der Seligen* antritt, so ist dies ein treffliches Symbol für jene paradiesischen Qualitäten, welche immer auch neben den Qualen im Tartaros vorhanden sind:

»Nie ist da Schnee, nie Winter und Sturm noch strömender Regen,
Sondern es läßt aufsteigen des Wests leicht atmenden Anhauch
Immer Okeanos dort, daß er Kühlung bringe den Menschen ...«[51]

Alle diese Bilder lassen sich, wie sie sind, ohne große Veränderungen in den Bereich des menschlichen Seelenlebens übertragen. Ein solches statisches Festhalten an einem eigentlich unguten, dafür aber vertrauten und deswegen »geliebten« Zustand finden wir indessen nicht nur bei den chronisch psychisch Kranken. In geringerer Ausprägung gehört es zur Psychopathologie der Normalen – vieles »Konservative« und »Konservierende« wäre hier zu nennen – und ist Bestandteil auch leichterer psychischer Störungen. Ob man einen solchen Mangel an geistiger Beweglichkeit als Ausdruck eines neurotischen Wiederholungszwanges (Psychoanalyse) interpretiert oder darin den Ausdruck pathogener Konditionierungen (Verhaltenstherapie) sehen möchte, ist dann lediglich eine Frage der Terminologie.

Geht man in der Therapie daran, einen Patienten in die alten Verhältnisse zurückzuführen, »auf daß er so gesund werde wie früher«, so ist zu bedenken, daß man es ihm damit oft schwerer macht und nicht, wie man vielleicht wohlmeinend denkt, leichter. Einer, der das Paradies gesehen hat – und war es auch nur ein »Paradise of fools«, wie Milton das Fegefeuer treffend nennt[52] –, der braucht für die Rückkehr in das normale Erdenleben schon eine besondere Motivierung.

Kehren wir für einen Augenblick zurück zu jener oben geäußerten Ansicht, wonach die menschliche Seele gewissermaßen die Summe aus einer Vielzahl von Seelenteilchen sei, die, teils lebendig, teils tot, ihren Grad an Lebhaftigkeit ständig verändern. Die Idee mutet auf den ersten Blick an, als wäre sie aus der ungebrochenen Freude eines Kinderkopfes am Addieren möglichst großer Zahlen entstanden. Bei genauerer Betrachtung erweist sie sich aber weder als töricht noch als unverständlich. In der Seele hat tatsächlich eine bunte Vielfalt von Inhalten Platz, von denen jeweils einige gerade aktuell sein mögen, und ihren Träger beleben. Ebensogut können sie wieder verschwinden, wenn das Interesse an einer Sache verloren geht. Sie können aus Langeweile oder mangels Sympathie beiseite geschoben werden und in Vergessenheit geraten. So sagt man beispielsweise von einer lebenden Person, mit der man nichts mehr zu tun haben möchte, sie sei für einen quasi »gestorben«. Selbst interessante Beschäftigungen, zu lange getrieben, können sich »totlaufen«. Handkehrum kann etwas, von dem man heute noch gar nichts weiß, etwas, das noch nicht einmal in Gedanken »geboren« ist, vielleicht schon morgen zu einem zentralen Lebensinhalt werden.

Goethes »Stirb und werde«[53], das gerade in Psychotherapeutenkreisen so gerne zitiert wird, meint eben dies, daß man ständig, solange man lebt, Neues, noch nie Dagewesenes ins Auge faßt, und Altes, Abgelebtes hinter sich läßt.

Sehr anschaulich wird das am Beispiel der verschiedenen Lebensalter: ich habe meine Kindheit und meine Pubertät hinter mir gelassen. Sie sind so gut wie gestorben. Was mich jetzt belebt, ist das Mannesalter. Das schließt aber nicht aus, daß sich Kindheit und Jugend von Zeit zu Zeit erneut in mir beleben und ich mich dann kindlich oder kindisch oder pubertär benehme. – Wenn jemand die Eigentümlichkeiten eines Lebensalters auslebt, das nicht sein wirkliches Lebensalter ist – wenn Jugendliche altklug sind oder ältere Herrschaften sich benehmen wie Backfische –, so wirkt das »nicht normal«. Eine solche Belebung mit einem Leben, das in diesem speziellen Lebensalter eigentlich »tot« sein sollte, kann mit schweren seelischen Störungen einhergehen.

Zum besseren Verständnis dessen, was »Tod im Leben« noch alles bedeuten kann, muß man sich vor Augen halten, daß »Tod« und »Leben« bei vielen Völkern, wie gesagt, *relativ* sind. Dies trifft nicht nur für irgendwelche exotische, »primitive«, weithergeholte Gesellschaften zu. Es ist auch bei uns so. Wir haben nämlich bewußt oder unbewußt sehr entschiedene Vorstellungen davon, was wir als »Leben« gelten lassen und was wir andererseits in uns und in anderen tunlichst »abzutöten« bemüht sind beziehungsweise schlicht als »nicht existent« verleugnen. Die Ansichten darüber sind zum Teil sehr alt und lassen sich bis an die Anfänge der großen Kulturen zurückverfolgen. Zum Teil haben sie sich im Laufe der Geschichte gewandelt und sind auch bei den einzelnen Völkern und Rassen unterschiedlich.

Um dies deutlicher zu machen, seien hier drei solche, in unserem abendländischen Denken recht fest verankerte *Wertungen* herausgegriffen:

Ein erstes diesbezügliches Gegensatzpaar betrifft *Stillstand* und *Fortschritt*. – Während es für die sogenannten primitiven Völker geradezu typisch ist, daß über längste Zeiten völlig statische Verhältnisse herrschen – seit Menschengedenken hat sich nichts verändert und *soll* sich nichts verändern –, ist der zivilisierte Mensch im allgemeinen davon überzeugt, daß alles Leben sich ständig verändert und sich verändern *muß*. Ein Leben, das stillsteht, und zwar für immer, ist für uns, selbst wenn wir unsere Phantasie anstrengen, kaum vorstellbar. Die *ewige Ruhe* ist ausdrücklich den Toten vorbehalten.

Ein zweites solches gegensätzliches Paar betrifft *Gesundheit* und *Krankheit*. Wir setzen mehr oder weniger stillschweigend voraus, daß das richtige, das eigentliche Leben das *gesunde* Leben sei. – Man denke zur Illustration nur an den überspitzten Gesundheitsbegriff der Weltgesundheitsorganisation! – Dabei zeigt ein Blick in die Natur, daß Krankheit genauso eine Möglichkeit des Lebens ist wie Gesundheit, an sich wertfrei und erst von der leidenden

Kreatur zur res non grata erklärt. Und wie relativ ist erst das, was wir als *geistig* gesund beziehungsweise als *geistig* krank ansehen!

Das dritte, für uns hier bedeutungsvolle Gegensatzpaar ist das von *Ordnung* und *Chaos*, speziell der *geistigen* Ordnung und des *geistigen* Chaos. Der Gedanke der *Weltordnung* ist eine der Lieblingsideen der Menschheit überhaupt. Die chaotische Welt, das tohu-wa-bohu, ist gemäß der Überlieferung[54] ein Zustand *vor* der Weltschöpfung und damit eigentlich *außerhalb* der Welt und *jenseits* des Lebens. Genau dasselbe gilt für die *geistige* Ordnung bzw. Unordnung. Das logisch geordnete Denken ist dermaßen eng verflochten mit unserem Lebensgefühl, mit unserem Selbstwertgefühl und unserer ganzen Art, uns selbst und die Welt zu erleben, daß wir es als etwas Naturgegebenes empfinden. Das geistige Chaos dagegen, die Risse und Sprünge im geistig seelischen Gefüge, die Widersprüche in uns selbst empfinden wir im allgemeinen als etwas vital Bedrohliches und schließen daraus sehr schnell, daß sie *unnatürlich* seien. Wie der Tod der Endpunkt des menschlichen Lebens im Zeitlichen ist, so wird der niemals endende Irrsinn als der äußerste nur denkbare Gegensatz zu einem normalen geistigen Funktionieren empfunden. – Dabei kann man leicht nachweisen, daß es neben der geistigen Ordnung im Menschen normalerweise sehr viel Chaotisches, Willkürliches und Ungereimtes gibt, das genauso zum Leben gehört wie jene Bereiche, die strukturiert und geordnet sind.

Fassen wir die drei »unlebendigen« Pole unserer Gegensatzpaare – das Statische, das Kranke und das Chaotische – zusammen, so führen sie uns an den Ausgangspunkt unserer Überlegungen zurück, zu den chronisch seelisch Kranken. Und es zeigt sich, daß ihre angebliche »Unlebendigkeit« sehr viel mit einer kulturabhängigen Wertung zu tun hat; einer Wertung übrigens, die ihre Wurzeln nicht nur in der vielverschrienen Gesellschaft hat, sondern von den Patienten selbst vorgenommen wird, sofern diese noch über einen gesunden, urteilsfähigen Persönlichkeitsanteil verfügen, der das Kranke in ihnen selbst ablehnt und verurteilt.

Von da ist es dann nur mehr ein kleiner Schritt bis zu den Mörderparolen vom »lebensunwerten Leben« der Geisteskranken. Leben, das eigentlich »kein Leben« ist, braucht auch nicht zu leben. – Solches kam nicht von ungefähr und ist keineswegs nur auf den Sadismus und die Willkür totalitärer Regimes gegründet, sondern fest verankert in den Vorstellungen von dem, was gemeinhin als ein »normales Leben« empfunden wird. Was den Rahmen dessen sprengt, darf keinen Anspruch auf Leben erheben und kann darum ebensogut tot sein. Die Mentalität der Nazi-Psychiater ist deshalb in ihrem innersten Wesen auch nicht überwunden, so wenig wie die Nazis die ersten waren, die Geisteskranke unmenschlich behandelten. Das gab es an anderen Orten und zu anderen Zeiten auch, wo immer die Toleranz gegenüber dem geistig Andersartigen gering war. Wir werden sehen, daß im Umgang mit Geisteskranken symbolische Tötung, Behandlung der Kranken, als wären sie Tote, sowie höllische Strafen eine Riesenrolle spielen.

Nahtlos fügt sich hier jener altägyptische Text ein – übrigens eines der ältesten schriftlichen Dokumente der Menschheit überhaupt –, worin es heißt:

> »Hinsichtlich dessen, der tut, was geliebt wird,
> und dessen, der tut, was gehaßt wird,
> wird Leben gegeben dem Friedfertigen
> und Tod gegeben dem Übeltäter.«[55]

Es lohnt sich bei dieser Gelegenheit einen Blick in jenen anderen, dem Wahnsinn entgegengesetzten und doch mit ihm so verwandten Bereich außerhalb des Spektrums normaler Geistigkeit zu werfen, dorthin, wo die besonders Begabten, die *Genies* ihren Platz haben. Auch für sie findet das normale Empfinden Attribute, die nicht mehr menschlich sind, dort aber ins Übermenschliche gesteigert. »Heroisch« ist das mindeste, was man dem Genie nachsagt. Die Begeisterung überschlägt sich da gern und läßt sich unbedenklich zu Lobäußerungen hinreißen, deren Vokabeln außerirdischen Sphären entstammen. So feiert man die »göttliche Garbo«, den »Titanen Beethoven« oder »Goethe den Olympier«, nicht zu reden von dem »Wunder Leonardo«, einem »verklärten Richard Wagner« und einem »himmlischen Mozart«. – Gerade in einer solchen Gegenüberstellung wird es deutlich, wie das, was als »normales geistiges Leben« empfunden wird, ein relativ beschränkter Raum ist, auf der einen Seite begrenzt von den Begabten, auf der anderen Seite von den Wahnsinnigen, die in ihrer Besonderheit sich ja bekanntlich nicht so selten die Hände reichen.

Wenn ich hier und im folgenden die Frage der »lebenden Toten«

psychologisch abhandle, so gehe ich gleichzeitig davon aus, daß es *nicht* möglich ist, etwas Sicheres und Beweisendes über ein *Leben nach dem Tod* auszusagen. Selbst die im Zuge des seit einiger Zeit florierenden Sterbebooms[56] geltend gemachten Argumente sind wissenschaftlich nicht wirklich beweisend. Sie gehören in die lange Reihe kollektiver Glaubensvorstellungen und Glaubensbewegungen, von denen die Geistesgeschichte voll ist, ja welche die Geschichte der menschlichen Seele recht eigentlich ausmachen. Es liegt mir fern, die Bedeutung solcher Faszinosa für die Entwicklung des Einzelnen wie des Kollektivs geringzuschätzen. Nur ist es nicht zulässig, sie als wissenschaftlich beweisend hinzustellen! Ob es ein Fortleben nach dem Tode gibt und wie es gegebenenfalls beschaffen sei, kann bis heute keine Wissens-, sondern nur eine Glaubensfrage sein. Jene Menschen, die über ein angebliches Leben nach dem Tod Aussagen machen wollen, sind ja alle noch am Leben! Bestenfalls können sie als kompetente Zeugen über ihre Erlebnisse im Grenzbereich von Leben und Tod berichten, die, wohlgemerkt, vor allem *Erlebnisse* sind und nicht, wie gerne vorschnell und unkritisch angenommen wird, *Sachen,* und die, psychologisch interpretiert, zu ganz anderen als konkret handgreiflichen Schlüssen führen würden. – Übersieht man auch nur ein wenig die vielfältigen und zum Teil völlig widersprüchlichen Ansichten, die bei den verschiedenen Völkern zu verschiedenen Zeiten über ein Leben nach dem Tod im Schwange waren, so wird es niemandem einfallen, diese für bare Münze zu nehmen.

Nicht zu leugnen ist dagegen, daß alle diese Vorstellungen von *Menschen* hervorgebracht wurden. Ich betrachte sie deshalb zunächst als *seelische Produkte,* die ich mit psychologischen Mitteln zu entschlüsseln und zu verstehen versuche. Als Arbeitshypothese dient mir dabei die Vermutung, daß dasjenige, was über ein Leben nach dem Tod gesagt und geglaubt wurde, in erster Linie *Phantasien* sind, welche Zustände, die es *im* Leben gibt, in einen Bereich *außerhalb* des Lebens *projizieren*; und dies aus Gründen, die im Verlaufe dieser Untersuchung noch klarer werden sollen.[57]

Damit laufe ich Gefahr, jener anderen extremen Trivialvorstellung zu verfallen, wonach Himmel und Hölle *nichts anderes* seien als Zustände *im* Leben. – Erörterungen über ein Leben nach dem Tod sind, wie gesagt, eine Domäne des Glaubens und nicht des Wissens. Und in diesem ihnen angestammten Bereich werde ich sie auch unangetastet belassen. – Gleichzeitig kann ich aber nicht umhin, immer wieder festzustellen, daß ich bei meiner psychiatrischen Tätigkeit häufig Zuständen begegne, welche den überlieferten Bildern aus der Unterwelt in erstaunlicher Weise gleichen, was mich dazu veranlaßt, diesen Vergleich tatsächlich anzustellen.

Inwieweit die Toten wirklich fortleben, läßt sich mit Sicherheit bis heute nur *genetisch* verstehen. Jedermann trägt in sich das Erbgut seiner Ahnen, deren Anlagen von Generation zu Generation weitergegeben werden. Die Erforschung der Familien von Geisteskranken bringt immer deutlicher zutage, daß der Vererbung der *Anlagen* zu geistig-seelischen Störungen eine heute nicht mehr zu leugnende Bedeutung zukommt. So verstanden spielen die »Toten« wirklich eine Rolle bei der Entstehung von Geisteskrankheiten. Die Psychiater tragen diesem Umstand Rechnung, indem sie in jedem Fall eine Familienanamnese erheben.

Die Beschäftigung mit den eigenen Vorfahren und mit den Schrullen und Charakterzügen der noch lebenden Angehörigen, läßt einen manches besser verstehen, was man bei sich selbst beobachtet. Sie ist deshalb nicht bloß für die Kranken, sondern für *jedermann* von großer psychohygienischer Wichtigkeit. Es ist immer ein bedenkliches Zeichen, wenn jemand von seiner Familie nichts wissen will. Man kann seinem eigenen Erbgut ja nicht entfliehen! Wenn einer schon seine Familienangehörigen entsetzlich und verabscheuenswürdig findet und sich von ihnen lossagen möchte, so wird ihm die Auseinandersetzung mit den in der Familie vorkommenden Eigenarten trotzdem nicht erspart bleiben, trägt er sie doch mit sich selbst herum.

Wenn ich also von »Toten« spreche, so meine ich selbstverständlich nicht, daß gewisse Personen, mit denen ich beruflich (und privat) zu tun habe und über die ich hier schreibe, tatsächlich tot seien. Sie sind »tot« zu nennen bloß in gewisser Hinsicht, bezogen auf bestimmte Teilaspekte ihres Daseins, und von einer bestimmten Warte aus gesehen. Ich bediene mich dieser Ausdrucksweise nur deshalb, weil das, was ich tagtäglich beobachte, in vielem mit dem übereinstimmt, was über ein Leben nach dem Tod tradiert ist.

Natürlich ist die klinische Psychiatrie nicht der einzige Bereich, der zu Vergleichen mit der Unterwelt einlädt. Man denke nur an gewisse Formen zwischenmenschlicher Beziehungen, an Unterdrückung und Ausbeutung von Kindern, Schwachen, Außenseitern und Randgruppen, an mörderische und monotone Arbeitsbedingungen, an Gefängnisse, Kriege, Kriminalität, Folter, etc. etc. ..., die alle das Attribut »höllisch« nicht weniger verdienen.

Anmerkungen

1 Z. B. *Tibetanisches Totenbuch,* S. 54; auch H. M. Michel u. F. Oser, *Der Mensch, Wanderer zweier Welten von Geburt zu Geburt,* S. 55.
2 *Tibetanisches Totenbuch,* S. 53.
3 Goethe, Faust I, v. 2181.
4 Homer, *Odyssee* XI, 15.
5 Hornung, *Ägypt. Unterweltsbücher,* S. 9.
6 Moody I, S. 53.
7 Dante, Inferno IV, 13.
8 S. Morenz, *Ägyptischer Totenglaube im Rahmen der Struktur ägyptischer Religion,* S. 430 und Anm. 72 u. 110.
9 E. Ahern, S. 221.
10 *Tibetanisches Totenbuch,* S. 99.
11 Hornung, *Ägypt. Unterweltsbücher,* S. 84.
12 Zit. bei E. Kretschmer, *Geniale Menschen,* S. 135 ff. Alle Kursivauszeichnungen von F. L.
13 A. Kolb, *Mozart,* S. 236.
14 G. Keller, *Der Landvogt von Greifensee,* S. 43.
15 F. Nietzsche, *Also sprach Zarathustra,* S. 23.
16 Ph. Bosmans, *Vergiß die Freude nicht,* S. 113.
17 E. Fromm, *Anatomie der menschlichen Destruktivität,* S. 219, 220 u. ff.
18 Bächtold-Stäubli VIII, 1020.
19 R. Th. Christiansen, *The Dead and the Living,* S. 7.
20 A. David-Neel, *Unsterblichkeit und Wiedergeburt,* S. 66.
21 Ebda. S. 70.
22 1. Samuel 28,11-20; Jesus Sirach 46,20; Matthäus 17,3.
23 Z. B. in »Johann von Passau«, Grimms Sagen Nr. 95.
24 Bächtold-Stäubli III, 498; H. Schreuer, *Das Recht der Toten* I, 363; Grabowsky, S. 187; W. C. van Dam, *Dämonen und Besessene,* S. 23.
25 Homer, *Odyssee* XI, 567 ff.
26 R. J. Smith, *Ancestor Worship in Contemporary Japan,* S. 133.

27 E. Camerling, *Über Ahnenkult in Hinterindien und auf den großen Sunda-Inseln,* S. 17 ff.
28 P. Pelliot, *Die Jenseitsvorstellungen der Chinesen,* S. 66. Auch: A. David-Neel, S. 13, 14.
29 A. David-Neel, S. 66.
30 R. J. Smith, S. 7; N. Storå, S. 186 u. 217.
31 Grabowsky, S. 183.
32 Storå, S. 193.
33 L. Lévy-Bruhl, *Die geistige Welt der Primitiven.* S. 50.
34 Dante, Inferno XXXIV, 25.
35 Storå, S. 207 u. 242.
36 S. T. Coleridge, The Rime of the Ancient Mariner.
37 Guido Huber, S. 82; Bächtold-Stäubli III, 499 u. VIII, 1021.
38 Zum Beispiel »Der ewige Jäger«, Grimms Sagen Nr. 309.
39 Homer, *Odyssee* X, 510.
40 Lukian, Dialogi Marini VI; Horaz, Oden III, 11.
41 H. Rahner, Der Weidenzweig vom Jenseitstor, in ders., *Griechische Mythen in christlicher Deutung,* S. 266.
42 J. Nestroy, *Der Mensch ist auch ein Federvieh,* S. 86.
43 Hesiod, Theogonie 452 ff.
44 W. Schmidt gebrauchte, angeregt durch Beobachtungen während des Ersten Weltkriegs, erstmals den Ausdruck »Flucht in die Psychose«. W. Schmidt, *Forens.-Psych. Erfahrungen im Kriege,* Berlin, Karger 1918. Zit. in: E. Bleuler, *Das autistisch undisziplinierte Denken . . .,* S. 47.
45 G. Benedetti, *Klinische Psychotherapie,* S. 146.
46 Ch. Scharfetter, Psychopathologie, S. 152.
47 Schweizer Volksmärchen Nr. 41.
48 R. Moody I, S. 85 ff. u. 34 f.
49 Guido Huber, S. 122.
50 Bächtold-Stäubli III, 1078; VIII, 1059.
51 Homer, *Odyssee* IV, 566-568.

Die Verwandtschaft bzw. Nachbarschaft von Himmel und Hölle, bzw. Paradies und Unterwelt findet sich auch in anderen Kulturen. So ist das altägyptische Schriftzeichen für Unterwelt Naunet einfach die Umkehrung des Zeichens für Himmel Nut, und bedeutet eigentlich »Gegenhimmel«. H. Kees, S. 62.

Nach Midrasch Ps. 90 § 12 befand sich der Gehinnom (die jüdische Unterwelt) ursprünglich in der oberen Welt. Die griechische Baruchapokalypse Kap. 4 und der slavische Henoch 10,1 verlegen den Hades gar in den dritten Himmel. In der rabbinischen Literatur liegen der Gehinnom und der Garten Eden dicht nebeneinander und sind durch nichts getrennt. 4. Esra 7,36. Zit. b. Strack-Billerbeck IV, 1085 f. u. 1101-1115. Auch im Koran sind Hölle und Paradies einander zuweilen so nahe gerückt, daß die Bewohner beider Orte einander sehen und miteinander reden können. J. Meyer, S. 16.

52 John Milton, *Paradise Lost,* Oxfordausgabe III, 496; Reclam-Ausgabe III, 648.

53 Aus dem Gedicht »Selige Sehnsucht«, Westöstlicher Diwan.

54 Genesis 1,2.

55 Zit. bei Breasted, S. 51.

56 Moody, Kübler-Ross, Hampe, Arthur Ford, u. a.

57 Diese Ansicht wurde übrigens schon von Lukrez im 1. vorchristlichen Jh. vertreten. Er sagt de natura rerum 3,978 ff.: »In *diesem* Leben gibt es Qualen, wie sie vom Hades gefabelt werden.«

Psychiatrie und Unterwelt

Während ich noch damit beschäftigt war, in der Jenseitsliteratur allfällige Gemeinsamkeiten des höllischen Leidens und des psychischen Leidens aufzuspüren, machte ich gleichzeitig eine überraschende Entdeckung, auf die ich in keiner Weise vorbereitet war. Bei Durchsicht der Toten- und der Höllenliteratur drängte sich mir immer stärker der Eindruck auf, daß nicht nur die Befindlichkeiten der kranken Seelen auf Erden und der armen Seelen unter der Erde einander sehr ähnlich sind. Es wurde mir mit der Zeit auch immer klarer, *daß die Psychiatrie als Institution viele Gemeinsamkeiten mit der Hölle hat.*

Der Gedanke begann mich zu faszinieren. Teils reagierte ich darauf mit Ablehnung und Bestürzung, teils mit Beifall und Neugier. Ich wollte nicht primär die Psychiatrie »verteufeln«, wie das ohnehin in Mode ist. Warum sollte ich auch den Ast absägen, auf dem ich sitze? – Andererseits fühlte ich mich nicht unbedingt verpflichtet, die Gesinnung und die Methoden der Psychiatrie à tout prix zu verteidigen. Ich bin ja nicht der Erfinder der Psychiatrie. – So entschloß ich mich, das Bildmaterial aus Psychiatrie und Unterwelt ruhig einmal anzusehen. Die Ähnlichkeit der Bilder erwies sich dabei als wirklich erstaunlich.

Ich möchte im folgenden diese Bilder nebeneinander legen und, wo es sich aufdrängt, den einen oder anderen Schluß ziehen. Ich will die Landkarten der Psychiatrie und des Totenreichs übereinanderlegen, um zu sehen, in welchen Bereichen sie sich zur Deckung bringen lassen. Und jener Bereich, in dem sie kongruent sind, der soll mein Thema sein.

Wenn ich mich dabei vielfach auf alte, längst veraltete Methoden und Zustände beziehe, so geschieht dies nicht aus Rückständigkeit oder Unkenntnis jüngster Entwicklungen auf diesem Gebiet, sondern weil das Vergangene sich besser überblicken läßt als das Gegenwärtige. Auch ist man altem Material gegenüber weniger befangen, als wenn es darum geht, heutige Zustände kritisch zu beleuchten. Mit ihnen ist man selbst doch immer mehr oder weniger innig verflochten und kann deshalb nicht objektiv sein. – Der Rückgriff in die Vergangenheit geschieht aber auch aus dem Bewußtsein einer historischen Kontinuität und aus Hochachtung vor meinen beruflichen Ahnen. Psychiatrie und Psychologie wiegen sich gerne in dem stolzen modernistischen Glauben, ihr Dasein habe erst mit Skinner und den Psychopharmaka so richtig begonnen. Zu zeigen, daß dem nicht so ist, ist eines der Anliegen des folgenden Abschnitts. Der Umgang mit den Andersartigen, den gefürchteten und gleichzeitig mit einer fast ehrfürchtigen Scheu verehrten Verrückten hat eine lange Tradition. Und in mancher modernen psychiatrisch-psychologischen Heilmethode taucht uraltes Gedankengut in neuem Gewand wieder auf.

Eine erste direkte Entsprechung der *Unter*welt stellt die *unterirdische Inhaftierung der Geisteskranken* dar, von der man heute natürlich nichts mehr weiß.[1]

Im Jahre 1817 wurde dem irischen Parlament ein erschütternder Bericht vorgelegt über die Praktiken der bäuerlichen Bevölkerung im Umgang mit ihren geisteskranken Angehörigen. Es heißt dort: »Wenn ein starker Mann oder ein Weib von Geisteskrankheit befallen wird, so wird auf dem Grunde der Hütte eine Grube gegraben, nicht so groß, daß der Kranke darin aufrecht stehen könnte; diese wird mit einem Gitter bedeckt, damit der Besessene nicht heraus kann. – Das Ganze ist fünf Fuß tief; der Unglückliche wird hier gefüttert und stirbt auch gewöhnlich hier.«[2]

Die unterirdischen Zellen sind aber keineswegs bloß Ausdruck der rohen Willkür abgestumpfter Analphabeten, die sich nicht besser zu helfen wußten. Sie gehörten im Gegenteil zum festen Bestand des psychiatrischen Instrumentariums.[3] Erst auf Betreiben Esquirols wurde die Unterbringung von Kranken in Kellerzellen in Frankreich 1819 durch Ministerialerlaß verboten. Pandy, ein ungarischer Psychiater, der Anfang unseres Jahrhunderts die europäischen Irrenhäuser bereiste, fand 1907 in Tournai noch solche unterirdischen Verliese in Gebrauch. In einer norwegischen Privatheilanstalt hatte man zur selben Zeit gerade erst neue Kellerzellen installiert, weil manche Psychiater sie für unentbehrlich hielten.[4]

Während man gewöhnliche Kranke früher meist zuhause behandelte, zog man es bei seelisch Kranken vor, sie *von den Gesunden abzusondern*. Lange Zeit waren sie überhaupt die einzigen Kranken, die man zur Behandlung außer Haus gab.[5] Um 1500 wurden die »Kranksinnigen« in Braunschweig und an anderen Orten in

»Kisten« *vor den Toren* der Stadt gehalten.[6] Die *Isolierung und Exilierung* galt an sich schon als heilsame Maßnahme. Man erhoffte sich, daß der Kranke, allein durch seine Entfernung aus dem gewohnten Milieu, wieder zur Besinnung gelange.[7] Dementsprechend liegt das herkömmliche psychiatrische Krankenhaus *außerhalb* und *abseits* der menschlichen Wohngebiete, in der Regel außerhalb der Stadtmauern. Die Namen vieler Kliniken erinnern heute noch wohlklingend an die Auen, Matten, Heiden, Höfe, Wälder, Gärten, Moore, Berge, Seen etc., an denen sie einst errichtet worden waren, wo die wachsenden Städte sie mittlerweile wieder eingeholt haben. Vorzüglich eigneten sich zur Isolierung der Kranken Inseln und Halbinseln auf Seen, Flüssen und Meeren (Insel, lat. = isola!). Dort konnten sie nur auf dem Wasserweg besucht werden. Die Fluchtmöglichkeiten waren sehr erschwert.

Das »auf die Inseln schicken« hatte aber noch eine andere Bedeutung: Im 18. Jahrhundert bildeten die Wahnsinnigen gemeinsam mit Kriminellen und anderen asozialen Elementen gewissermaßen einen Grundstock als »Emigranten in Reserve«[8], als billige Arbeitskräfte für die Deportation in die Kolonien. Bei dieser Maßnahme ist es allerdings mehr als fraglich, ob sie vor allem im Interesse der Kranken durchgeführt wurde.

Als mit dem ausgehenden Mittelalter in Europa die Lepra ausstarb, wies man den Irren die leerstehenden Leprosorien als Aufenthaltsort zu.[9] Nach der Reformation wurden viele aufgelassene Klöster in psychiatrische Anstalten umgewandelt, wozu sie sich ihrer abgeschiedenen Lage wegen bestens eigneten. Auch Burgen und baufällige Zuchthäuser[10] erfüllten denselben Zweck, Distanz zu schaffen zwischen der normalen Welt und dem Irrsinn.

Das Irrenhaus, die Internierungsanstalt, das Asyl, der Narrenturm, sie alle sind umgeben von einer hohen Mauer oder einem tiefen Graben. – 1907 hatte die englische Anstalt Broadmoor noch eine sechs Meter (!) hohe Mauer.[11] – Dabei wurde nie so recht klar, *wem* diese Abtrennung eigentlich nützen soll und *wen* sie schützen soll, die Kranken oder die Gesunden. Wichtig war vor allem, die beiden Welten voneinander zu trennen. Die Isolierung und die Mauern wurden zum sichtbaren Ausdruck der Entfremdung verschiedener Gruppen innerhalb der menschlichen Gemeinschaft.

Ich hatte Gelegenheit, gerade dieses Kapitel mit einem Professor der Psychiatrie zu diskutieren. Er äußerte Bedenken gegen die Erwähnung der

Mauern und Gräben, weil solche doch heute nicht mehr vorhanden wären. – Als ich seine Klinik verließ, bemerkte ich, daß ein Hof des Gebäudes, der offensichtlich als geschlossene Abteilung diente, durch eine übermannshohe, schmucke bunte Glaswand von dem übrigen Areal abgetrennt war. Man hatte die alten Mauern ästhetisch und optisch so lange verwandelt, bis ihr Vorhandensein sogar aus dem Bewußtsein des Professors verdrängt worden war.

Es scheint, als hätte sich da ein altes Motiv wiederbelebt. Die Irren sind von ähnlichen Tabus umgeben wie die Toten. Man erachtet sie für gefährlich, hat Angst vor ihnen und meidet sie.

Lesen wir dazu das analoge Kapitel aus der Unterwelt: Die Menschen und selbst die Götter fürchten sich vor der schauerlichen Wohnung des Hades.[12] Deshalb, und nur zum Teil aus hygienischen Bedenken, legte man die Friedhöfe, wo die Toten hausen, stets *außerhalb* der Stadtmauern an.[13] Und erst recht das Jenseits dachte man sich irgendwo in der Ferne, wohin lange und beschwerliche Wege führen.[14] Die Seelenstadt, so heißt es, liege weitab auf einer Insel in der Wolken-See.[15] Als bevorzugte Wohnstätte der Dämonen gilt auch die Wüste.[16]

Friedhöfe sind Orte des Spuks und der Visionen. In manchen Sagen treffen wir dort unruhige Tote. Sie rufen, schreien aus dem Grab, schlagen um sich oder sitzen nachts auf dem Grabhügel.[17] Da treiben auch die Irrlichter ihr Unwesen, brennende Seelen, von denen Luther sagt, sie seien »schwebende teuffel, qui homines in pericula ducunt« (schwebende Teufel, die den Menschen Gefahr bringen.[18]

Besonders unheimliche Geister müssen eigens verbannt werden. Sie werden an einer eisernen Kette abgeführt oder in einen Behälter eingeschlossen, den sogenannten Ranzen, in welchem sie der Ranzenmann – ein gefährlicher Beruf, der Klugheit und Furchtlosigkeit verlangt – in entlegene, menschenleere, öde Gegenden trägt. Erst dort wagt man es, sie wieder freizulassen. Sie haben nämlich die Tendenz, die Menschen zu belästigen und ihnen zu schaden. Ihr Aufenthaltsort muß genau abgegrenzt werden, indem man einen Kreis darum zieht oder einen Zaun errichtet.[19]

Die Analogien zum Abtransport und zur »Versorgung« von Geisteskranken sind ganz augenfällig. Wie die Toten kettete man Kranke an die Wagen, in denen sie transportiert wurden.[20] Man jagte sie auch einfach davon, wenn man sie loswerden wollte, oder schob sie über die Landesgrenzen ab.[21]

In Irland hatte man die Gewohnheit, die unglücklichen Kranken mit einem Arm an den Karren zu ketten, hinter dem sie dann herlaufen mußten. Im Jahre 1818 erklärte ein angesehener Arzt vor einer Parlamentskommission unter Eid, daß von denjenigen, die auf diese Weise nach Dublin transportiert worden waren, etwa jedem Fünften ein Arm amputiert werden mußte.[22]

Wir begegnen hier der seit alters gepflegten und weit verbreiteten Praxis der *Verbannung* unliebsamer Mitmenschen. Es ist das klassische Thema des Sündenbocks, der davongejagt wird, hinaus in die Wüste, beladen mit allem Kranken und Unerwünschten, dessen man sich auf diesem Wege für immer zu entledigen hofft.[23] Ob es unartige Kinder sind, die man in Heime steckt, oder politische Gegner, denen man ein fernes St. Helena oder Sibirien als Aufenthaltsort zuweist, die Mentalität, welche die Motivation für dieses stereotype Verhalten abgibt, ist immer dieselbe.

Bezeichnend für die Angst vor den Geisteskranken ist eine deutsche Verordnung aus dem Jahre 1759, wonach im Interesse der öffentlichen Sicherheit eine Irrenanstalt nur an solchen Orten erbaut werden sollte, wo sich auch eine Garnison befand.[24]

Eine besondere Variante dieses Themas sind die *Totenschiffe*. Der Gedanke, daß der Tote eine Schiffsreise anzutreten habe, ist schon aus ägyptischen Gräberfunden vielfach belegt. Das Motiv einer Überfahrt ins Jenseits ist außerordentlich weit verbreitet.[25] Die Wikinger setzten diese Idee in praktische Tat um. Sie ließen die Toten auf Schiffen ins Meer hinaustreiben.[26] Nordamerikanische Indianer schickten ihre Verstorbenen in Kanus die Flüsse hinunter und befreiten sich auf diese Weise von deren unheimlichen Seelen.[27] Man stellte sich vor, der Tote reise übers Wasser in ein anderes Land. Mancherorts wurden die Leichen auch einfach

Rituelles Totenschiff
Holzschnitzerei aus North New Ireland,
Neu Guinea

Albrecht Dürer (?),
Illustration zu Sebastian Brant
Das Narrenschiff, Basel 1494

ins Wasser geworfen, in der Annahme, sie würden ihren Weg schon finden.

Derselbe Brauch wurde auf die Geisteskranken angewendet, als in der Renaissance die *Narrenschiffe* aufkamen. Man verfrachtete Geisteskranke, Kriminelle und anderes unliebsames Gesindel auf

Schiffe und schickte sie aufs Wasser hinaus, wo sie entweder umkamen oder solange von Hafen zu Hafen irrten, bis sich irgend jemand gnädig der geisteskranken Fracht erbarmte.[28]

Damit die Toten nicht mit den Lebenden zusammenkommen, ist das Jenseits von der irdischen Welt immer durch ein unüberwindliches Hindernis, etwa einen Fluß oder eine Kluft oder einen hohen Berg getrennt. Das Reich Hels, der nordischen Unterweltsgöttin – von deren Name sich das Wort »Hölle« herleitet – ist von einem mächtigen Eisenzaun umgrenzt. Auch moderne »Sterbeberichte« erzählten von einer jenseitigen Schranke oder Grenze, einem Grenzfluß, einer Kluft, deren Überschreiten etwas Endgültiges, nicht Umkehrbares bedeutet.[29] Der Gedanke findet sich schon in dem ägyptischen »Pfortenbuch«, welches von einem unterweltlichen »Seelengefängnis« spricht.[30]

Mit der Isolierung der Geisteskranken von den Gesunden ist untrennbar auch der *Gefängnis*charakter psychiatrischer Anstalten verbunden.[31] *Aus*schließung und *Ein*schließung gehören zusammen.

Am Eingang zur Unterwelt wacht der Höllenhund, Kerberos, der »Seelenfresser«[32], der zwar willig jedermann einläßt, aber niemanden wieder freigibt.[33] Die Hölle will behalten, was ihr einmal zugefallen ist. Aus ihr gibt es kein Entrinnen.[34] Ägyptische Texte betonen es auf drastische Weise, daß die Verdammten »den Fingern« ihrer Wächter »nicht entschlüpfen können.«[35] Hades ist begierig, Menschen zu verschmausen.[36] Das Nikodemus-Evangelium nennt ihn einen »unersättlichen Allesfresser.«[37] Unaufhörlich sperrt die Scheol ihren nimmersatten Rachen auf, um alles zu verschlingen, was Mensch heißt.[38] – Die mittelalterliche Kunst übernahm diese Vorstellung und stellte die Hölle als einen Schlund dar, dessen Eingang ein weit geöffneter, mit Zähnen besetzter Tierrachen bildet. Dante begegnet am Eingang zum Inferno einem Raubtier, von welchem er sagt, es sei *nach* dem Fressen stets hungriger als zuvor.[39]

Man ist hier an den Psychiatriewärter mit dem Schlüssel erinnert und an zahllose Anekdoten, die alle darauf hinauslaufen, daß man in eine psychiatrische Klinik zwar leicht hinein-, aber nur schwer wieder herauskommt.

». . . leicht geht es hinab zum Avernus,
Nachts wie tags steht offen die Pforte des finsteren Gottes;

Aber den Schritt zu wenden und wieder zum Lichte zu steigen,
Das macht Mühe und Not ...«[40]

Gewisse römische Gesetzesstellen lassen darauf schließen, daß Geisteskranke ursprünglich ins Gefängnis geworfen wurden.[41] Das 17. Jahrhundert brachte in Europa am Vorabend der Aufklärung erneut eine Welle von Verhaftungen unter den Geisteskranken.[42] Die Einschließung der Kranken ist – auch wenn heute von »Gefängnis« längst keine Rede mehr sein kann – immer noch eiserner Bestandteil des psychiatrischen Behandlungsarsenals. Sie ist mit dem Begriff der psychiatrischen Klinik so untrennbar verbunden, daß eine Klinik ohne eine geschlossene Abteilung eigentlich nicht als vollwertige Klinik gilt.

Man hat der klinischen Psychiatrie vorgeworfen, daß sie ihre Patienten zu lange und quasi aus einer Laune heraus behalte und dadurch krankmachend wirke.[43] Thomas Szasz spricht in diesem Zusammenhang von einem »Austreiben des Teufels durch Beelzebub«.[44] – Der Vorwurf ist überall dort gerechtfertigt, wo Psychiater sich wissentlich oder unwissentlich dazu hergeben, unbequemen Mitbürgern das Etikett »geisteskrank« aufzudrücken und davon die Rechtfertigung für eine unter Umständen lebenslängliche Gefangennahme herzuleiten. Mit solchem Mißbrauch hängt wohl auch die Angst vieler Leute zusammen, in einer psychiatrischen Klinik »versenkt« zu werden.

Beim Eintritt ins Jenseits wird der Ankömmling einer gründlichen *Musterung* unterzogen. Er muß alles ablegen und zurücklassen, was ihm auf Erden lieb und bei der Lebensbewältigung dienlich war. Er geht seines Reichtums verlustig, seiner Privilegien und Auszeichnungen. Kronen, Diademe und Purpurmäntel fallen dahin. Da hilft keine jähzornige Aufgeblasenheit, nicht Protz und Prahlerei, nicht Weichlichkeit und Selbstliebe. Angesichts des Todes wird dem Menschen alles heruntergeräumt, bis auf die nackte, unmittelbare Substanz.[45]

Nicht anders verhält es sich beim Eintritt in die psychiatrische Klinik. Der Neuling wird einer *Aufnahmeprozedur* unterzogen. Er wird entkleidet, untersucht, kontrolliert. Alles Privateigentum wird konfisziert und weggesperrt. Wer gegen seinen Willen in eine Klinik eingewiesen wird, für den gelten keine Titel und bürgerlichen Rücksichten mehr. Ungefragt werden die Kranken geduzt. Nichts von dem, was dem Kranken bislang zu seiner Identität verhalf, bleibt übrig.[46]

Der Höllenfürst – um der ihm Hörigen ja nicht wieder verlustig zu gehen – prägt ihnen ein *Sklavenmal* auf die Stirn, ein Brandmal, als wären sie Vieh oder Ware.[47] Psychiatrische Patienten wurden und werden in vielen Kliniken durch eine einheitliche *Anstaltskleidung* gekennzeichnet, die sich von einer Sträflingskleidung nicht wesentlich unterscheidet. Eine unerlaubte Flucht läßt sich damit praktisch ausschließen.

Bereits erwähnt wurde die Sonnenferne und *Finsternis* der Unterwelt. – Swedenborg sieht in seinen Visionen »finstere, wie mit Ruß überzogene Höhlen«. – Bei der Behandlung psychisch Kranker wurde auch diese Idee konkret verstanden und fand ihren Niederschlag, indem man die Patienten in *dunklen* Zimmern hielt. Schwarze Wandanstriche waren in Kliniken ziemlich beliebt.[48]

Letzteres ist um so erstaunlicher, als schwarz traditionell die Farbe der »finsteren« Mächte, der Antipoden des Lichts, der Dämonen ist.[49] Man kann sich fragen, ob damit bewußt oder unbewußt die Zugehörigkeit der Geisteskranken zur »dunklen« Sphäre zum Ausdruck gebracht werden sollte.

Reil schreibt in seinen *Rhapsodien über die Anwendung der psychischen Curmethode* 1803: »Die Zimmer der Rasenden müssen wenig erleuchtet, meistens finster, ohne auffallende Decorationen und Meublen seyn.«[50] Heinroth fand den Aufenthalt »an einem gänzlich verfinsterten Orte ungemein heilsam«.[51] Ein Rest davon hat sich bis heute in den sogenannten Kurensälen erhalten, wo die medikamentösen Dämmerkuren durchgeführt werden und wo auch tagsüber nur gedämpftes Licht leuchtet.

Mir ist natürlich nicht unbekannt, daß es gute und vernünftige Gründe für solche Maßnahmen gibt. Aber gerade das gibt einem zu denken, daß Ärzte *immer* Vernunftgründe für ihr Handeln ins Feld zu führen wußten. Dabei zeigt eine Übersicht wie diese, daß die Gründe, die das ärztliche Handeln diktieren, keineswegs immer vernünftig sind, sondern sehr oft von Gefühlen bestimmt, von unbewußter Angst vor den Patienten oder von Feindseligkeit ihnen gegenüber. Gerade das Beispiel der Finsternis bei der Patientenbehandlung zeigt auch, wie *Ideen* sehr häufig mißverstanden und irrtümlich in konkrete Tat umgesetzt wurden.

Im Gedankengut der griechischen Orphik finden sich erstmals Anhaltspunkte dafür, daß die Finsternis im Jenseits nicht als Strafe für irdische Vergehen, sondern *allegorisch* gemeint war. Man machte das Schicksal des Toten davon abhängig, ob er bei seinen Lebzeiten in die Mysterien eingeweiht war oder ob er wegen seiner Unkenntnis der göttlichen Geheimnisse ewig *im Dunkel* bleiben würde.[52]

Es war das besondere Verdienst Eugen Bleulers, auf das »autistisch-undisziplinierte Denken in der Medizin« aufmerksam gemacht zu haben, welches oft recht unkritisch mal dieses und mal jenes für gut befindet, sich im Laufe der Zeit des öfteren widerspricht und auf diese Weise zu erkennen gibt, daß es mit der angeblichen Vernünftigkeit der Behandlungsmethoden oft wirklich nicht weit her ist.[53]

Die häufigste und wirkungsvollste Höllenstrafe ist weithin das *Feuer*.[54] Bereits die ägyptischen Unterweltbücher kennen einen Feuerstrom, der sich durch das Totenreich ergießt.[55] Sie zeigen Darstellungen von Feuergruben, auch Feuerfallen, in welche die Götterfeinde geworfen werden.[56] Erwähnt wird ein Feuersee, von dem es heißt, »das Wasser dieses Sees ist Feuer«.[57] Der geheime Weg durch das Jenseits ist angefüllt mit Feuerflammen.[58] Bezeichnend sind die Namen der dort herrschenden Gottheiten: »der mit seinem Auge Feuer schießt«, »der mit seinem Gesicht in Flammen setzt«, »Flammengesicht«, »Fackelgesicht«[59], »der Feuer sprüht mit seiner Zunge«, »der mit hoher Flamme«[60], »der mit schmerzhafter Flamme«, »Herrin der Glut«, »Herrin der Hitze«.[61] Ein feuerspeiender Schlangendämon heißt »der Millionen verbrennt«.[62]

In der 60. Szene des ägyptischen Pfortenbuchs spricht Horus, der Sohn des Sonnengottes, zu der feuerspeienden Schlange Wamemti:

»Öffne dein Maul und klappe deine beiden Kiefer auf,
damit du Feuer speist in die Feinde meines Vaters!
Mögest du ihre Leichname in Flammen setzen und ihre Bau (= Seelen) kochen
durch jenen Gluthauch deines Maules,
durch die Feuerglut, die in deinem Leibe ist!«

Die verdammten Seelen stehen in verschlossenen Töpfen auf dem Feuer.[63] Bis zum Kinn oder zur Brust oder bis zu den Knien stehen diejenigen im Feuer, die auf Erden nicht genug Buße getan haben.[64] Verleumder *brennen* im Feuer.[65] Ein feuriges Bad ist ihnen bereitet.[66] So wie die Fleischstücke beim Kochen im Kessel umgetrieben werden, so werden die Gottlosen in der Glut des Unterweltfeuers umhergewälzt.[67] Sie stecken in einem See aus feurigem Schlamm.[68] Sie wälzen sich auf glühenden Kieseln.[69] Die Teufel schleudern feurige Wurfspeere nach ihnen[70] und braten sie über dem Feuer.[71] In der Grimmschen Sage »Der Feuerberg« sitzt ein Bösewicht auf einem Stuhl, »um welchen sich, wie an den glühenden Wänden und auf dem Boden, tausend Flammen wälzten«.[72] Der eiserne Landgraf Ludwig wird vom Teufel in einer Grube gehalten, die mit einem glühenden Deckel verschlossen ist.[73] Einem Vornehmen wird die Haut abgezogen, ehe er über dem Feuer geröstet wird. Ein unzüchtiger Jüngling sitzt auf einem feurigen Stuhl, ein Räuber auf einem feurigen Roß. Letzterer ist angetan mit einem feurigen Mantel, innen mit feurigen Stacheln versehen, die in sein Herz stoßen.[74] An feurigen Ketten werden die Toten

Die Toten im Höllenfeuer.
Holzschnitt, deutsch, 15. Jh.

gehalten.[75] Am ganzen Leibe sind sie »glühend heiß«.[76] Mit feurigen Trompeten blasen ihnen Teufel Feuer in Augen, Ohren, Mund und Nase, daß Schwefelflammen daraus zurückschlagen.[77]

Die Phantasie der Völker entzündete sich regelrecht an derartig feurigen Vorstellungen. Sie wurde selbst zu einem Feuerbrand, der, um sich greifend, alles, was man sich nur vorstellen kann, zu hell lodernden Bildern entfachte.

Als ein Relikt der Feuerbehandlung ist die *Kremation* der Toten anzusehen, die ursprünglich den Zweck hatte, die Toten möglichst unschädlich zu machen, und ihrer Seele die Trennung vom Körper zu erleichtern.[78]

Bei all diesen Prozeduren wird nie recht klar, ob der Totenkult mehr im Interesse der Toten oder der Lebenden eingerichtet ist. Jedenfalls kannten die Griechen Homers, die seit langem an die Leichenverbrennung gewöhnt waren, keinerlei Furcht vor »umgehenden Geistern« mehr.[79] Wenn nicht anders, so war die Maßnahme, mit der die Toten vernichtet wurden, nützlich für den Seelenfrieden der Überlebenden.

Nun spielt gerade das *Feuer in der Psychiatrie* als Heilmethode heute praktisch keine Rolle mehr. Einzig in der *Psychochirurgie* begegnen wir noch jener traditionellen Kombination von Feuer und Schwert[80], deren Gebrauch lange Zeit bei der Verfolgung von Andersgläubigen üblich war und allgemein gutgeheißen wurde. – Ausgehend von der Idee, daß seelische Störungen in gewissen Zentren des Gehirns lokalisiert seien, beziehungsweise auf bestimmten Hirnbahnen übermittelt werden, versucht man chirurgisch diese Stellen zu zerstören oder stillzulegen. Dies geschieht entweder mittels Skalpell (Schwert), Elektrokoagulation (Feuer) oder Vereisung (Kälte, siehe S. 80). – In Analogie dazu erwähnt die apokryphe Paulusapokalypse[81] im Jenseits das »große feurige Schermesser«, mit welchem die Toten gepeinigt werden.

Feuer hat die Eigenschaft, denjenigen, der damit in Berührung kommt, mehr oder weniger gründlich zu verbrennen. Eine derartige Zerstörungsmethode ist normalerweise unvereinbar mit ärztlichem Empfinden. Es wurden aber im ausgehenden Mittelalter und im 16. und 17. Jahrhundert in Europa, ja vereinzelt sogar bis in neuere Zeit sehr viele Personen, von denen wir heute annehmen müssen, daß sie psychisch eigenartig oder psychisch krank waren, mit Feuer *»behandelt«*, nämlich auf dem Scheiterhaufen verbrannt.[82]

Aber sogar in der Psychiatrie selbst hatte das Feuer bis vor nicht allzulanger Zeit seinen Platz als anerkannte Behandlungsmethode. Noch 1818 empfahl ein so behutsamer Arzt und energischer Vertreter einer »negativen«, das heißt abwartenden therapeutischen Haltung, wie Heinroth, das *glühende Eisen* als probates Heilmittel.[83] Auch Esquirol will das Glüheisen im Nacken »bei Manie, die mit Wuth compliziert war«, erfolgreich angewendet haben.[84]

Dazu lesen wir in der Petrusapokalypse von »Männern und Weibern« in der Hölle, die »feuriges Eisen über das Gesicht bekamen«.[85]

Eine weitere psychiatrische Behandlungsmethode mittels Feuer waren die Moxen oder Moxibustien. Das waren kleine zylindrische oder kegelförmige Gebilde aus brennbarem Material, welche den Kranken auf die Haut gebunden, angezündet und abgebrannt wurden. Man stellte sich vor, daß das sehr schmerzhafte Verfahren eine ableitende Wirkung ausübe und schädliche Stoffe gewissermaßen aus dem Körper herausziehe. Die Moxen waren bis weit ins 19. Jahrhundert in psychiatrischem Gebrauch. Angegeben sind sie unter anderem bei Esquirol, Reil und Heinroth.

Man sieht in der klinischen psychiatrischen Praxis immer wieder Patienten, vor allem jüngere Patienten, welche sich auf ganz ähnliche Weise selbst behandeln, indem sie in zwanghafter Weise brennende Zigaretten an verschiedenen Stellen ihres Körpers in die Haut drücken. Man kann sich fragen, ob der Impuls, der sie dazu verleitet, unbewußt derselbe ist, der in früheren Zeiten die Einführung der Moxen in die psychiatrische Therapie veranlaßt hatte. – Feuer*tod* infolge Selbstverbrennung ist zwar nicht gerade eine häufige Suizidform, kommt aber gelegentlich vor. Auch brennender Siegellack, der den Kranken in die Hände geträufelt wurde, hatte als Therapeutikum in der Psychiatrie eine gewisse Bedeutung.[86] Ähnlich geht es in der Hölle zu: dort tröpfelt einem schlechten Priester unaufhörlich das Wachs eines Kirchenlichtes auf die nackte Brust.[87]

Es ist wichtig festzustellen, daß das Feuer in der Unterwelt ursprünglich als ein *Reinigungs*feuer gedacht war und sich erst später zu einem Mittel der Qual entwickelte.[88] Das Fegefeuer ist der jenseitige Reinigungsort, das Purgatorium. Es soll den Menschen läutern und die Wiedergeburt ermöglichen.

In Mythen, Sagen und Märchen erscheint das Feuer als Verjüngungsmittel.[89] Im Parsismus wird der Tote nach zwölfstündiger Wanderung schließlich im Feuerstrom Dinur gereinigt. Nach vedischer Anschauung steht die Leichenverbrennung am Anfang der Ausstattung des Toten mit einem »neuen verherrlichten Körper«. Bei Vergil befreien sich die Toten im Feuer von ihren Sünden.[90] In Grimms Märchen »Das junggeglühte Männlein«[91] wirft der Herr Jesus einen alten kranken Mann in das Feuer einer Schmiede, womit er ihn kuriert und verjüngt.

Will man die Bedeutung des Feuers verstehen, so muß man besonders seinen *symbolischen* Aspekt überprüfen. Wir müssen dann nicht nur nach realem äußerem Feuer suchen, sondern auch, bildlich gesprochen, nach *innerem* Feuer.

Vereinzelt nehmen die Jenseitsbücher andeutungsweise eine psychologische Betrachtungsweise schon vorweg. So heißt es in einer rabbinischen Textstelle: »Der Herr wird sie töten durch Verbrennung der Seele (in ihrem Inneren) mit einer Feuerflamme ...«[92]

Dieses *innere* Feuer finden wir in den *Emotionen* unserer Patienten. Brennende Leidenschaften, heiße Liebe, lodernder Haß und feurige Einbildungskraft entflammen und quälen sie heute wie eh und jeh. In Maßen wirken sie anregend, wärmend und belebend. Feuer und Emotionen im Übermaß zerstören. – Weiß man andererseits, wie oft Patienten gerade daran leiden, daß sie zu ihren Gefühlen keinen Zugang haben und daß sie ihre Gefühle nicht äußern können, so fällt es nicht schwer sich vorzustellen, wie in Psychiatern die Idee entstehen konnte, den Kranken »Feuer« zuzuführen.

Wie *subjektiv* und wie *relativ* solches Leiden ist, mag ein Vergleich mit ägyptischen Unterweltvorstellungen dartun. Der Feuersee in der Unterwelt ist nur für die Verdammten eine feurige Qual. Den Seligen dagegen spendet er frische Nahrung und erquickende Kühlung.[93] Den Frommen *leuchtet* das Höllenfeuer, die Sünder *brennt* es.[94] – Für viele Geisteskranke ist es geradezu bezeichnend, daß sie an etwas leiden, was anderen Menschen durchaus normal oder sogar angenehm ist.

Die Hölle, der wir auf der Spur sind, müssen wir im folgenden nicht nur in der konkreten *äußeren* Realität der psychiatrischen Institutionen suchen, sondern gleichzeitig auch *in* jenen, die als Heilende oder als zu Heilende diese Institutionen bevölkern. Die Abgründe, in die einer zu fallen droht und vielleicht tatsächlich fällt, die Gruben, die wir uns selbst und anderen graben, sie sind zuerst und zuletzt nämlich immer die Abgründe der eigenen Seele.

Wie das Feuer, spielt auch das *Wasser* eine wichtige Rolle als Reinigungs-, Heil- und Strafmittel in Psychiatrie und Unterwelt.[95] Ein lebendiger Rest davon hat sich bis heute in der christlichen Wassertaufe erhalten, die als eine Neugeburt der ansonsten dem ewigen Tod verfallenen Seele zum eigentlichen, christlichen Leben verstanden wird. – Jedoch erfuhr auch das Wasser, wie das Feuer, im Lauf der Zeit eine Wandlung vom *Heil*mittel zum *Straf*mittel. Die ursprüngliche Idee, die hinter dem Gebrauch des Wassers stand, die Idee der Reinigung und Belebung, blieb zwar theoretisch durchaus in den Köpfen der Ärzte erhalten. In der Praxis entwickelte sich jedoch ein übertriebener Eifer, der von den Patienten kaum noch als Wohltat empfunden werden konnte.

Nach Platon sind zunächst die Heilbaren wie die Unheilbaren gemeinsam im Tartaros. Nach Ablauf eines Jahres werden die Heilbaren von einer Woge erfaßt und durch die Unterweltflüsse in den Acherusischen See geschwemmt, wo sie Gelegenheit haben, Abbitte zu leisten bei jenen, denen sie im Leben Unrecht taten. »Wenn sie sie nun überreden, so steigen sie heraus, und ihre Übel sind zu Ende; wo nicht, so werden sie wieder in den Tartaros getrieben und aus diesem wieder in die Flüsse, und so hört es nicht auf ihnen zu ergehen, bis sie diejenigen überreden, welchen sie Unrecht getan haben.«[96]

Die *Bädertherapie,* die dieser Schilderung entspricht, reicht weit in der Geschichte des Wahnsinns zurück und nahm in der Psychiatrie bis in unser Jahrhundert einen zentralen Platz ein. In vielen Kliniken wird immer noch ein stereotyper Aufnahmeritus mit *obligatem Bad* gepflogen, gänzlich unabhängig davon, ob der Neuankömmling wirklich eines Bades bedarf oder nicht.[97] – Und die Zahl der *seelisch* Leidenden, die freiwillig in Badeorten Linderung ihrer Beschwerden suchen, ist Legion!

Früher waren als psychiatrische Heilmittel besonders das Dauerbad und die Dauerdusche sehr beliebt und – als eine Kombination von beiden – das Regenschauerbad.[98] Für längerdauerndes Duschen band man den Kranken den Kopf unter der Dusche fest.[99] – Anders das sogenannte »Überraschungsbad«: Man stürzte die Kranken, wenn sie es nicht erwarteten, in ein Becken, einen Fluß oder ins Meer. Es gab in den Kliniken eigens konstruierte Fallbrücken, die sich unvermutet öffneten, sobald der Patient darüberging. Man fesselte den Kranken für solche Bäder auch Arme und Beine.[100] Van Helmont und Van Swieten rieten, den Kranken so lange unter Wasser festzuhalten, »bis er den Gebrauch der Sinne verliere«.[101] Boerhave stellt fest: »Praecipitatio in mare, submersio in eo continuata quamdiu ferri potest, princeps remedium est contra maniam« (Das Hinabstürzen ins Meer, das ununterbrochene Untertauchen darin, solange es sich machen läßt, ist das vorzüglichste Heilmittel gegen den Wahnsinn).[102] Man kettete Patienten in Brunnen an und ließ das Wasser so lange steigen, bis es ihr Kinn erreichte. Nicht minder quälend war es, wenn man die im Bad Liegenden mittels einer über ihre Schultern gebogenen Eisenstange am Aufstehen hinderte.[103]

Erregten Kranken stülpt man feuchte Tücher über den Kopf, die man am Hals rasch und fest zuzieht. Dadurch verlieren die Kranken sofort das Bewußtsein. Dieses Verfahren soll in manchen Kliniken noch heute in Gebrauch sein.[104]

Je nachdem, ob Anregung oder Beruhigung beabsichtigt war, kam warmes oder kaltes Wasser zur Anwendung. Heinroth preist »Wärmeentzug durch das herrliche Vehikel der Kälte«.

1845 werden in der k.k. Irrenheilanstalt zu Wien »ein Drittel der Kranken mit kaltem Wasser allein, mit Ausschließung aller anderen Arzneien, in den schwierigsten und complicirtesten Fällen mit dem herrlichsten Erfolge behandelt«.[105]

Onanisten erhielten kalte Abreibungen und kalte Sitzbäder, Melancholiker Eiswasserklistiere, manische Frauen Kaltwassereinspritzungen in die Scheide.[106]

Das Wasser erwies sich als äußerst willfähriges Objekt für die Phantasie der Psychiater. Seine qualitativen Reichtümer erscheinen am Ende des achtzehnten Jahrhunderts grenzenlos. So kann kaltes Wasser erwärmen, heißes kann erfrischen. Durch seine Kälte wirkt es versteinernd. Durch seine Hitze unterhält es ein eigenes Feuer . . .[107]

Kraepelin, ein engagierter Befürworter des Dauerbades, ließ einzelne Kranke »viele Monate lang ohne jede Unterbrechung« in Badewannen zubringen.[108] Seine Empfehlung des Dauerbades gleicht in überraschender Weise dem von Platon skizzierten Bild des Tartaros. Er schreibt: »Es gibt aber auch Fälle genug, in denen das Baden Tag und Nacht fortgesetzt werden muß, weil die Kranken sonst sofort unerträglich störend und selbst gefährlich werden; ja hier und da kann es nötig sein, die Behandlung über Wochen und Monate zu erstrecken, wenn jeder Versuch einer anderweitigen Pflege mißlingt.«[109]

In der Hölle wie in der Psychiatrie sollen die Kranken durch das dauernde Baden mürbe gemacht werden. Ihre verabscheuungswürdigen Ideen sollen »in einem dem Tode ähnlichen Zustand verschüttet« werden – wie Pinel die häufig durch die Behandlung herbeigeführte Bewußtlosigkeit rechtfertigt.[110] Die gewaltsamen »Taufmethoden« verstehen sich als befugte Wegbereiter der geistigen Neugeburt. Das Festgefahrene in der Seele der Kranken soll dadurch wieder in Fluß geraten, alles Vertrocknete im wahrsten Sinne des Wortes überschwemmt und zu neuer Fruchtbarkeit getrieben werden.

Als einem Aspekt des nassen Elements begegnet man bei der Behandlung der armen Seelen auch der *Kälte*. Das Refrigerium, die angenehme Kühlung, Erfrischung und Erquickung, hatte ursprünglich die Funktion, die ermattete Seele nach einem Leben der Mühen und der Verfolgungen erst einmal zu laben.[111] Mit der Umwandlung der Hölle von einem neutralen, wertfreien Aufenthaltsort *aller* Toten in einen Strafort für die Sünder wandelt sich aber diese Annehmlichkeit und wird zur Folter. Bei den Toten ist es dann eiskalt. Frostige Winde heulen.[112] Hagelschauer prasseln herab.[113] »Eis türmt sich dort auf zu Bergen, Schneetreiben bedeckt tausend Meilen«.[114] Lukian erwähnt die Bestrafung eines Frevlers, der nackt, mit gebundenen Füßen im Schnee liegt.[115] Die Paulusapokalypse führt dem Leser Männer vor, die in Eis und Schnee für ihre Untaten büßen.[116]

In der Psychiatrie schrieb man der Kälte Heilwirkungen gegen allzu leidenschaftliche, hitzige Erregungen des Gemüts zu. Mit dem etwas aus der Mode gekommenen Ausdruck »Hitzkopf« pflegte man Menschen von überschäumendem Temperament zu bezeichnen. Nichts war demnach logischer, als den überhitzten Kopf zu kühlen. Neben kalten Bädern und Duschen wurden kalte Kopfbegießungen verabreicht. Man setzte den Kranken Kappen aus kaltem Lehm auf, auch Eismützen. Örtliche Erfrierungen erzielte man durch das Verdunsten von Äther auf dem kahlgeschorenen Scheitel.[117] Unruhigen Kranken ließ man stunden- und tagelang kaltes Wasser auf den Kopf tropfen[118] – ein Verfahren, von dem man mittlerweise weiß, daß es Verrücktheit nicht heilt, sondern bei längerer Anwendung erst recht verrückt macht. – Zuzeiten setzte man Geisteskranke bedenkenlos der winterlichen Kälte aus. Man meinte nämlich, weil sie sich so unmenschlich gebärdeten, sie wären keine Menschen, sondern *Tiere*.

Typisch für diese Haltung ist ein französisches Gesetz vom 16.-24. August 1790. Es »vertraut der Autorität der Gemeindekörperschaften ... die Sorge an, den Ärgernissen zu begegnen und abzuhelfen, die durch die in Freiheit gelassenen Irren und Wahnsinnigen und durch das Umherschweifen von bösartigen und wilden Tieren verursacht werden können«.[119]

Und weil Tiere im Winter keiner besonderen Kleidung bedürfen, ließ man die Kranken ohne Heizung, ohne warme Decken, ja sogar ohne Kleider in ihren kalten Zellen.[120]

Die folgende Beschreibung der französischen Anstalt Maréville aus der Zeit um 1800 gibt wieder, wie *bestialisch* Menschen zu gewissen Zeiten von ihresgleichen behandelt wurden: »Die Wahnsinnigen lagen unrein, wie Schweine in dunklen Behältern, bis an den Hals in faulem Stroh mit wenigen alten Lumpen kaum halb bekleidet, und zwar in so schauderhafter Vernachlässigung und Verwirrung, daß man nicht wußte, welches die Männer, welches die Weiber sind. Das Ungeziefer hatte sie mit lebendigen Geschwüren bedeckt. Die Rasenden hatten sich tiefe faulende Wunden mit ihren Ketten geschlagen. Vielen waren die Füße durch Frost, anderen durch Brand verstümmelt und gefühllos, und die hungernden Ratten fraßen – den Freunden der Menschheit, die hier gepflegt hatten, nicht ungleich – den Leichen Augen und Nase hinweg«.[121]

1833 klagte ein spanischer Minister über die unhaltbaren Zustände in den Irrenanstalten seines Landes: »Wilden Bestien gleich, ohne die leiseste Spur von Rücksichten des Anstandes und des Schamgefühls sind sie an ihre Käfige gekettet, mehr als Tiere einer Menagerie denn als Menschen betrachtet ..., schlechter behandelt als die grausamsten Verbrecher, tatsächlich schlechter als die Bestien des königlichen Tiergartens.«[122]

Man geht fehl, wollte man derartige Zustände bloß als Ausdruck der Nachlässigkeit und Geringschätzung gegenüber den Geisteskranken werten. Das waren sie gewiß wohl auch. Daneben aber war ein Teil dessen, was wir heute als animalische Grausamkeit empfinden, von den Ärzten gewollt! So empfahl Heinroth zur Erregung abgestumpfter Kranker Insekten, Wanzen, Ameisen und Raupen anzusetzen, die Patienten mit Brennesseln und Ruten zu peitschen, Blasenpflaster anzulegen und die Krätze einzuimpfen.[123] Die »nachdrückliche Züchtigung mit dem sogenannten Ochsenziemer« fand er heilsam[124], ebenso »reichlichen Aderlaß – bis zur Ohnmacht«.[125]

Die Kälte im Umgang mit psychisch Kranken äußert sich aber nicht nur in Form von fehlender Beheizung und als Mangel von Winterkleidern und ausreichendem Bettzeug. »Kälte« will auch in einem übertragenen Sinn verstanden sein. »Kühl«, »eisig« und »frostig« meinen nicht bloß tiefe Temperaturen. Sie sind ebenso Ausdruck mangelnder »Herzenswärme«: »Kaltschnäuzigkeit«, ein »frostiger« Empfang, eine »kühl« herablassende Geste, »eisiges« Schweigen, sind Zeichen einer »unterkühlten«, »kaltherzigen« Gemütsverfassung. – Gerade in einer Zeit sozialer Wohlfahrt, in welcher materielle Kälte kaum mehr vorkommt, wird man das Augenmerk vermehrt auf die *seelische* Kälte richten müssen, mit der den Kranken vielerorts begegnet wird.

Nächst Feuer, Wasser, Hitze und Kälte sind *Stichwunden* die weitest verbreitete, schmerzhafteste Behandlung in der Hölle. Spitze Gegenstände gelten seit jeher als probate Mittel zur Geisterabwehr.[126] Im ägyptischen Höhlenbuch spricht der Sonnengott Re auf seiner Reise durch die Unterwelt eine Schlange an: »O du mit dem Stachel!« Eine andere Schlange trägt den Namen »die Stechende«.[127] Der Höllenboden ist bedeckt mit aufgerichteten Stecknadeln.[128] Die Verdammten sind am ganzen Körper durchnagelt.[129] Der Tod selbst hat einen ›Stachel‹.[130] Der slawische Henoch 10,3 sieht am Strafort »rauhe und unbarmherzige Engel, welche tragen scharfe Werkzeuge unbarmherziger Peinigung«.[131] In der Paulusapokalypse wühlen die Strafengel einem unfrommen, verhurten Priester mit dreispitzigen Eisen in den Eingeweiden.[132] Die Teufel schleuderten feurige Wurfspeere und Pfeile[133], womit sie den bekannten ›Hexenschuß‹ erzeugen.[134] Mit eisernen Gabeln wälzen sie die Toten in den Flammen.[135] Dante begegnet im Inferno einem, der auf den Boden genagelt ist. Alle, die vorübergehen, treten auf ihn drauf.[136] Die Petrusapokalypse zeigt Männer und Frauen, deren Pein darin besteht, sich auf glühenden Kieseln wälzen zu müssen, die spitzer sind als Schwerter und Speerspitzen.[137] Sprichwörtlich und allgemein bekannt ist, daß die Teufel die armen Seelen auf Spießen über dem Feuer braten.

Schon auf Erden, noch vor dem Begräbnis, werden die Toten von den Lebenden gestochen. In einer Mischung aus ängstlicher und aggressiver Abwehr gebietet ein Volksbrauch, das Totenhemd, das man dem Toten anzieht, mit Nadeln an der Leiche festzustecken. Die Nadel, mit der das Totenhemd zusammengenäht wird, sticht man zuletzt in den Leib des Toten.[138] Man steckt ihm auch Nadeln in die Fußsohlen, um ihn an künftigem Umgehen zu hindern.[139]

In einem übertragenen Sinn wird man hier an boshafte Sticheleien denken, an »spitze« Bemerkungen, mit ihrem verletzenden und aufrüttelnden Doppelaspekt. Narren und »Spitz«buben werden gerne in einem Atemzug genannt. Der »stechende« Blick ist geradezu symptomatisch für gewisse pathologische Seelenzustände. Wenn die Lage sich »zuspitzt«, kann ein »scharfer« Verstand Mißstände aufdecken und in Ordnung bringen. Und mit geduldigem »Bohren« in der Seele von Patienten ist schon manche tiefe Wahrheit gehoben worden.

Erwähnenswert ist in diesem Zusammenhang das berühmte Gesangsduell der Eskimos. Dabei bestehen die Waffen in Worten, in »kleinen scharfen Worten, wie die Holzsplitter, die ich mit meiner Axt abhaue«.[140]

Konkret bedient sich die psychiatrische Behandlung heute der *Injektionsnadeln,* mit denen sie einen Großteil ihrer Heilmittel appliziert. Neben den urwüchsigen, der Völkerphantasie entwachsenen Methoden nehmen sich die haarfein geschliffenen Injektionsnadeln freilich recht harmlos aus. Wer aber einmal eine solche Spritzenkur von zwei oder drei Wochen Dauer, mit Injektionen oder Infusionen drei-, viermal täglich über sich ergehen lassen mußte, der wird gewiß bestätigen, daß das kein Vergnügen ist.

Nun ist zu untersuchen, ob es im Jenseits irgendwelche Einrichtungen gibt, die sich mit den modernen *Psychopharmaka* vergleichen lassen. Diese Frage ist vordringlich, nehmen doch die Medikamente heute den ersten Platz unter den psychiatrischen Heil- und Hilfsmitteln ein. Sie ist aber auch besonders delikat, denn ein unvorsichtiges Rütteln an dem zentralen Tragpfeiler der Psychiatrie könnte unversehens das ganze Gebäude ins Wanken bringen. – Es ist nicht so einfach, sich über gegenwärtige Praktiken ein objektives Urteil zu bilden. Als ein im 20. Jahrhundert tätiger Psychiater ist man da befangen und man sieht der Antwort auf eine Frage von solcher Tragweite mit einiger Spannung entgegen. Pointierter formuliert heißt die Frage nämlich: Sind die Psychopharmaka Heilmittel oder Strafmittel? Gebrauchen wir Psychiater sie wirklich immer nur zum Wohl der uns Anvertrauten oder setzen wir sie mitunter unbedenklich und unbedacht zur Korrektur unerwünschten Verhaltens ein? Solche Fragen zielen der modernen Psychiatrie ins Herz.

In der Tat kennt die Unterwelt ein Seelenmedikament. Die Toten gelangen auf ihrem Weg durch das Jenseits an den Fluß *Lethe*. Sie lagern an seinen Gestaden und schlürfen aus seinen Fluten »kummerstillendes Naß und ... langes Vergessen«.[141] Zur Erlangung der Wiedergebut ist das Trinken der Lethe unerläßlich.[142] Es soll aber mit Maß geschehen! Wer nicht Vernunft genug besitzt, der trinkt zuviel und vergißt dann *alles*.[143]

Die gnädig kummerstillende und vergessenmachende Wirkung ist aber nur *ein* Aspekt der Lethe. So angenehm es in gewissen Situationen sein mag, vergessen zu dürfen, so ist es doch nicht jedermanns Sache, die Erinnerung an die eigene Lebensgeschichte abzustreifen, als hätte es dieses Leben nie gegeben. Der blinden und sinnlosen Welt der Toten mag dies gefallen, doch der lebende Mensch als ein reflektierendes Wesen wehrt sich gegen ein solches Auslöschen der Erinnerungsspuren seiner Existenz. Und mit der gleichen hochfahrenden Gebärde will er auch den Kummer nicht einfach narkotisch ersäufen.

Der verächtliche Ton, mit dem Platon über jene Unvernünftigen urteilt, die zuviel Lethe trinken und dann alles vergessen (s. o., Anm. 143), kommt nicht von ungefähr und ist nicht einfach überhört worden. Die Lethe blieb keine unwidersprochene Vergünstigung. Man stellte ihr als Alternative im Hades die Mnemosýne gegenüber, den Quell der Erinnerung.[144] Die Toten werden sodann schon im Altertum getrennt in solche, die der mnéme, der Erinnerung pflegen, und jene anderen, die der Lethe, der Vergessenheit anheimfallen.[145] Es muß dies bereits den Ägyptern ein Anliegen gewesen sein. Denn das 90. Kapitel ihres Totenbuches trägt die Überschrift »Um das Gedächtnis im Jenseits zu bewahren«. – In der Odyssee[146] ist es alleine der Seher Teirésias, dem die Erinnerung über den Tod hinaus bewahrt bleibt. Bei Pindar ist die Erhaltung des vollen Bewußtseins und der Erinnerung ein Vorrecht der Frommen und Verdienstvollen. Pythagoras, so heißt es, habe nicht von der Lethe gekostet. Der indische Weise Nârada erhält von dem Gotte Visnu das Charisma, bei den periodischen Weltzerstörungen und Weltschöpfungen nicht das Gedächtnis zu verlieren.[147]

In dieser Doppeldeutigkeit wird man nicht umhinkönnen, das

kummerstillende, vergessenspendende Naß ein wenig zu belächeln als ein Remedium der Törichten. Vollends zum Strafmittel kehrt sich das vermeintliche Heilmittel indes für die Gottlosen: deren ohnehin schon unseliges Los wird durch die Lethe nämlich noch besonders verschärft.[148]

Legen wir nun das Bild, das wir von der Lethe gewonnen haben, auf die Landkarte der modernen Psychopharmakologie, so sehen wir, daß mit den beiden Attributen »kummerstillend« und »vergessenspendend« die wesentlichen Wirkungen der heute in der Psychiatrie verwendeten Medikamente bereits abgedeckt sind. In die erste Gruppe wird man alle Antidepressiva inklusive der Lithiumtherapie einreihen. In die zweite alle jene, die mit der Bezeichnung »Tranquilizer« und »Neuroleptika« zusammengefaßt werden (im anglosächsischen Sprachbereich »minor« und »major« Tranquilizer). – Der Fachmann wird sich hier zu einem Einwand bemüßigt fühlen, und dies zu recht, denn die Medikamente der genannten Gruppen fördern nicht einfach die Vergeßlichkeit der Patienten. Ihre Wirkung ist vielfältiger, komplizierter und selektiver. – Allen Medikamenten der Tranquilizer- wie der Neuroleptikagruppe gemeinsam ist aber, daß sie die Erregungsübertragung in gewissen Schaltstellen im Gehirn vermindern. Dadurch bewirken sie eine starke Abschirmung gegen *jede* Art von Reizen. Und dies in beiden Richtungen: sowohl für die Impulse, die von der Außenwelt hereinkommen, wie für jene, die vom Gehirn als Reaktionen in die Peripherie hinausgehen. Die Dämpfung der Erregungsübertragung führt im Idealfall dazu, daß – auf dem Hereinweg – die von draußen kommenden Reize nicht mehr als so stark störend empfunden werden und daß andererseits – auf dem Hinausweg – die Reaktionen des Individuums ebenfalls weniger heftig ausfallen. Psychopathologische Symptome wie Angst, Nervosität, Reizbarkeit, Unruhe, Schlaflosigkeit, Phantasterei, Mißtrauen etc., so gesehen als *Überempfindlichkeitsreaktionen* – lassen sich mit Medikamenten beseitigen.

Welcher Unterschied besteht dann noch zwischen einem Symptom, das in Vergessenheit geraten ist – vor allem, wenn wir ›Vergessen‹ psychologisch interpretieren – und jenem, das dank medikamentöser Intervention nicht mehr besteht? Keiner. – Das wirksame Medikament läßt einen die gehabten Beschwerden im wahrsten Sinne des Wortes »vergessen«. Der Vergleich mit der Lethe ist durchaus angebracht.

Kommen wir nun noch einmal auf das kontroverse Urteil zurück, das sich die Antike über die Lethe bildete, nämlich daß sie teils ein Segen, teils eine Strafe wäre, so werden wir sehen, daß die Meinungen über die modernen Psychopharmaka seit deren Einführung im Jahre 1953 (mit dem ersten Neuroleptikum Chlorpromazin) in dieselben entgegengesetzten Richtungen auseinandergehen. Es kann heute gar keine Frage mehr sein, daß sich die Psychopharmaka segensreich auf die Behandlung der seelisch Kranken auswirken. Die Veränderung, welche die psychiatrische Praxis durch die modernen Medikamente erfuhr, kann man ruhig und ohne Übertreibung als revolutionär bezeichnen. – Es gab aber von allem Anfang an Stimmen aus den Reihen der engagierten psychologisch, psychotherapeutisch orientierten Behandler, die sich energisch *gegen* die Verwendung der Psychopharmaka aussprachen. Die heiligen Gewässer des Seelenkultes sollten nicht durch billige Tricks aus der kommerziellen Retorte getrübt werden!

Besonders radikale Gegner sind sogar der Überzeugung, daß die Medikamente die Patienten »allmählich umbringen oder in den Selbstmord treiben«. *Der Spiegel* scheute sich nicht, mit folgender Schlagzeile auf dem Titelblatt um Leser zu werben: »Pillen in der Psychiatrie – Der sanfte Mord«.[149]

Die Vorwürfe kommen nicht ganz unbegründet. Wie viele widerspenstige Kranke werden nicht mit Medikamenten gezähmt, bis auch das letzte Fünkchen Auflehnung in ihnen erloschen ist! – Man wird der Sache in diesem Streit wohl am ehesten gerecht, wenn man feststellt, daß beide Seiten – die Befürworter der Medikamente wie die Gegner – aus einer vorgefaßten Meinung heraus oft übertrieben und sich dadurch unglaubwürdig gemacht haben.

Manfred Bleuler äußerte sich noch recht behutsam über die Nachteile der Psychopharmaka. Er empfahl, die neuroleptische Dauermedikation nach Möglichkeit zu vermeiden, ». . . weil sie die Lebendigkeit und Initiative eines Menschen häufig dämpfen«.[150] Mittlerweile liegen ernsthafte Hinweise nicht nur für das Wirken der Psychopharmaka vor, sondern auch für deren Schädlichkeit. Es gibt Anhaltspunkte, daß die Langzeitmedikation sich zwar positiv auf die Symptomatik auswirkt und die Resozialisierung des Kranken erleichtert, gleichzeitig aber die Prognose verschlechtert, indem sie gewisse unspezifische Restzustände der Krankheit fördert.[151]

Dieser scheinbare Widerspruch gleichzeitiger heilsamer und schädigender Wirkung löst sich, wenn man sich vorstellt, daß mit der medikamentösen Dämpfung der gesteigerten Erregbarkeit auch jene gesunde Anregung wegfällt, derer ein Mensch bedarf, um sich irgendeinem neuen Aspekt im Leben mit Interesse zuzuwenden. Freude kann da genauso zum Anstoß werden wie Ärger, Wut oder Kummer. Im richtigen Ausmaß und zur richtigen Zeit stimulieren sie die Auseinandersetzung mit neuen Aufgaben. Wird die Erregbarkeit aber während längerer Zeit *unter* ein bestimmtes Mindestmaß herabgedrückt, so fällt der Stimulus für die Hinwendung zu Neuem weg, und ein dermaßen gedämpfter Mensch wird sich für nichts mehr begeistern und nichts Neues mehr lernen.[152] Sein Ärger wird nicht mehr jene kritische Schwelle übersteigen, an welcher normalerweise Energien für die Suche nach besseren Lösungen freigesetzt werden. Und kein Glücksgefühl wird ihn je mehr überschwemmen und an die Gestade eines fruchtbaren Neulands tragen. Es wird ihm in Hinkunft quasi einerlei sein, ob über ihm ständig die Sonne scheint oder ob sie überhaupt nicht scheint. Mit den krankmachenden Teufeln der Übererregbarkeit sind ihm auch die anregenden, heilbringenden und schöpferischen Engel ausgetrieben worden.

Fassen wir zusammen: die modernen Psychopharmaka haben das Erbe des klassischen Seelentrunkes Lethe in vollem Umfang angetreten. Sie erfüllen, was man sich von jenem erhoffte. Ihre Heilwirkung ist unbestritten. Ein zuviel des Guten ist aber töricht und gereicht den armen Seelen zum Schaden.

Eine besondere Anwendungsform der Medikamente stellen die *Schlaf- und Dämmerkuren* dar.[153] Sie sind künstlich herbeigeführte Zustände, in denen der Patient während einiger Tage, im Maximum bis zu einigen Wochen dämmert oder schläft. Die Tiefe des Schlafs wird mit Medikamenten gesteuert. Sobald die akute Symptomatik abgeklungen ist, kann die Kur beendet werden.

Das jenseitige Gegenstück der Schlafkuren findet sich in der Idee der sogenannten Psychopannychía, der langen Nacht der Seele, des »Seelenschlafs«. Sie geht mit der Vorstellung Hand in Hand, daß die Seele im Tode in einen Schlaf verfällt, in welchem sie verweilt bis zum jüngsten Tag, »bis der Tag anbricht und der Morgenstern aufgeht«.[154] Die Annahme, daß die Toten eigentlich Schlafende seien, die eines Tages wieder erweckt werden, ist recht weit verbreitet.[155]

Schließlich noch ein Wort über die *Nebenwirkungen der Medikamente*. Fast alle Psychopharmaka haben bei entsprechender Dosierung sehr unangenehme Nebenwirkungen, welche eine Einbuße an Lebendigkeit, Verlust des Mienenspiels, eine allgemeine Verlangsamung und Steifigkeit etc. mit sich bringen. In ihrer Gesamtheit bezeichnet man diese Erscheinungen als medikamentös bedingten Parkinsonismus. Verschiedene Psychopharmakologen sind der Ansicht, daß diese Nebenwirkungen im Falle der Neuroleptika gar nicht von den erwünschten Hauptwirkungen getrennt werden können und daß man zur Erzielung einer Wirkung die Dosis solange steigern müsse, bis Nebenwirkungen auftreten (bis zur sog. neuroleptischen Schwelle). Ohne Nebenwirkungen seien auch keine Hauptwirkungen zu erwarten. Die Nebenwirkungen der Medikamente wären demnach nicht bloß accessorische, bei geschickter Handhabung vermeidbare Übel, sie gehören vielmehr zur Essenz der Wirkung der Psychopharmaka.

Gustave Doré, Der Eissee

Als höllisches Ebenbild dieser rigiden Welt läßt sich der *Eissee* anführen, den Dante im 32. Gesang des Inferno beschreibt. Die Toten sind darin eingefroren. Unbeweglich starren sie vor sich hin. Selbst die Augenlider können sie nur mühsam öffnen und schließen.

Von der »chemischen Zwangsjacke« ist nur ein Schritt zu den *mechanischen Beschränkungsmitteln,* die in der Psychiatrie eine außerordentlich große Rolle spielten und immer noch eine Rolle spielen. Vom Gefängnischarakter psychiatrischer Anstalten war bereits die Rede. Im *Inneren* der Kliniken finden sich weitere Vorrichtungen, um die Patienten in ihrer Bewegungsfreiheit einzuschränken. Man unterscheidet *offene* und *geschlossene* Abteilungen. Die letzteren haben fluchtsichere, in früheren Zeiten vergitterte Fenster und verschlossene Türen. Viele Kliniken verfügen außerdem über Isolierzellen, wo der Kranke eingesperrt werden kann, damit er nicht sich selbst oder anderen ein Leid antue.

Auch das Totenreich kennt *verschiedene Abteilungen.* Die Toten sind einerseits nach Rang und Stand, also nach sozialen Klassen voneinander gesondert, oder nach den Vergehen, die sie sich zuschulden kommen ließen, und nach der Prognose, die sich daraus ableitet.[156]

Nach Henoch 22 umfaßt die Scheol vier Abteilungen, zwei für die Gerechten und zwei für die Sünder.[157] Lukas 16,26 trennt den Hades mittels eines weit klaffenden Spalts in zwei Abteilungen, von denen die eine den Frommen, die andere den Gottlosen als Aufenthaltsort dient.

Am Ort der Strafe werden *Hölle* und *Fegefeuer* unterschieden. Erstere ist den Seelen zugedacht, die auf ewig verdammt sind. Im Fegefeuer besteht noch Gelegenheit zur Buße und Hoffnung auf Erlösung. Die Unterwelt hält also auch die besserungsfähigen und die hoffnungslosen Fälle auseinander, was in der geographischen Zuteilung in ein Inferno und ein Purgatorium seinen bildlichen Ausdruck findet.

Die Angst vor den Toten wie vor den Geisteskranken ist allgemein außerordentlich groß. Sie ist eines, und vermutlich das wesentlichste Motiv für die Absonderungs- und Internierungspraxis.

Als ich mit meiner Familie während vier Jahren in einer psychiatrischen Klinik auf dem Lande wohnte, sperrten wir nachts nie die Haustüre, die

Wohnungstüre oder das Auto ab. Psychiatrische Kliniken werden von der Bevölkerung gemieden. Man ist nirgends so sicher wie dort.

Es kam deshalb in der Geschichte auch immer wieder vor, daß Menschen, die von der Justiz verfolgt wurden, sich in psychiatrischen Kliniken versteckten. Zur Zeit der französischen Revolution war das Anlaß für große Skandale, denen beinahe der berühmte Pinel zum Opfer fiel.

Die *Verknüpfung der Psychiatrie mit der Justiz* zeigt ein sehr vielfältiges Gesicht: Da finden sich Menschen auf der Flucht vor ihren Schergen und andere, die zu Unrecht für verrückt erklärt und festgehalten werden. Wie viele Klinikinsassen gehören eigentlich ins Gefängnis? Und wie viele Kriminelle sind eigentlich behandlungsbedürftige Kranke? So ist die Klinik, je nachdem, rettende Zuflucht, Wohlfahrtsanstalt oder Verlies.

Gerechterweise muß man sagen, daß Geisteskranke unter gewissen Umständen wirklich sehr gefährlich werden können. Diese Fälle sind aber relativ selten. Und es bleibt erst noch abzuklären, ob ihre Gefährlichkeit mit der psychischen Veränderung an sich zusammenhängt oder ob sie eine Folge der gestörten Wechselbeziehung des Kranken mit seiner Umwelt ist.

Um die Toten am Umgehen und am Anstiften von Schaden zu hindern, werden die Särge fest vernagelt und verschraubt und mit einem möglichst gewichtigen Grabstein beschwert. Die Rosenstöcke an Gräbern, die heute als ein Sinnbild der Verbundenheit der Hinterbliebenen mit den Verstorbenen gelten, hatten ursprünglich den Zweck, mit ihren Dornen den Toten am Wiederkommen zu hindern. Besonders gefährliche Tote fesselt man im Sarg[158] oder man pfählt sie oder näht sie in einen Sack ein.[159]

Im ägyptischen Pfortenbuch redet Atum, der Sohn des Sonnengottes die »Feinde« folgendermaßen an:

»Ihr seid gefesselt, ihr seid fest mit Stricken gebunden,
Ich habe euch befohlen, daß ihr gefesselt seid,
eure Arme werden nicht geöffnet werden.«[160]

Gefesselte »Feinde«

Die Fesselung der Toten erfolgt ursprünglich als Strafe dafür, daß sie »Osiris eingeschnürt haben«[161], das heißt, der Gottheit nicht Raum gegeben haben. Gleiches wird ihnen mit Gleichem vergolten. Similia similibus curantur.

Horus, der Sohn des Totengottes Osiris, tritt vor die Sünder hin und spricht zu ihnen:

»Fesseln sind an euren Armen,
ihr Feinde meines Vaters!
Eure Arme sind an euren Köpfen, ihr Umstürzler!
Ihr seid von hinten gefesselt, Bösewichter . . .
. . . wegen diesem, das ihr gegen meinen Vater Osiris getan habt!«[162]

Die Ägypter wickelten ihre Toten in enge Leinenbinden, teils um deren Ganzheit und Unversehrtheit im Jenseits sicherzustellen, aber auch, um einer unerwünschten Wiederkehr der Toten vorzubeugen. Die Totenklagen betonen jedenfalls die Bewegungsunfähigkeit des Abgeschiedenen: »der gern seine Beine zum Gehen öffnete, ist gefesselt, eingewickelt und gehemmt«.[163]

Genau dieselbe Methode gab es als Beschränkungsmittel auch in der Psychiatrie. Heinroth umwickelte die Kranken mit Leinenstreifen, wie Wickelkinder.[164] – Imponierend, einfacher in der Handhabung und ebenso zweckmäßig war das »Einsacken«, das Einschließen der Rasenden in einen Sack.[165] Ein anderes Mittel,

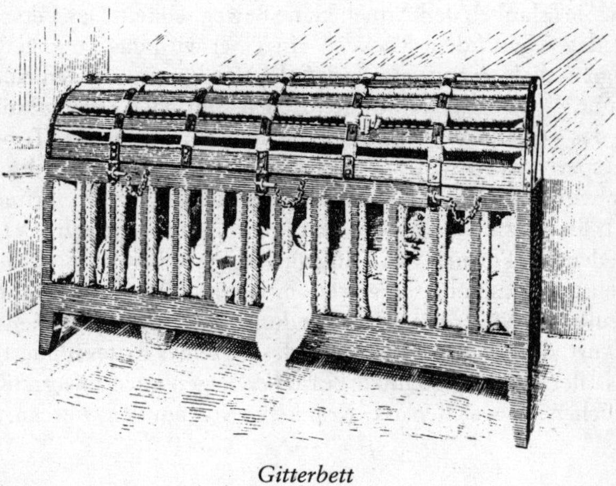

Gitterbett

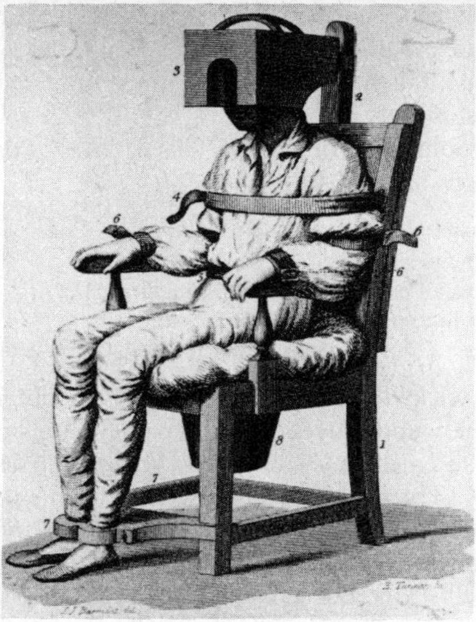

Rush's »Tranquilizer«

um Kranke an unliebsamer Bewegung zu hindern, war die enge Weste oder Zwangsjacke, euphemistisch »Schutzjacke« genannt. Ihre Ärmel haben keinen Ausgang. Sie sind an der Jacke festgenäht. Sie erlauben den Armen keine Beweglichkeit. Der Verschluß befindet sich auf dem Rücken. – In Tibet wird das Totengewand übrigens auch so angezogen, daß die Vorderseite auf den Rücken kommt.[166] – Ferner gab es den Zellenstuhl oder Zwangsstuhl[167] und das »Gehäuse«, eine Art Uhrenkasten, in welchen Tobende eingesperrt wurden. Der Kopf blieb, je nach Modell, draußen oder wurde mit in den Kasten eingeschlossen.[168] Der erfinderischen Phantasie der Ärzte waren keine Grenzen gesetzt. Die verschiedensten Formen von Käfigen, vergitterten Veranden, Gitterbetten und Kastenbetten waren im Gebrauch.

Heute noch vielerorts in Verwendung ist der Zwangsriemen oder Bettgurt, der den Kranken am Verlassen seines Bettes hindert. Die Hersteller von Krankenhausbedarf erzeugen auch unzerreißbare Bettücher, in welchen die Kranken festgebunden werden können.[169]

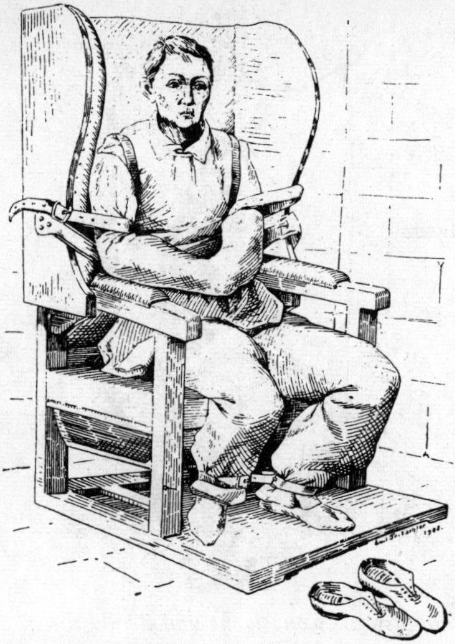

Zwangsstuhl und Zwangsjacke

In der Unterwelt sind es die *Erinyen,* die die sündigen Seelen in unzerbrechlichen Fesseln halten.[170]

Das Hauptzwangmittel gegenüber Geisteskranken war aber immer wieder die *Kette.* – Schon die Bibel erwähnt einen Besessenen, der mit Ketten und Fußfesseln gebunden war.[171] Kranke wurden an der Zellenwand, am Bett, im Bad, an Bäumen, an der Bank, auf der sie im Freien saßen, ja überall, wo es sich irgendwie machen ließ, angekettet. Um das unschöne Geklirr zu mildern, versah ein erfinderischer Geist die Ketten mit einem Überzug aus Leder.[172]

Natürlich kennt man auch im Jenseits die Ketten, Henoch 69,28 sagt: »Mit Ketten werden die Sünder gebunden und an dem Sammelort ihrer Vernichtung eingeschlossen.«[173] Dante erwähnt die Ketten anläßlich seiner Begegnung mit dem gefesselten Giganten Ephialtes:

»Welch Künstler den zu bändigen verstanden,
ward mir nicht kund; doch hielt er vorn den einen
und hinterrücks den zweiten Arm in Banden;

Wandpolster, Zwangsjacke und Beinkorb

> dies mittels einer Kette, welche seinen
> Leib, ab vom Hals, umschloß, um längs dem Rumpfe
> fünfmal herumgewickelt zu erscheinen.«[174]

Ephialtes schreckt Dante so sehr, daß dieser sich zu Tode geängstigt hätte, wäre jener nicht durch starke und vertrauenerweckende Fesseln in Schranken gehalten gewesen.[175]

Der Fesselung der Toten wie der Geisteskranken liegen, wie wir bereits angedeutet haben, zwei gänzlich verschiedene Motive zugrunde. Einerseits sorgt man sich um den Betroffenen. Er soll keinen Schaden erleiden. Mit der Bandagierung der Gliedmaßen stellt man sicher, daß der Tote während seines Fortlebens im Jenseits und bei seiner leiblichen Auferstehung über alle Teile seines Körpers verfügt und ihm nichts Wichtiges fehlt. Am meisten fürchtet man den Verlust von so essentiellen Körperteilen wie Herz und Kopf. – Andererseits dienen solche Maßnahmen der Beruhigung der Lebenden, die das Wiederkommen der Toten fürchten und zu verhindern suchen.

Genauso verhält es sich im Falle der Geisteskranken. Die mechanischen (und die chemischen!) Isolierungs- und Ruhigstel-

Kranker mit Drahtmaske

lungsmaßnahmen haben ihre Begründung und Rechtfertigung zu einem guten Teil in der Angst und Feindseligkeit der Bevölkerung wie der Behandler. Gleichzeitig sollen sie aber auch der ›Zerstreutheit‹ der Kranken Einhalt gebieten und zu deren seelischer ›Sammlung‹ beitragen.

Diese Absicht, wie sie beispielsweise auch der mönchischen Klausur innewohnt, wurde exemplarisch von den *Alchemisten* formuliert. Als Vorbedingung für das Ingangkommen ihres ›Prozesses‹ – von dem Jung überzeugend nachgewiesen hat, daß er kein chemischer, sondern ein psychischer Prozeß ist –, forderten sie, daß das alchemistische Gefäß erst einmal gut verschlossen, ein »vas bene clausum« sein müßte.[176]

Es ist dies eine Erfahrung, die sich in der psychotherapeutischen Praxis immer wieder bestätigt: erst wenn jemand sich ringsum ›eingekreist‹ sieht und wenn keine Ausflucht, kein Ausagieren mehr möglich ist, kann er zur Besinnung kommen, kann etwas *in ihm* in Bewegung kommen und sich verändern. Für die geistige Entwicklung in solchen Krisensituationen ist es unbedingt not-

Kranker in Ketten (Bedlam)

Gustave Doré, Dante und Vergil
vor den in Ketten gefesselten Giganten

wendig, sich gerade *nicht* zu ›zerstreuen‹ oder zu ›verzetteln‹, sondern in jeder Hinsicht ›bei sich‹ zu bleiben.

Einschließungen mit dieser Absicht finden sich bereits in dem antiken Ritual des Tempelschlafs, einem Vorläufer der modernen Psychotherapie. Dort wird allerdings betont, daß die Schläfer »Gefangene des Gottes« sind, der sie nach seinem Ermessen in seine Höhle zieht und festhält, solange es ihm gefällt.[177]

Neuerdings ist eine Art Isolierhaft therapeutisch gezielt in psychiatrischem Gebrauch in der japanischen *Morita*therapie. In der Initialphase dieser Behandlung wird der Patient eine Woche lang in ein Einzelzimmer gesperrt und ins Bett gelegt. Alle Kontakte mit der Umwelt werden während dieser Zeit auf ein lebensnotwendiges Minimum reduziert. Man will den Patienten mit seinen Symptomen konfrontieren und mit ihnen allein lassen. Er soll erleben, daß er daran nicht zugrunde geht.[178]

Andererseits weiß man aber von Menschen, die *psychisch gefoltert* wurden, daß Einsperrung und Isolierung alleine genügen, um einem Menschen psychisch das Rückgrat zu brechen. Der Mangel an Kontakt in der Isolierung führt nämlich bei den meisten Menschen schon sehr bald zu dem Wunsch, ein positives Verhältnis zu den einzigen Personen, mit denen noch eine Verbindung besteht – für den Gefangenen sind es seine Wärter und Inquisitoren, für den Patienten die Pfleger und Ärzte – herzustellen. Die Anpassung an die Forderungen derjenigen, in deren Hand er sich befindet, wird dem Gefangenen zu einem regelrechten Bedürfnis, und er lernt sehr schnell jene Sprache zu sprechen, die man von ihm zu hören erwartet. Dazu bedarf es keiner anderen Maßnahme als einer längerdauernden Isolierhaft.[179]

Daß der hier getroffene Vergleich zwischen Psychiatrie und politischer Folter nicht einfach an den Haaren herbeigezogen ist, sondern daß tatsächliche Gemeinsamkeiten bestehen, möge ein Zitat des Psychiaters Heinroth belegen. Heinroth schreibt im Zusammenhang mit der »Bändigung des Willens« über »die Kunst des Arztes, deren α und ω die Unterordnung des kranken Willens unter den gesunden ist«.[180]

Die Einsperrung und Ruhigstellung von Geisteskranken kann also, wenn sie mit Maß und Vernunft gehandhabt wird, durchaus einen besinnungsfördernden Effekt haben. Freilich hat man davon in der Psychiatrie viel zu viel und vor allem ohne Verstand und gar nicht immer aus Wohlwollen Gebrauch gemacht. So wurde auch aus diesem ursprünglichen Heilmittel mit der Zeit ein Strafmittel.

Die Unterteilung des Jenseits in einen Ort, an dem es keine Erlösung und von wo es keine Wiederkehr gibt, und in einen anderen, an dem die Aufenthaltsdauer begrenzt ist und am Ende doch noch ewige Seligkeit winkt, diese *Unterteilung in eine Hölle und ein Purgatorium*[181] fand ihr psychiatrisches Gegenstück, da man auch in der Psychiatrie die Erfahrung machte, daß gewisse Kranke heilbar und andere unheilbar sind. Dementsprechend gab und gibt es Kliniken, die nur *heilbaren* Kranken offenstehen. Tritt die Heilung während einer bestimmten Frist nicht ein, so muß der Patient die Anstalt verlassen und wird an einen anderen Ort gewiesen, der für die *Unheilbaren* bestimmt ist.

Weil man sich nun nicht überall den Luxus von zwei Kliniken nebeneinander leisten kann, aber auch weil man erkannte, daß sich die Grenze zwischen Heilbaren und Unheilbaren nicht immer mit Gewißheit ziehen läßt, und nicht zuletzt, um den Kranken die Demütigung einer alle Hoffnung raubenden Verlegung zu ersparen, hat man beide Kategorien zusammengezogen. Die geheilten Kranken können entlassen werden. Für die Unheilbaren wird die Klinik zum Wohn- und Aufenthaltsort bis zu ihrem Lebensende. Sprachlich fand das seinen Niederschlag in der (heute schon wieder nicht mehr gebräuchlichen) Bezeichnung »Heil- und Pflegeanstalt«.[182]

Auch innerhalb einer solchen gemischten Klinik wird zwischen heilbaren und unheilbaren Kranken im allgemeinen eine örtliche Trennung durchgeführt. Diese ist heute längst nicht mehr so strikte wie früher, doch würde man sich täuschen, wenn man meinte, sie wäre gänzlich aufgehoben. Die beiden Gruppen von Kranken werden meist in verschiedenen Häusern derselben Klinik untergebracht, oder auf verschiedenen »vorderen« und »hinteren« Abteilungen desselben Gebäudes. Und selbst wo keinerlei räumliche Trennung besteht, erhalten die Kranken ein sehr unterschiedliches Maß an therapeutischer Zuwendung. Die Einstellung der für die Behandlung Verantwortlichen wandelt sich ganz entscheidend, je nachdem ob Hoffnung auf Heilung besteht oder nicht.

Eine andere Form, in der sich das *Purgatorium* in der Medizin etablierte – auch hier wiederum mißverstanden, zu konkret verstanden, der ursprünglichen Bedeutung der ›Reinigung‹ beraubt –, war der Gebrauch der *Klistiere,* des ›Purgierens‹. Die Klistiere nahmen lange Zeit einen breiten Raum im medizinischen und im psychiatrischen Denken ein. Ursprünglich stellte man sich vor, daß der Teufel seine Gegenwart in Form von üblen Gerüchen kundtue. Es lag nahe, die Exkremente und Ausdünstungen des hinteren Körperendes als teuflisch und schädlich zu interpretieren und ihren Abgang durch Purgiermittel zu fördern. Wer »offenen Leibes« war, galt als gesund.[183]

Heute sind Abführmittel in der Psychiatrie nur mehr von geringer Bedeutung. Man gebraucht sie noch gelegentlich bei Depressionen, die mit Obstipation verbunden sind. Es haben aber unter den Patienten und mehr noch unter den Patientinnen und vor allem unter den magersüchtigen Patientinnen purgierende Mittel immer noch eine große Bedeutung. So elend sich die Magersüchtigen nach ihren gierigen Freßanfällen fühlen, so doppelt wohl ist ihnen, wenn eine gehörige Portion Abführmittel ihre Wirkung gezeitigt hat.[184] – Man hat die seelische Heilwirkung der Abführmittel, aus Sorge um die körperlichen Schäden, die sie bei langdauerndem Gebrauch verursachen, fast gänzlich aus dem Blick verloren. Doch werden viele magersüchtige Patienten – und andere, bei denen von Magersucht keine Rede ist – ihre wohltuende Wirkung gewiß bestätigen.

Reinigende Heilverfahren finden sich in Psychiatrie und Psychotherapie auch sonst noch in weitem Gebrauch. Insofern der psychischen Andersartigkeit in der Meinung der Öffentlichkeit der Charakter eines Vergehens, das Verdikt ›schlechten Benehmens‹ anhaftet, hat die psychiatrische Klinik vielfach den Anstrich einer Erziehungsanstalt. Obwohl man sich von seiten der Psychiater in den letzten Jahren große Mühe gab, den Leuten eine moderne, medizinisch wissenschaftliche Psychiatrie mundgerecht zu machen, drückt der alte Anstrich immer wieder durch, der es von den Klinikmauern grell hinausschreit, daß da eine ›moralische Besserungsanstalt‹ steht.[185] Zu tief ist es dem Bürger eingefleischt, daß Normalverhalten eine Tugend sei und, was davon abweicht, eine Sünde. Erst nach reuiger Umkehr, nach zähneknirschender Buße kann der gefallene Mitmensch als ein Geläuterter in den Schoß der Gemeinde zurückkehren. – Wenn wir von einem ›kathartischen‹ Psychotherapieverfahren sprechen[186], so heißt dies nichts anderes als wieder nur ›Reinigung‹.

Besondere Belebung erfährt diese Idee neuerdings im Gedankengut und in den Methoden der Verhaltenstherapie. Deren erklärtes Anliegen ist einzig und allein, das seelische Leiden aus den Patienten auszutreiben. Krankheit wird von der Verhaltenstherapie nach guter alter christlicher Tradition lediglich als eine privatio boni, ein Fehlen von Gesundheit verstanden. Wenn man das Böse nur austreibe, so meint man, werde das Gute automatisch in sein Recht treten. Davon, daß das böse Kranke per se etwa eine Sache eigener Dignität sein könnte und nicht bloß eine negative Abweichung von den Idealforderungen der Weltgesundheitsorganisation, davon wollen die Verhaltenstherapeuten, wie ihre mittelalterlichen theologischen Gesinnungsvorfahren, nichts wissen.

Betrachtet man es genau, so zeigt der gesamte medizinische Betrieb heute sein Antlitz als eine einzige riesige Purgieranstalt: alles Üble, Mißliche, Schmerzhafte, Unangenehme und Böse soll ausgetrieben werden und der Mensch in seiner ursprünglichen, gottgewollten Reinheit und natürlichen Untadeligkeit wiedererstehen.

Ein eigenes Kapitel der Psychiatrie ist den *Schock*behandlungen gewidmet. In den Dreißigerjahren dieses Jahrhunderts wurden als Behandlungsverfahren für Geisteskranke der Cardiazolschock, der Insulinschock und der Elektroschock entwickelt. Sie schienen eine zeitlang vieles zu versprechen und erregten ziemliches Aufsehen, nicht zuletzt deshalb, weil sie gefährliche und spektakuläre Behandlungsmethoden sind. Mittlerweile wurde es aber wieder stiller um sie. Der Cardiazolschock ist heute obsolet. Der Insulinschock wird kaum mehr angewendet. Die Diskussion um die Vor- und Nachteile des Elektroschocks ist in vollem Gange. Vielerorts sind die schockierenden Verfahren in dieser technisch-mechanischen Form wieder gänzlich aufgegeben worden.

Ich kann hier nicht auf die physiologisch-psychologische Wirkungsweise der medizinischen Schockbehandlungen eingehen. Man weiß ohnehin nicht allzu viel Sicheres darüber. Ich möchte mich vor allem an das *Phänomen* des *Schocks* halten, an die *Überraschung* und den damit verbundenen *Schrecken*. Diese sind nämlich im psychiatrischen Arsenal nicht neu.

Ein verbreiteter Volksglaube sagt, daß Geisteskrankheiten durch Erschrecken entstehen und durch Erschrecken wieder kuriert werden können.[186a] Schon seit ältesten Zeiten wurde die Schockwirkung zur Behandlung psychischer Störungen ausgenützt. C. A. Meier konnte solche »Schockbehandlungen« in den antiken Inkubationsriten nachweisen.[187] Scribonius Largus behandelte bereits im Jahre 47 n. Chr. mit den Schlägen elektrischer Aale.[188] 1752 anerkennt die französische Akademie der Wissenschaften, daß ein aus nächster Nähe abgefeuerter Gewehrschuß ein junges Mädchen von Konvulsionen geheilt hat, die jenes sich infolge eines heftigen Kummers zugezogen hatte.[189] In Finnland erschreckte man Geisteskranke durch plötzliches Übergießen mit kaltem Wasser, ebenso durch Anschreien, durch rasches Hineinstoßen in Stromschnellen oder in Feuer, auch durch forciertes Erbrechen. Das läßt die bösen Kräfte fliehen.[189a]

Ihren romantischen Höhepunkt findet die psychiatrische Schocktherapie in dem Reilschen »Theater«. Johann Christian Reil, Professor in Halle und Berlin, macht 1803 die folgende Empfehlung: »Man ziehe ihn (den Patienten) mit einem Flaschenzug an ein hohes Gewölbe, daß er wie Absalom zwischen Himmel und Erde schwebt, löse Kanonen neben ihm, nahe sich ihm, unter erschreckenden Anstalten, mit glühenden Eisen, stürze ihn in reißende Ströme, gebe ihn scheinbar wilden Tieren, den Neckereien der Popanze und Unholde preis oder lasse ihn auf feuerspeienden Drachen durch die Luft segeln. Bald kann eine unterirdische Gruft (!), die alles Schreckende enthält, was je das Reich des Höllengottes sah (sic!), bald ein magischer Tempel angezeigt sein, in welchem unter feierlicher Musik die Zauberkraft einer reizenden Hulda eine prachtvolle Erscheinung nach der anderen aus dem Nichts hervorruft.«[190]

Wenngleich Reil aufwendige technische Apparaturen gebraucht, so ist bei ihm doch schon spürbar, daß es ihm in erster Linie um eine *seelische* Wirkung geht. – Heinroth riet, »den Kranken im Finstern Schläge aus elektrischen, galvanischen Batterien zu geben«.[191] Bei Kraepelin ist das mechanische Zubehör schon wieder gänzlich beiseite gelassen: der verwirrte und benommene Kranke soll durch »erschütternde Stöße auf seine Phantasie gleichsam aus seinem Taumel geweckt werden«.[192] Und selbst ein moderner Psychiater wie Manfred Bleuler wird nicht müde, die positive Wichtigkeit des Überraschungselements und der Erschütterungen in der Therapie immer aufs Neue zu betonen.[193]

Auch die tote Seele auf ihrem Weg durch die Unterwelt ist solchen Schocks ausgesetzt. An einem Ort des ägyptischen Totenreichs ist das bedrohliche, urzeitliche Chaos gebannt, eine dreiköpfige, geflügelte Schlange, deren Schwanz in einem Menschenkopf endet. Dieses Wesen mit dem Namen »Größter Gott, der seine Flügel ausbreitet, der Buntgefiederte« gibt ein schreckliches Geräusch von sich, »wie die Donnerstimme des Himmels bei einem Unwetter«.[194] – Im Jenseits des Tibetanischen Totenbuchs schrecken tausend Donner die Verstorbenen. Mit rollendem Widerhall kommt das Grollen noch und nochmals zurück. Fürchterliche Stimmen ertönen. Man hört »Erschlaget, Erschlaget« und schauererregende Mantras.[195] Augenblickliche Freuden und augenblicklicher Kummer von großer Intensität folgen einander, wie Spannung und Entspannung mechanischer Schleudermaschinen.[196]

Solche Bilder kommen dem Maschineriezauber des Reilschen Theaters recht nahe. Spannung und Entspannung der Schleudermaschinen erinnern an die tonisch-klonischen Krämpfe eines epileptischen Anfalls, wie er gerade im Gefolge des Elektroschocks aufzutreten pflegt. – Als ein zutiefst psychologisches Buch begnügt sich das Tibetanische Totenbuch jedoch nicht mit einer bloß mechanistischen Betrachtungsweise, sondern schlägt die Brücke hinüber zu seelischen Größen: Spannung und Entspannung der Schleudermaschinen *sind wie* die rasche Aufeinanderfolge von Freuden und Leiden. Das technische Gerät, das einst einer erfinderischen Seele entsprang, kehrt zurück, um wieder *seelische* Erschütterung zu sein.

Die Pythagoräer kannten Donner in der Unterwelt zum Zwecke der Läuterung der Seelen.[197] Psalm 120,4 schleudert Gott seine Blitze auf die Gottlosen.[198] Donner und Erdbeben sind geradezu typische Begleiterscheinungen, wenn es darum geht, die armen Seelen aus der Hölle zu befreien.[199] Bei Platon schließlich werden die Toten unter Blitz und Erdbeben neu geboren.[200]

Der Methode des *Aufziehens* und *Aufhängens* widmete Reil, wie wir bereits sahen (S. 101), sein besonderes Augenmerk. Er versprach sich davon Zähmung und rasche Heilung der Tobsüchtigen.[201] Er schreibt: »Der Eindruck wird um desto grausender seyn, je höher der Kranke, oder wenn er über Feuerbrände, über eine tobende See aufgezogen wird.« – Solches zu lesen, läßt uns heute schmunzeln. Die Methode ist natürlich längst vergessen, wenn sie überhaupt jemals von irgend jemandem außer von Reil selbst ernstgenommen wurde.[202] Sie verdient dennoch hier erwähnt zu werden, weil sie ebenfalls ein höllisches Pendant hat. So heißt es in der Petrusapokalypse, es befänden sich am Ort der Strafe »welche«, die an der Zunge aufgehängt sind.[203] »Es waren aber auch sonst noch Weiber da, die an den Haaren aufgehängt waren, oben über jenem brodelnden Schlamm.« Andere »waren an den Füßen aufgehängt und mit dem Kopf in jenen Schlamm gesteckt, und sie sprachen: ›Wir glaubten nicht, daß wir an diesen Ort kommen würden‹«. Mirjam, die Tochter des Eli Boçlim, ist an den Brustwarzen aufgehängt.[204] Sogar an den Genitalien hängen manche Tote. Als Strafe wofür wohl?

Giotto, Hängequalen in der Hölle

Das *psychische* Äquivalent solcher Hängequalen sind die verschiedenen Formen von *Abhängigkeit,* die bei fast allen seelischen Leiden eine wichtige Rolle spielen und ja meist mehr oder weniger liebenswürdige oder lieblose Torturen sind. Wenn Reil seine Kranken möglichst hoch gehängt haben will, so dokumentiert er damit das Ausmaß ihrer Abhängigkeit – auch der Abhängigkeit von ihm als Klinikleiter. Wir werden später noch sehen, wie die Abhängigkeit der Kranken von ihren geliebten Mitmenschen sehr oft in den Kliniken ihre Fortsetzung findet in der Abhängigkeit der Patienten von ihren Betreuern. »Dem Kranken gegenüber«, schreibt der Psychiater Laehr 1852, »muß der Irrenarzt die Befähigung haben, ihn *ganz von sich abhängig zu machen* und deren mangelhafte Vernunftthätigkeit zu ersetzen.«[205] Man wird hier aber auch an die therapeutische Abhängigkeit in der *Übertragung* denken, die, wenn das Unternehmen glückt, den Leidenden letzten Endes aus seiner »Hölle« herausführt.

Mit der Differenzierung der Vorstellungen über ein Leben nach dem Tod entstand auch die Idee von einem jenseitigen *Gericht*, dem sich jeder Tote zu stellen habe und wo über sein weiteres Schicksal entschieden werde. Diese Vorstellung findet sich bei praktisch allen höher entwickelten Kulturen.[206]

Im Tibetanischen Totenbuch wird das Totengericht folgendermaßen beschrieben:

»Der gute Genius zählt die guten Taten mit weißen Kieselsteinen, der böse Genius zählt die bösen Taten mit schwarzen Kieseln. Darauf wirst du höchst geängstigt, eingeschüchtert und erschreckt sein, wirst zittern und versuchen zu lügen, indem du sagst ›ich habe keine böse Taten begangen‹.

Darauf sagt der Todesgott: ›Ich will den Spiegel des Karma befragen‹. Indem er dies sagt, sieht er in den Spiegel, worin sich jede gute und böse Tat widerspiegelt. Lügen ist nutzlos ...«[207]

Platon nennt Minos, Rhadamanthys, Aiakos und Triptolemos als Totenrichter.[208] Des Rhadamanthys Gerechtigkeit wird besonders gerühmt, da er die Seelen ansieht und beurteilt, ohne zu wissen, wen er vor sich hat.[209, 210] Rang und Name spielen dabei keine Rolle. Allein die Lebensführung des zu Beurteilenden entscheidet.

Auf ägyptischen Papyri sieht man die Göttin ›Wahrheit‹, die Tochter des Re, am Eingang stehen. Hinter den thronenden Richtern sitzen die beiden Götter ›Autorität‹ und ›Vernunft‹. An der Seite Thots, des Ärzteberaters und Götterschreibers kauert ein phantastisches Ungeheuer, die ›Fresserin‹. Sie hat einen Krokodilkopf, den Vorderleib eins Löwen und das Hinterteil eines Nilpferds. Sie wartet darauf, die abgeurteilten Seelen zu fressen.[211]

In Tibet ist Schindsche der Totenrichter, in Indien Jama.

»Der König der Toten (Jama) sitzt auf seinem Thron, umgeben von den Gelehrten, den Weisen und den Guten. Um ihn ist alles eitel Wahrheit und

Das ägyptische Totengericht. Anubis führt (v. l. n. r.) den Verstorbenen in den Gerichtssaal. Auf der linken Waagschale wiegt er das Herz des Toten, das sich in einem Tonkrug befindet, gegen die auf der rechten Waagschale liegende Feder der Maat (der Gerechtigkeit). Die ›Fresserin‹ wartet darauf, sich auf den Toten zu stürzen. Der ibisköpfige Thot notiert das Ergebnis. Im rechten Teil des Bildes wird der Tote vor den Thron des Osiris geführt.

Gerechtigkeit. Lüge, Ungerechtigkeit, böse Gesinnungen haben keinen Zutritt.«

»Schitragupta, der Minister des Königs (Jama), hat einen persönlichen Hof und ein Gefolge, das die von jedem Menschen in Gedanken, Worten und Werken begangenen Handlungen aufzeichnet. Die Seite des Registers über den, der geladen ist, wird vorgelesen. Dann wird das Urteil gefällt. Der Mensch, der ein schlechtes Leben geführt hat, muß in den Unterwelten zeitweilig, manchmal unvorstellbar lange, leiden und vielleicht eine Reihe von Reinkarnationen unter anderen Arten von Lebewesen durchmachen, bevor er als Mensch wiedergeboren wird.«[212]

Auch dem Christentum ist die Idee des Jenseitsgerichts wohlvertraut.

»Denn der Menschensohn wird kommen in der Herrlichkeit seines Vaters mit seinen Engeln. Und dann wird er jedem vergelten nach seinem Tun.«[213]

»Wir werden alle einmal vor dem Richterstuhl Christi erscheinen müssen, damit ein jeder für das, was er während des Lebens im Leibe vollbrachte, Gutes oder Böses empfange.«[214]

Die Funktion eines Totenrichters wird oftmals auch dem heiligen Michael zugeschrieben.[215]

Selbst in modernen »Sterbeerlebnissen«, die von einem eigentlichen Gericht zwar meistens nichts wissen, wird der dem Tode nahe Mensch befragt, was er in seinem Leben getan habe und was er am Ende vorzuweisen habe.[216] Moody, einer der Initianten dieses Sterbebooms, spricht wörtlich von einer »Begutachtung« im Jenseits.[217]

Der dem Totengericht entsprechende Brauch in der Psychiatrie ist die sogenannte gemeinsame Patientenvorstellung. Zu dieser versammeln sich alle Ärzte, Psychologen, Schwestern, Pfleger, Fürsorger und sonstige interessierte Mitarbeiter. Die Krankengeschichte des Patienten wird vorgelesen. Alle Befunde werden zusammengetragen. Zuletzt wird der Patient mit dem Fazit dieser Konferenz konfrontiert. Gleich den göttlichen Richtern im Jenseits teilt man ihm mit, wie man ihn beurteile und was man über sein weiteres Schicksal beschlossen habe.

Es hängt vom Stil der jeweiligen Klinik und von den gesetzlichen Bestimmungen eines Landes ab, wieviel Einspracherecht ein Patient gegenüber diesem Gremium geltend machen kann. Sehr oft fehlt ihm jede Möglichkeit, sich wirksam Gehör zu verschaffen.

Keineswegs ist der Verurteilte mit dem Schiedsspruch immer einverstanden. Das gilt in der Psychiatrie wie in der Unterwelt. Es kommt vor, daß der Tote den Gerichtsschreiber angreift und einzuschüchtern versucht mit den Worten »Du Giftreicher . . . ich bin zu dir gekommen, du Giftreicher, daß ich deine Griffel zerbreche und deine Schriften zerreiße wegen diesem ganz Kranken, das ich mit mir aus der Feuerinsel bringe . . .«[218]

In den meisten Ländern hat der Ärztestand eine absolute Autorität in Sachen der Beurteilung geistiger Gesundheit und Krankheit. In gewissen Ländern ist allein schon die Einweisung in eine psychiatrische Klinik automatisch mit Entmündigung verbunden.

Oft ist es bloß eine Frage der Zeit, *wann* ein Geisteskranker seiner persönlichen Rechte verlustig geht. Nach längerer Krankheit ist ein beträchtlicher Teil der Kranken entweder entmündigt, oder sie leben in Verhältnissen, in denen sie – auch wenn sie de jure noch mündig sind – de facto keine Rechte geltend machen können, weil ihnen Verwandte oder Klinikpersonal alle Entscheidungen abnehmen und sie daran hindern, ihre Rechte wahrzunehmen.[219] Franco Basaglia, der sich vehement für die Befreiung der psychisch Kranken in Italien einsetzte, nennt die Rechtlosigkeit der psychiatrischen Patienten einen »staatsbürgerlichen Tod«.[220]

Erwähnung verdienen in diesem Zusammenhang die *Tests,* die in der klinischen Psychiatrie heute mehr denn je eine wichtige Rolle spielen.

Rätselfragen und Prüfungen, die zu beantworten und zu bestehen sind, und deren Ausgang über die Zukunft des von einem nefasten Schicksal bedrohten oder bereits in die Schlingen dunkler Mächte geratenen Helden entscheidet, sind ein außerordentlich weit verbreitetes Mythen- und Märchenmotiv. Einigermaßen systematisch dargestellt finden sie sich erstmals im altägyptischen Zweiwegebuch. Auch aus den ägyptischen Sargtexten und aus tibetischen Schriften wird offenkundig, daß das Jenseits ein von unzähligen Gefahren und Prüfungen erfüllter Ort sei.[221] Der Tote muß steile Gebirgspfade erklimmen, breite und reißende Ströme überqueren. Wüste Trockengebiete hindern ihn am Fortkommen, und überall lauern Dämonen, Untiere und Räuber ihm auf.[222]

Im deutschen Sprachraum ist das Märchen »Der Teufel und seine Großmutter« aus der Sammlung der Brüder Grimm bekannt, worin drei Soldaten, die schon dem Teufel verfallen sind, sich retten können, indem sie des Teufels Rätselfragen beantworten.[223] Entsprechende Parallelmärchen finden sich in vielen Ländern.[224]

Wieder war es der Psychiater Reil, der einen derartigen ›Prüfungsgarten‹ für seine Patienten ersann. Er schreibt: »Man bringe den Kranken in ein geschlossenes Terrain, wo dem Auge die Übersicht des Ganzen überall durch Hecken und Irrgänge verrennt ist. In demselben droht jede Partie Gefahr. Hier fällt eine Traufe auf ihn; er sucht zu entrinnen, aber umsonst, verborgene Sprützen verfolgen ihn mit Wassergüssen. In der Nähe verspricht ein anmuthiges Plätzchen Ruhe und Schutz; er sucht es zu gewinnen, aber ein scheinbar reißendes Thier empfängt ihn, das ihn ängstiget, ohne ihm zu schaden. Er bemüht sich über einen Hügel zu entfliehen, von dessen Spitze er wieder herunter rollt, wenn er sie kaum erreicht hat. An einem Ort sinkt der Grund, er fällt in eine Grube, aus welcher er nur mit Mühe einen Ausgang findet. Kurz, alle Punkte des Lokals sind so eingerichtet, daß sie überall scheinbare Gefahren drohen, die gerade den Grad von Stärke haben, der zur Erhaltung der Aufmerksamkeit zureicht . . .«[225]

Da die Prüfungen und Rätselfragen immer eine reale Lebenschance beinhalten, findet man sie vorwiegend in Situationen, die noch in irgendeiner Form Aussicht auf Besserung versprechen. In der endgültigen Verdammnis der Hölle kommen solche Prüfungen, sprich: Chancen, kaum mehr vor. Wie bereits Platon sagt, haben die Unheilbaren von ihren Strafen keinen Nutzen mehr. Die Leiden, die sie erdulden, dienen lediglich den anderen, noch Besserungsfähigen zur Abschreckung.[226]

Genauso verhält es sich mit den Tests in der Psychiatrie: in erster Linie sollten sie natürlich im Interesse des Patienten durchgeführt werden. Wo hingegen keine Hoffnung mehr besteht, werden auch keine Tests gemacht, oder aber solche Tests, die lediglich der Forschung und damit *anderen* Kranken zugute kommen. Der Getestete selbst – man denke nur an die monotonen psychopharmakologischen, biochemischen und psychologisch-statistischen Reihenuntersuchungen – hat davon meist gar keinen Nutzen.

Früher sehr gebräuchliche, heute kaum noch angewandte psychiatrische Heilverfahren sind die Verhinderung von Essen und Trinken in Form von *Hunger- und Durstkuren.*[227] Wahrscheinlich gingen sie auf religiöse Vorstellungen zurück, vor allem auf die Antithese von einem reinen Geist und einem sündhaften Fleisch.

»Beten und Fasten ist gut«, sagt Paracelsus,[228] »denn sie treiben die Teufel aus.« – Im Gegensatz zu den Engeln, die keinerlei Nahrung bedürfen, geben sich die unreinen Geister gern dem Fraß und der Völlerei hin, ja sie sind von Speise und Trank regelrecht abhängig. Mit Vorliebe suchen sie sich der Menschen schädigend zu bemächtigen, indem sie mit der Nahrung in den Mund eindringen.[229]

Der Renaissancepsychiater Johann Weyer (auch: Johann Wier, 1515-1588, man nennt ihn den »Vater der modernen Psychiatrie«) schreibt dazu: »das Fasten heilt allerley kranckheiten / truecknet auff die Flueß / verjagt die boesen Geister / schlegt auß boese sinne und gedancken / machet lauter und klar das gemuet / reiniget das hertz / machet gesund den gantzen Leib / und stellet den Menschen fuer den Thron Gottes . . . Derhalben ein jeder / so von einem boesen Geist angefochten wird / soll dessen gewiß und versichert seyn / daß durch diese Artzeney / das fasten nemlich / die boesen Geister alsobald dahin ihre straß fahren / auß grosser forcht und schrecken / so sie außwirckung deß fastens ueberfallet / denn je die boesen Geister an der fuellerey / und deß Leibs muessigang ein sonderbares wolgefallen haben.«[230]

1840 wurde in der Wiener Irrenheilanstalt die Nahrung aller Kranken und der Genuß geistiger Getränke »bedeutend beschränkt«. Diese »eingeführten Aenderungen haben wesentliche sowohl auf die Heilung der Kranken als auf die Oekonomie vortheilhafteste Wirkungen geübt«.[231]

Auch in der Unterwelt finden wir Hunger- und Durstleidende.[232]

Als Schutzgötter gegen Hunger und Durst im Jenseits nennen die Pyramidentexte die vier Horuskinder: »sie vertreiben den Hunger, der im Bauch des N. N. ist, und diesen Durst, der auf den Lippen des N. N. ist.«[233]

Die Seelen leiden fürchterlichen Durst, während klares Wasser neben ihnen fließt.[234] Der Islam kennt in der Hölle als Speise den *ḍarī,* eine Art Strauch oder Busch, »der nicht fett macht und den Hunger nicht stillt«.[234a] – Die Toten der Dajaken in Borneo trinken bei ihrer Fahrt durch den Feuerstrudel viel Wasser, um sich abzukühlen. Den Bösewichtern aber ist das Trinken verboten. Kleinere Vergehen werden durch das Durstleiden gebüßt. Große Missetäter finden, wenn sie ihren Durst löschen wollen, geschmolzenes Blei in der Wasserkanne.[235]

In einem chinesischen Text aus dem 3. vorchristlichen Jahrhundert heißt es von der Unterwelt: »Jenes Land dörrt die Menschen aus; sie suchen Wasser und finden keines.«[236]

Klassisch ist die Sage von Tantalus, der den Olympiern Nektar und Ambrosia stehlen und ihnen seinen eigenen, zerstückelten Sohn zum Mahl vorsetzen wollte. Er wurde von Zeus damit bestraft, daß Speise und Trank immer dann vor ihm zurückweichen, wenn er danach greifen möchte.[237]

In großem Maße findet diese Methode in der Paulusapokalypse Anwendung.[238] Das Neue Testament berichtet vom reichen Prasser, der im Jenseits großen Durst leidet. Auch ihm wird keine Linderung zuteil.[239]

In jüngster Zeit werden in Japan Hungerkuren bei psychischen und psychosomatischen Störungen wieder in breiterem Umfang angewendet. Die Kranken bleiben dabei zehn Tage lang ohne Nahrung. Sie werden in Einzelzimmern gehalten. Besuche von Freunden und Verwandten sind untersagt. Radio, Fernsehen und andere Ablenkungen kommen während der Fastenzeit nicht in Betracht. Die Erfolgsquote soll beträchtlich sein.[240]

Zu den asketischen Verzichtleistungen gehört auch die *Enthaltung vom Schlaf.* Verschiedene Vorstellungen haben schon früh zur Hochschätzung des Wachens geführt. Der Schlaf galt in der Antike als der Bruder des Todes. Wie der Tod ist die Nacht ein unheimlicher Bereich. Sie ist die eigentliche Zeit der Dämonen. Ihren Gefahren widersetzt man sich am besten mit Wachsamkeit und Gebet. – In diesem Zusammenhang ist einerseits die ungewollte *Schlaflosigkeit* zu erwähnen, welche ein recht häufiges Begleitsymptom vieler seelischer Störungen und Krankheitszustände ist, andererseits der gewollte *Schlafentzug*, als Heilmittel gegen Depressionen. Es entspricht guter alter homöopathischer Tradition, die Geister, die einem den Nachtschlaf rauben, mit ihren eigenen Waffen zu bekämpfen, nämlich mit gewollter Wachsamkeit.

Ixíon, der König der Lapithen, wollte einst die Hera verführen. Zeus unterschob ihm die Nephéle, jene nach dem Bild der Hera geformte Wolke (s. S. 46), mit welcher Ixíon den Kentauros zeugte. Als er sich seiner Schandtat auch noch öffentlich rühmte, warf Zeus ihn zur Strafe in den Tartaros. Dort rollt er, auf ein feuriges Rad gebunden, für ewige Zeiten dahin.[241]

Das *Rädern* ist eine ziemlich verbreitete, dafür aber relativ späte Strafform in der Hölle. Die Geschichte des Ixíon findet sich noch nicht bei Homer. Vergil kennt sie bereits.[242] – In der mittelalterlichen Vision des Oenus hängen die Verdammten ebenfalls an Rädern, die von den Teufeln ständig herumgewirbelt werden.[243] Auch unten im Venusberg ist einer auf ein Rad gebunden, das von selbst immer fortrollt.[244] Vor allem Zauberer werden an Feuerräder gebunden.[245]

Als ein heute ebenfalls veraltetes psychiatrisches Gegenstück des Räderns hat der von Erasmus Darwin, dem Großvater von Char-

Pieter Brueghel d. Ä., Der Triumph des Todes (Detail)

Die Drehmaschine

les Darwin erfundene *Drehstuhl* bzw. die *Drehmaschine* zu gelten.[246] Dabei handelte es sich um einen relativ einfachen, um eine vertikale Achse rotierenden Mechanismus, an welchen der Patient festgebunden und mit welchem er alsdann so lange rotiert wurde, bis er in Ohnmacht fiel. – Der Sinn dieser Behandlungsmethode ist dunkel. Die Erzielung der Ohnmacht und damit die Ausschaltung des aberwitzigen Geistes haben wir bereits als grundlegende Absicht verschiedener anderer psychiatrischer Praktiken kennengelernt. Bei der Konstruktion der Drehmaschine scheinen darüber hinaus Ideen vom richtigen Ablauf der Bewegungen und deren Regulierung Pate gestanden zu sein, die hier aber, wie bei anderen »Correkturmethoden«, zu einer blinden, ihres ursprünglichen Sinnes beraubten Mechanik degeneriert waren.[247]

Psychiatrische Anstalten hatten für solche und ähnliche Behandlungsmethoden einen eigenen »Corrections- und Strafsaal mit allen dazugehörigen Maschinen und Werkzeugen«.[248] Wir würden heute sagen: eine Folterkammer. – Das höllische Pendant dazu sind die »Schlachtstätte« und das »Prügelhaus« der ägyptischen Texte.[249] Die Analogien sind augenfällig.

Als besondere Pikanterie empfahl Reil, die Verrückten in einen Kübel mit *lebendigen Aalen* zu stecken. Er versprach sich davon einen »starken Kitzel«, der, verstärkt »durch die peinigenden Spiele der Phantasie ... der Willkühr Abbruch thut«.[250] – Es scheint, als hätte er auch mit dieser Idee eine alte Unterweltsphantasie wieder aufgegriffen, denn die Hölle ist ja bekanntlich voll von »bösem Gewürm«. Sie ist »das Land der Vipern, Nattern und hundert Meilen langen Pythons«.[251] In der Petrusapokalypse heißt es: »Und sie wurden gebissen von jenen Tieren und mußten sich so dort in jener Qual winden. Es bedrängten sie Würmer wie Wolken der Finsternis.«[252] – Man erinnert sich angesichts solcher Bilder auch des Films aus einer psychiatrischen Klinik, betitelt »Die Schlangengrube«.

Zum Schluß dieser Gegenüberstellung psychiatrischer und jenseitiger Kurmittel sei noch die *Beschäftigungstherapie* erwähnt. Sie ist im Grunde ein altes Verfahren aus der Zeit der Arbeitshäuser, wo neben Geisteskranken Kriminelle und allerlei arbeits- und lichtscheues Gesindel untergebracht waren. Die Insassen arbeiteten, um ihren eigenen Unterhalt zu finanzieren. Ihre Arbeitsleistung stellte gleichzeitig für die Gemeinden, denen diese Häuser unterstanden, eine oft nicht unbeträchtliche Einnahmequelle dar. In krassen Fällen konnten die Gefangenen sogar zum Verrichten gesundheitsschädlicher Arbeiten gezwungen werden, »bei denen das Leben der ehrenhaften Bürger gewöhnlich in Gefahr ist«.[253] 1828 befanden sich in englischen Arbeitshäusern noch 9000 Geisteskranke, 1845 noch 4000.[254]

Der Unterwelt sind solche Praktiken nicht fremd. Daß die Toten niedrige Fronarbeit leisten müssen – allerdings im Dienste der Götter –, war schon den alten Ägyptern eine geläufige und gefürchtete Idee. Sie war der Grund, weshalb man den Verstorbenen kleine Figürchen mit ins Grab gab, von welchen erwartet oder wenigstens gehofft wurde, daß sie anstelle des Toten die schwere Arbeit im Jenseits verrichten würden.[255]

Als eine eigentliche Behandlung wurde die tägliche Beschäftigung oder Arbeit erst später in die Psychiatrie eingegliedert. Von Hermann Simon wurde sie 1923 in Gütersloh für unser Jahrhundert gewissermaßen neu entdeckt und neu formuliert. Der modernste Terminus heißt Ergotherapie, ein griechisches Wort, das übersetzt wiederum soviel wie Arbeitstherapie oder Arbeitskult heißt.

In der Praxis wird diese Arbeits-, Beschäftigungs- oder Ergotherapie sehr unterschiedlich gehandhabt. In allen Lehrbüchern wird zwar betont, daß sie abwechslungsreich sein müsse. Leider sieht die Wirklichkeit oft ganz anders aus. In ihrer niedrigsten Form besteht die Beschäftigungstherapie aus dem berüchtigten Tütenkleben oder dem eintönigen Zusammensetzen irgendwelcher industrieller Basiselemente; seelenlose Beschäftigungen von nicht zu überbietender Langeweile, ohne die geringste Aussicht, jemals an irgendein Ziel zu gelangen. Rohmaterial wird dabei ein Stück weit gestaltet. Neues Rohmaterial wird herangeschafft. Man mag sich alle nur erdenkliche Mühe geben. Nie kommt man über die ersten Anfänge hinaus. – Nach ihrem Vorbild im Hades nennt man solche Arbeit mit Recht *Sisyphusarbeit.*

Reil – immer wieder er! Dabei war dieser Mann bestimmt kein besonderer Sadist. Was er empfahl, war bestimmt gut gemeint. Er hatte bloß mehr Phantasie als andere. – Er stellte seine Patienten in eine Grube und wies sie an, darin befindliches Wasser herauszupumpen. Gleichzeitig ließ er gerade so viel Wasser zufließen, als sie fördern konnten.[256] – Der Einfall mutet wie eine Umkehrung der Danaidensage an. Die Danaiden sind in der Unterwelt dazu verdammt, ein löchriges Faß mit Wasser zu füllen.

Eine unter die Haut gehende Schilderung solcher ewig sich wiederholender Tätigkeiten findet sich in Hermann Kasacks Jenseitsroman *Die Stadt hinter dem Strom:* Eine Gruppe von Toten ist damit beschäftigt, Bausteine herzustellen, welche dann in einen anderen Stadtteil transportiert werden, um dort von anderen Toten wieder zu Sand und Kies zerkleinert zu werden, die dann wieder zurücktransportiert werden, um erneut zu Bausteinen geformt zu werden, usw., usw., da capo senza fine.[257]

Mit einem Seitenblick in die Welt der Gesunden muß man allerdings feststellen, daß solche *geisttötende* Serienarbeiten keineswegs auf die Sphäre der geistig und seelisch Kranken beschränkt sind. Wir entdecken hier einmal mehr Unlebendigkeit und Lebensfeindlichkeit bei den Gesunden und Normalen, von denen die Psychiatrie dieses Stück erwerbschaffenden Irrsinns unbesehen entlehnte.

Die vorliegende Liste von Gemeinsamkeiten der psychiatrischen und der jenseitigen Welt ließe sich verlängern. Es scheint mir, daß das bisherige Material aber genügt zur Stützung meiner Vermutung, *daß* es diese Gemeinsamkeiten gibt und daß zwischen

Psychiatrie und Unterwelt eine alte und tiefe Verwandtschaft besteht.

Wenn die Psychiatrie bei dieser Gegenüberstellung nicht besonders rühmlich wegkommt, so ist dies nicht etwa verwunderlich, sondern, im Gegenteil, zu erwarten gewesen. Denn die Schattenseiten des Psychiatriebetriebs waren der Ausgangspunkt und sind das eigentliche Thema dieser Untersuchung. Ich bin von den Mißerfolgen und von unlösbaren Fragen ausgegangen, dementsprechend sieht die bisherige Bilanz aus. Ebensogut hätte ich von erfreulicheren Dingen sprechen können. Meinem Beruf zuliebe und zu Ehren sei es hier nochmals in aller Deutlichkeit gesagt, daß es selbstverständlich auch lichte Seiten in der Psychiatrie gibt und daß laufend Fortschritte gemacht werden und an allen Fronten Erfolge zu verzeichnen sind! Aber von denen wird ja genug geredet und geschrieben. Ich hingegen habe »Unterwelt« in den Wald gerufen. Nun muß sich niemand wundern, wenn es höllisch daraus zurücktönt.

Dabei ist es gar nicht meine Absicht, den Berufsstand, dem ich angehöre, schlecht zu machen und das eigene Nest zu beschmutzen. Wer sich an dem vielen Negativen stößt, das bisher zur Sprache kam, der möge bitte bedenken, daß es nicht gut möglich ist, Vergleiche zwischen Psychiatrie und Unterwelt anzustellen und dabei zu rosigen Ergebnissen zu kommen.

Ich will aber nicht vorgreifen und meinen Lesern als Selbstverständlichkeit abverlangen, was mir heute selbstverständlich erscheint, nachdem ich mich lange mit meinem Thema beschäftigt habe. Ehrlicherweise muß ich zugeben, daß es mich sehr überraschte, als mir zum ersten Mal klar wurde, daß ich mich mit meinem Beruf in unmittelbarer Nachbarschaft mit den Toten in der Hölle befand. Der Anstand gebietet dem Berichterstatter, daß er sein Publikum nicht mit Überraschungen wie mit einer Dampfwalze überfährt, indem er das Ergebnis langer Untersuchungen vorlaut an den Anfang seiner Ausführungen stellt. So will ich es auch weiterhin halten und schrittweise vorgehen.

Bis hierher sei lediglich die Schlußfolgerung erlaubt, daß in der Geschichte der Psychiatrie und des Jenseitsglaubens dieselben Bilder vorkommen. Beide Bereiche scheinen aus demselben Quell menschlicher Phantasie gespeist worden zu sein. Man übertreibt wohl nicht, wenn man feststellt, sie seien über weite Strecken desselben Geistes Kind.

Anmerkungen

1 K. Pandy, *Die Irrenfürsorge in Europa,* 1908, S. 63, 266, 375.
2 Ebda. S. 178, nach Letchworth.
3 H. B. Wagnitz, *Historische Nachrichten und Bemerkungen über die merkwürdigsten Zuchthäuser in Deutschland,* nebst einem Anhange über die zweckmäßigste Einrichtung der Gefängnisse und Irrenanstalten, 1791-1794, Bd. II/2, S. 249.
4 Pandy, S. 322.
5 J. Chr. Reil, *Rhapsodien über die Anwendung der psychischen Curmethode auf Geisteszerrüttungen,* 1803, S. 18.
6 Pandy, S. 375; E. H. Ackerknecht und K. Akert, *Wechselnde Formen der Unterbringung von Geisteskranken,* S. 1543.
7 Esquirol, S. 116 ff.; H. Laehr, *Ueber Irrsein und Irrenanstalten,* 1852, S. 108 ff.
8 Foucault, S. 415.
9 Ebda. S. 19 ff.; Viszanik, S. 4 u. 12.
10 Pandy, S. 218.
11 Pandy, S. 201.
12 Homer, Ilias XX, 64.
13 J. M. C. Toynbee, *Death and Burial in the Roman World,* S. 48. J. F. Thinckel, *Die Unschädlichkeit der Kirchhöfe nahe bey den Wohnungen der Lebendigen,* 1775, S. 9, 13, 41; C. A. Kortum, *Über die Unschädlichkeit der Kirchhöfe und Begräbnisse in Städten und Dörfern,* 1801, S. 11, 12, 16.
14 Gilgamesch-Epos, X. Tafel, II, 24, 25.
15 Grabowsky, S. 185.
16 Deuteronomium 8, 15; Numeri 21, 4-9; Jesaja 30,6. Auch O. Böcher, *Dämonenfurcht und Dämonenabwehr,* S. 65.
17 Bächtold-Stäubli III, 1078.
18 Zit. nach Bächtold-Stäubli IV, 785. Ähnliches bei S. Hargous, *Beschwörer der Seelen,* S. 56 u. 76.
19 Bächtold-Stäubli, III, 515 ff.
20 Pandy, S. 139; J. Meyer, *Die Hölle im Islam,* S. 8.
21 Pandy, S. 377; Foucault, S. 26.
22 Pandy, S. 179.
23 Leviticus 16, 10 u. 21 ff.
24 Pandy, S. 378.
25 David-Neel, S. 103 u. 104; auch »Dagoberts Seele im Schiff«, Grimms Sagen Nr. 439.
26 K. Weinhold, *Altnordisches Leben,* S. 329.
27 Ein Beispiel dafür in Longfellows »Song of Hiawatha«.
28 Foucault, S. 25 ff. – Taylor hat darauf hingewiesen, daß das Aussetzen von lebenden Personen in Booten als ein Todesäquivalent anzusehen

sei. In: L. Mackensen (Hrsg.), *Handwörterbuch des Märchens* 1, 155.
29 Moody I, S. 81 ff.
30 Hornung, *Ägypt. Unterweltsbücher,* S. 218.
31 Siehe dazu Foucault, S. 68 ff.
32 Dieterich, *Nekyia,* S. 50.
33 Hesiod, Theogonie 311 u. 769 ff.
34 Platon, Gorgias 525c; Rigveda 7, 104.
35 Hornung, *Altägypt. Höllenvorstellungen,* S. 11.
36 Sophokles, Elektra 542 f.
37 Nikodemusevangelium 20,1 u. 2. Siehe neutestamentl. Apokryphen.
38 Jesaja 5,14; Sprüche 1,12; 27,20; 30,15.
39 Dante, Inferno I, 99.
40 Vergil, Aeneis VI, 126 ff.
41 Ackerknecht u. Akert, S. 1541.
42 Ebda. S. 1542.
43 F. Basaglia, *Die negierte Institution,* passim.
44 Zit. in *Der Spiegel,* 17. 3. 1980, S. 112.
45 Lukian, Totengespräche, Kap. x.
46 W. Hartmann, *Schizophrene Dauerpatienten,* S. 86.
47 J. Kroll, *Gott und Hölle,* S. 251.
48 I. Swedenborg, *Von dem Himmel und seinen Wunderdingen, und von der Hölle.* § 429; Pandy, S. 163, 197, 272.
49 Böcher, S. 100.
50 Reil, S. 382, auch S. 169.
51 Heinroth, II, S. 93.
52 E. Rohde, *Psyche,* Seelenkult und Unsterblichkeitsglaube der Griechen, Bd. I, S. 288.
53 E. Bleuler, *Das autistisch-undisziplinierte Denken in der Medizin und seine Überwindung,* speziell S. 18.
54 Z. B. Lukas 16,24; Strack-Billerbeck IV, 1075 ff.; Dante, Inferno XXVI, 31. Das arabische Wort für Hölle *nār* bedeutet Feuer schlechthin. J. Meyer, S. 5.
55 Hornung, *Ägypt. Unterweltsbücher,* S. 15. Das Judentum hat diese Idee wahrscheinlich von den Ägyptern übernommen. Es kennt einen Feuerstrom, eine Feuersäule, die vom Thron Gottes ausgeht und sich über die Häupter der Gottlosen ergießt. Strack-Billerbeck IV, 1077 u. 1079. Das Motiv findet sich aber auch in anderen Regionen, z. B. bei den Lappen. Storå, S. 197.
56 Hornung, *Ägypt. Unterweltsbücher,* S. 180 u. 227.
57 Ebda., S. 114 u. 211; Der Islam kennt einen Höllenbrunnen, aus welchem Feuer quillt. J. Meyer, S. 34. Dergleichen auch in »König Karl sieht seine Vorfahren in der Hölle und im Paradies«, Grimms Sagen Nr. 467.

58 Hornung, *Ägypt. Unterweltsbücher*, S. 112.
59 Ebda., S. 86.
60 Ebda., S. 121.
61 Ebda., S. 159.
62 Ebda., S. 180.
63 Bächtold-Stäubli IV, 207.
64 »Von einem Mönche, den ein Engel durch den Himmel und das Fegefeuer führte«, Klapper, Nr. 96.
65 Ebda., Nr. 27, »Von der Strafe eines Verleumders«.
66 Ebda., Nr. 2.
67 Midrasch, Psalm 46,4. Zit. nach Strack-Billerbeck IV, 1076 u. 1082.
68 Paulusapokalypse Kap. 31 ff.; Platon, Phaidon 113a; Dieterich, S. 5.
69 Dieterich, S. 9.
70 Bächtold-Stäubli III, 483.
71 Mahâbhârata III, 128 (129), 11 f., zit. n. Glasenapp.
72 Grimms Sagen Nr. 283.
73 »Wie es um Ludwigs Seele geschaffen war«, Grimms Sagen Nr. 560.
74 »Von einem Vornehmen, dem der heilige Petrus die Hölle zeigte«, Klapper, Nr. 39.
75 »Von der Höllenpein eines Grafen, der den Leib Christi unwürdig nahm«, Klapper, Nr. 14.
76 »Von der Höllenpein der Sophisten«, Klapper, Nr. 24.
77 »Von Udo, dem Bischofe von Magdeburg«, Klapper, Nr. 2.
78 Homer, Ilias VII, 410.
79 Rohde, I, 30.
80 Siehe Strack-Billerbeck IV, 1095.
81 Kap. 36.
82 Es ist in diesem Zusammenhang von Interesse, daß die katholische Kirche in der gleichen Weise, wie sie Hexen und Zauberer verfolgte, auch Gerichtsprozesse gegen Gespenster, also gegen Tote veranstaltete. Bächtold-Stäubli III, 771.
83 Heinroth, II, 126 u. 141.
84 Esquirol, S. 145.
85 Dieterich, S. 7.
86 Reil, S. 189; Heinroth, II, 126.
87 Bächtold-Stäubli IV, 195.
88 Dieterich, S. 199.
89 Böcher, S. 185.
90 Böcher, S. 188; Vergil, Aeneis VI, 741-742.
91 Grimms Märchen Nr. 147 (bzw. Nr. 115).
92 Zit. nach Strack-Billerbeck IV, 1103; siehe dazu auch Swedenborg, § 566 ff.

93 Hornung, *Altägypt. Höllenvorstellungen,* S. 22.
94 Bächtold-Stäubli IV, 251.
95 Über rituelle Reinigung durch Wasser, siehe Rohde II, S. 405 ff.
96 Platon, Phaidon 114a, b.
97 Wagnitz, II/2, S. 268; W. Hartmann, S. 86.
98 Heinroth, II, S. 118.
99 Pándy, S. 264.
100 Erwähnt bei Esquirol, S. 139 u. 144.
101 Ebda., S. 139.
102 Zit. n. Pándy, S. 379.
103 Ebda., S. 217.
104 Basaglia, S. 16 u. 122.
105 Heinroth II, S. 92; Viszanik, S. IX.
106 Kraepelin I, S. 587; Viszanik, S. 114, 116, 139.
107 Laehr, S. 91 f.; Foucault, S. 320.
108 Kraepelin I, S. 579.
109 Ebda. I, S. 579.
110 Zit. n. Foucault, S. 321.
111 H. Finé, *Der Ort der Erquickung.*
112 Dante, Inferno XXXIV, 9.
113 Ebda., VI, 8; *Tibetanisches Totenbuch,* S. 118.
114 David-Neel, S. 16.
115 Zit. n. Dieterich, S. 202.
116 Paulusapokalypse, Kap. 39. Oft finden sich in der Hölle *Eis und Feuer gleichzeitig.* Im slawischen Henoch 10,2 heißt es: »und jener ganze Ort ist von allen Seiten Feuer, und von allen Seiten Frost und Eis«. Strack-Billerbeck IV, 1080. Der indische Jainismus kennt nicht weniger als 8 225 000 heiße Höllen und 175 000 kalte Höllen. Glasenapp, S. 27. In einer mittelalterlichen Erzählung kredenzt Luzifer einem hartherzigen Sünder den »Becher des göttlichen Zornes«, der Feuer, Schwefel, Schnee und Eis enthält. Klapper, Nr. 2. Swedenborg spricht vom »Fieberfrost« in der Hölle. Swedenborg, § 572.
117 Heinroth II, S. 92.
118 Pandy, S. 470.
119 Foucault, S. 438.
120 Pandy, S. 31, 52, 185, 219, 267; Foucault, S. 144.
121 Pandy, S. 323.
122 Ebda., S. 451.
123 Heinroth, II, S. 126.
124 Ebda. II, S. 147.
125 Ebda. II, S. 205; Analoges bei Reil, S. 190; s. a. Laehr, S. 101 ff.
126 Bächtold-Stäubli III, 511.
127 Hornung, *Ägypt. Unterweltsbücher,* S. 380.
128 Bächtold-Stäubli IV, 208.

129 Ebda. IV, 244.
130 1. Korintherbrief 15,55-56.
131 Zit. n. Strack-Billerbeck IV, 1092.
132 Bächtold-Stäubli IV, 250.
133 (Calmet) *Des hochwürdigen Herrn Augustini Calmet gelehrte Verhandlung von denen sogenannten Vampiren* . . ., S. 198.
134 Bächtold-Stäubli III, 483; Storå, S. 201.
135 »Von einer Jungfrau, die das Schicksal ihrer Eltern im Jenseits sah«, Klapper, Nr. 180.
136 Dante, Inferno XXIII, 115 ff.
137 Dieterich, S. 9.
138 Bächtold-Stäubli V, 1070 ff.
139 Ebda. V, 1054.
140 Zit. n. E. Fromm, *Anatomie der menschlichen Destruktivität,* S. 128.
141 Vergil, Aeneis VI, 715, in der Übersetzung Th. v. Scheffers. Lateinisch: securos latices et longa oblivia potant.
142 Ebda. VI, 749 ff.
143 Platon, Politeia 621a.
144 Rohde II, 390.
145 Dieterich, S. 91.
146 X, 494 f.
147 Bhâgavata-Purâṇa I, 6., zit. n. Glasenapp, S. 2.
148 Rohde II, 210, Anm.
149 *Der Spiegel* Nr. 12, 34. Jg., 17. 3. 1980, speziell S. 99.
150 M. Bleuler, *Die schizophrenen Geistesstörungen,* S. 367.
151 O. H. Arnold, *Zur Frage der Abwandlung depressiver Verläufe nach Anti-depressiva-Therapie;* F. Cornu, *Chronifizierung Schizophrener durch Neuroleptika?*
152 H. U. Fisch, *Soziopharmakologie – am Beispiel der Psychopharmaka,* S. 461.
153 Zum Beispiel schon bei Heinroth, II, 112.
154 E. Spieß, *Entwicklungsgeschichte der Vorstellungen vom Zustande nach dem Tode,* S. 557.
155 Siehe oben, S. 39.
156 Bächtold-Stäubli VIII, 1087.
157 Strack-Billerbeck IV, 1019.
158 Rohde, I, S. 29[3].
159 Bächtold-Stäubli V, 1053 u. 1070.
160 Pfortenbuch, 2. Stunde, in: Hornung, *Ägypt. Unterweltsbücher,* S. 206.
161 Ebda., S. 132.
162 Pfortenbuch, 9. Std., unt. Reg., 59. Szene. zit. n. Hornung, *Ägypt. Unterweltsbücher,* S. 271. Der Umstand, daß einmal Re, das andere

mal Osiris derjenige ist, gegen den sich die Feinde vergangen haben, erklärt sich daher, daß in der ägyptischen Spätzeit eine Verschmelzung der beiden Gottheiten stattfand und nicht immer scharf zwischen Re und Osiris unterschieden wurde.

163 Zit. n. Morenz, *Ägyptischer Totenglaube* ..., S. 443, Anm. 98.
164 Heinroth, II, 110.
165 Pandy, S. 378.
166 David-Neel, S. 42.
167 Pandy, S. 461.
168 Heinroth II, S. 108.
169 Basaglia, S. 92.
170 Dieterich, S. 58.
171 Markus 5,4; Lukas 8,29.
172 Pandy, S. 379.
173 Zit. n. Strack-Billerbeck IV, 1083.
174 Dante, Inferno XXXI, 31 ff.
175 Ebda., XXXI, 111.
176 C. G. Jung, *Psychologie und Alchemie*, S. 174 f.
177 C. A. Meier, *Antike Inkubation und moderne Psychotherapie*, speziell S. 100.
178 H. Iwai et al., *Morita Psychotherapeutic Process*.
179 J. A. M. Meerloo, *The Rape of the Mind*, S. 91, 263 und passim.
180 Heinroth II, S. 117.
181 Die Zweiteilung der Unterwelt in Hölle und Purgatorium ist im Christentum bekannt. Auch einige hinduistische Systeme unterscheiden zwischen den oberen Höllen, welche bloße Purgatorien für einen vorübergehenden Aufenthalt sind, und der »blinden Finsternis« – andha-tamas –, aus der es kein Aufsteigen gibt. Glasenapp, S. 30; s. a. Platon, Gorgias 525b, c; Phaidon 113d, e.
182 Die Zusammenziehung von Heil- und Pflegeanstalt in *ein* Gebäude geschah nicht ohne Bedenken. Heinroth schreibt Bd. II, S. 311: »Wo Heil- und Verwahrungsanstalt in einem Orte vereinigt sind, müssen beyde wenigstens durch weite Räume und sichere Marken getrennt seyn.«
183 J. Weyer, *De Praestigiis Daemonum*, S. 381; R. Burton, *The Anatomy of Melancholy*, S. 449 ff.
184 Siehe dazu das Weyer-Zitat bei den Hungerkuren, oben S. 108.
185 Foucault, S. 446.
186 Breuer und Freud 1889.
186a Manninen, S. 21, 151 u. 153.
187 C. A. Meier, S. 98.
188 E. Harms, *Origin and Early History of Electrotherapy and Electroshock*, S. 933.
189 Foucault, S. 334.

189a Manninen, S. 153.
190 Reil, S. 236, ähnliches auch S. 225 u. 229. S. 200 empfiehlt Reil im gleichen Sinne »nachgemachten Blitz, Donner...«
191 Heinroth II, S. 141.
192 Kraepelin I, S. 599.
193 M. Bleuler, S. 362, 369, 557, 630.
194 Hornung, *Ägypt. Unterweltsbücher,* S. 114.
195 *Tibetanisches Totenbuch*, S. 78; ähnlich auch Dieterich, S. 124.
196 *Tibetanisches Totenbuch*, S. 112.
197 Rohde II, S. 162[2].
198 Siehe dazu auch Strack-Billerbeck IV, 1079.
199 Kroll, passim.
200 Platon, Politeia 621b.
201 Reil, S. 210 f. u. S. 384.
202 Immerhin findet sie sich auch bei Heinroth, Bd. II, S. 128.
203 Dieterich, S. 5.
204 Zit. n. Strack-Billerbeck IV, 1081; s. a. *Thomasakten* Kap. 56, Hennecke, S. 332.
205 Laehr, S. 118; kursiv von F. L.
206 Für Ägypten: Amduat, 9. Std., ob. Reg.; Pfortenbuch, 5. Std., 28/29. Szene, in: Hornung, *Ägypt. Unterweltsbücher,* S. 153, 233. Für das Judentum: Strack-Billerbeck IV, 1036 ff. u. 1093. Für Indien: Glasenapp, S. 22. Für China: Ahern, S. 221.
207 *Tibetanisches Totenbuch*, S. 110.
208 Platon, Apologie 41a, Gorgias 523e.
209 Ebda. 524e.
210 Dieselbe Unbestechlichkeit findet sich auch in den jüdischen Vorstellungen vom Jenseitsgericht. Siehe Strack-Billerbeck IV, 1037.
211 Zit. n. Breasted, *Die Geburt des Gewissens*, S. 247, 254, 255. Siehe auch Amduat 2. u. 9. Std., ob. Reg.; Pfortenbuch, 28., 29., 33. u. 54. Szene.
212 David-Neel, S. 104; auch Glasenapp, S. 22.
213 Matthäus 16,27.
214 2. Korintherbrief 5,10; auch Matthäus 25,31-46.
215 Zum Beispiel in »Rudolf von Strättlingen«, Grimms Sagen Nr. 512.
216 Moody I, S. 67.
217 Ebda. II, S. 53.
218 Kees, S. 196.
219 Basaglia, S. 27 u. passim.
220 Ebda., S. 29.
221 Breasted, S. 235.
222 David-Neel, S. 41; Ahern, S. 223.
223 Grimms Märchen Nr. 125 (bzw. Nr. 122).

224 Bolte-Polivka, *Anmerkungen zu den Kinder- und Hausmärchen der Brüder Grimm* III, S. 12 ff.
225 Reil, S. 237.
226 Platon, Gorgias 525c.
227 Zum Beispiel Heinroth II, S. 111; Reil, S. 189; Pandy, S. 488.
228 Paracelsus, *Über die unsichtbaren Krankheiten*, S. 107.
229 Böcher, S. 273.
230 Weyer, S. 381.
231 Viszanik, S. 90.
232 *Tibet. Totenbuch*, S. 66; Lukas 16,24; v. Glasenapp, S. 34.
233 Kees, S. 120 u. 191.
234 Bächtold-Stäubli IV, 225.
234a Koran, Sure 88,7, zit. n. J. Meyer, S. 11.
235 Grabowsky, S. 185.
236 David-Neel, S. 16.
237 Homer, Odyssee XI, 582.
238 Paulusapokalypse Kap. 39.
239 Lukas, 16,24.
240 H. Yamamoto, J. Suzuki, Y. Yamauchi, *Psychophysiological Study on Fasting Therapy*.
241 Ovid, Metamorphosen IV, 461; Lukian, Göttergespräche VI.
242 Vergil, Aeneis VI, 616, 617.
243 Bächtold-Stäubli IV, 244.
244 »Der getreue Eckhart«, Grimms Sagen Nr. 314.
245 Bächtold-Stäubli IV, 249; s. a. *Thomasakten* Kap. 55, Hennecke S. 331.
246 Die Urheberschaft wird auch dem französischen Mathematiker Maupertuis und dem Dänen Katzenstein zugeschrieben. Siehe Foucault, S. 325.
247 Dazu ebenfalls Foucault, S. 325.
248 Heinroth II, S. 313.
249 Kees, S. 212.
250 Reil, S. 190.
251 Zit. n. David-Neel, S. 15.
252 Dieterich, S. 7.
253 Foucault, S. 78 f. u. 444 f.
254 Ackerknecht u. Akert, S. 1543.
255 Morenz, *Ägypt. Totenglaube*, S. 421.
256 Reil, S. 239.
257 H. Kasack, *Die Stadt hinter dem Strom*, S. 112.

»Wahnsinn und Tod« im Aberglauben und in der Fachliteratur

Als nächstes stellte ich mir die Frage, ob denn diese für mich so augenfällige Verwandtschaft von Irrsinn und Tod, beziehungsweise von Irrsinn und Hölle, bisher noch niemand anderem aufgefallen war. – Bei Durchsicht vor allem der älteren psychiatrischen Literatur konnte ich feststellen, daß das Problem wenigstens ansatzweise da und dort gesehen oder zumindest geahnt worden sein muß. Dies läßt sich anhand verschiedener Beispiele darlegen. Aus der Geschichte der Geisteskrankheiten wird darüber hinaus aber noch viel deutlicher, daß der Glaube, die Irren stünden im Banne der Toten oder seien selbst umgehende Tote, tatsächlich weit verbreitet war und es immer noch ist.

Für den antiken Menschen war es selbstverständlich, daß alle ihm zustoßende Gefährdung auf Dämoneneinfluß zurückging.[1] Platon war der Ansicht, Krankheiten entstünden durch den Groll vergangener Geschlechter.[2] Aus der Bibel, und zwar aus dem Alten Testament so gut wie aus dem Neuen Testament, aber auch aus zahlreichen Denkmälern griechisch-römischen Zauberglaubens tritt uns die Vorstellung entgegen, daß ein böser Geist von einem Menschen Besitz ergreifen kann und dann dessen ganzes Denken und Handeln lenkt.[3] Wahnsinn (griech.: Manía) war im klassischen Altertum gleichbedeutend mit ›Besessenheit‹ durch fremde Gewalten.[4] Für Sophokles ist Wahnsinn ein Werk der Rachegeister.[5] Den *Primitiven* ist *jede* seelische Veränderung gleichbedeutend mit Besessenheit durch einen Dämon.[6] *Alle* unsichtbare Gewalt rührt für sie von den Seelen der Abgestorbenen her.[7] Jeder Traum, ja jeder beliebige Einfall gilt den Primitiven als ein Geflüster, als Eingebung einer abgeschiedenen Seele.[8] Wenn ein Mensch von einem Tag auf den anderen völlig verändert ist, so gibt es dafür keine andere Erklärung, als daß ein Dämon von ihm Besitz ergriffen hat. – Dämonen sind zum allergrößten Teil Tote, Ahnengeister oder andere Verstorbene. Vor allem schlechte Menschen, die sich während ihres Lebens nicht vor Gott beugen wollten, werden nach dem Tod zu Dämonen.[9]

Die Frage, ob ausschließlich Totengeister zu Dämonen werden, oder ob auch Engel, Halbgötter, göttliche Wesen oder Teufel als Dämonen in Erscheinung treten, läßt sich nicht eindeutig beantworten. Es wurden die verschiedensten Verbindungen und Verwandtschaften zwischen den einzelnen Klassen jenseitiger Wesen konstruiert. So sind die Toten, wenn man sie zeitlich weit genug zurückverfolgt, ursprünglich die Ahnen und Urheber der Menschen. Es ist nur logisch, daß ihnen als den Erzeugern des Menschengeschlechtes, göttliche Verehrung entgegengebracht wird. – Eine andere Brücke wird mit der Idee geschlagen, daß unschuldige Tote, vor allem unschuldige Kinder, im Jenseits zu Engeln werden.[10] – Die Teufel dagegen *waren* ursprünglich Engel, die sich gegen Gott auflehnten und deswegen gestürzt wurden. – Es heißt aber auch, daß sich die Teufel aus den Reihen besonders böser Menschen rekrutieren, die sich in der Hölle »bewährt« haben. Wir werden dieser Ansicht noch begegnen. In vieler Hinsicht sind die Verdammten mit den Teufeln zusammengekoppelt und teilen deren Los.[10a] – Hinter aller Differenzierung der Geistwesen steht aber immer die *Einheit* des Numinosen.[11] Die Toten nehmen unter allen Jenseitsbewohnern jedenfalls einen wichtigen, wenn nicht den wichtigsten Platz ein, sind sie doch die einzigen, die den Lebenden persönlich bekannt sind.

Die ganze Antike glaubte, daß die Seelen Verstorbener Wahnsinn bringen.[12]

Ein – allerdings spätes – Beispiel dafür gibt Shakespeare im Hamlet, wo Horatio Hamlet daran zu hindern versucht, sich mit dem Geist seines Vaters einzulassen. Horatio fürchtet, der Tote könne Hamlet den Verstand rauben oder ihn in den Wahnsinn treiben.[13]

Die gedankliche Verknüpfung von Krankheit und Tod fand auch ihren sprachlichen Niederschlag. So hat in den semitischen Sprachen das Wort für ›leben‹ neben seiner gewöhnlichen Bedeutung immer auch noch die von ›am Leben bleiben‹ oder ›wieder aufleben‹. Im Babylonischen beobachtet man den merkwürdigen Sprachgebrauch, daß Genesung von schwerer Krankheit als eine Rückkehr vom Tod zum Leben bezeichnet wird, als ein Wiederlebendigwerden. Umgekehrt wurde das Befallenwerden von der Krankheit als ein Sterben, als ein Hinabsinken in die Unterwelt erlebt. – Es scheinen dies ganz feste Begriffe gewesen zu sein.[14]

Für den Menschen einer primitiven Zivilisationsstufe ist Krankheit immer auch gleichbedeutend mit magischem Verlust oder Entzug der Lebenssubstanz.[15] Wer medizinisch schlecht gerüstet ist, muß schon bei dem geringsten Anzeichen einer Krankheit den Tod fürchten, unterstehen doch die

Krankheiten dem Tod, der sie in Botendiensten zu den Menschen sendet.[16] In früheren Zeiten bedeutete Krankheit ungleich häufiger als heute, daß der Tod näher kam und sich in vielen Fällen nicht mehr abwenden ließ. Wer auch nur ein bißchen krank war, lief schon Gefahr, den Toten für immer anheimzufallen.

Bei vielen Völkern gelten selbst heute noch die Toten als die eigentlichen Verursacher von Unbill und Krankheiten.[17] So führen beispielsweise die Lappen jeden geringsten Schrecken auf den »Biß eines Toten« zurück.[18] – Im Altaigebiet sagt man, wenn jemand erkrankt: »Jetzt wird er von den körmös, den Toten, gefressen.« Und wer gestorben ist, der ist »von den körmös aufgefressen worden«.[19] – Die Medizinmänner auf Borneo führen darum in ihrem Rüstzeug Angelhaken mit, um die davonfliegenden Seelen einzufangen und in den Leib des Kranken zurückzubringen.[20]

Wir haben damit einen weiteren Aspekt unseres Themas herausgearbeitet: Krankheit ist immer ein – wenigstens angedeutetes – Sterben, ist immer bereits ein Stück Tod, bedeutet jedesmal, in den Bannkreis der Toten hineingezogen zu werden. Es versteht sich, daß dies für *alle* Krankheiten Gültigkeit hat, für die körperlichen wie die seelischen, solange Körper und Seele noch als eine Einheit erlebt werden und die gedankliche Trennung von Leib und Seele noch nicht vollzogen ist.

Alleine im Neuen Testament werden folgende Krankheitssymptome auf Dämoneneinfluß zurückgeführt:

zeitweise Stummheit: Mt 9,23; 12,22; Mk 9,17 u. 25; Lk 11,14
zeitweise Taubheit: Mk 9,25
zeitweise Blindheit: Mt 12,22
Selbstbeschädigung: Mk 5,5; 9,22
Selbstbeschädigung: Mk 5,5; 9,22
Erregtes, aggressives Verhalten: Mk 1,23; 5,7; Apg 19,16
Außergewöhnliche Körperkraft: Mk 5,3; Lk 8,29
Krämpfe: Mk 1,26; 9,18
Anfälle: Mk 9,20 u. 26
Plötzliche Starre: Mk 9,18
Unmotiviertes Schreien: Mk 1,23; 5,5; Apg 8,7
Schaum vor dem Mund: Mk 9,18 u. 20
Zähneknirschen: Mk 9,18

Depersonalisation, Reden mit fremden Stimmen, Wahrsagen: Mt 8,29; Mk 1,24; 3,11; 5,7 u. 9 u. 12; Lk 4,34 u. 41; Apg 16,17; 19,15

Moderne Dämonologen sind darüber hinaus der Ansicht, daß auch andere psychopathologische Erscheinungen durch Dämonen verursacht werden können, wie: neurovegetative und psychosomatische Störungen, Hemmungen, Depressionen, Süchte, Zwänge und halluzinatorische Sinnestäuschungen.[21]

Die Römer hielten Verrücktheit für ein Werk der larvae, der Totengeister. Von einem Besessenen sagte man, daß er larvarum plenus sei, daß ihn larvae stimulant, oder man nannte ihn einfach rundweg larvatus.[22]

Dieselbe Ansicht findet sich bei dem christlichen Kirchenlehrer und Märtyrer Justinus (100-165 n. Chr.). In seiner Apologie spricht er von Menschen, die »von Dämonen ergriffen« oder »dämonisch« sind, bzw. in denen »ein Dämon wirkt«.[23]

Es scheint, daß die griechisch-römische und die jüdisch-christliche Tradition in diesem Punkt völlig übereinstimmen. Jedermann nannte Personen, die von Totenseelen ergriffen und hin und her geworfen wurden, »von Dämonen Ergriffene und Wahnsinnige«.

Lactantius, ein anderer Kirchenlehrer, – man nannte ihn den »christlichen Cicero«, – griff die Frage im 4. Jahrhundert erneut auf. Er bestätigte im wesentlichen Justinus und stellte die heidnischen Götter, die Dämonen und die Totenseelen auf ein und dieselbe Stufe.[24] Damit lieferte er auch einen Beitrag zu der Frage, ob Dämonen menschliche oder übermenschliche Wesen seien und schlug die Brücke zwischen beiden.

Wenn bei den Arabern ein Ahne seinem Nachkommen im Traum erscheint und ihm mitteilt, er werde ihn künftig »als seinen Kamel-Hengst reiten«, dann bleibt der davon Betroffene sein Leben lang ein Besessener.[25]

Ähnlich äußert sich der Seher Swedenborg: »Wenn diese Geister zu dem Menschen kommen, so treten sie ... in all sein Denken ein, die bösen Geister in diejenigen Dinge seines Gedächtnisses und seines Denkens, welche böse sind; die guten Geister aber in diejenigen Dinge des Gedächtnisses und des Denkens, welche gut sind. Die Geister wissen ganz und gar nicht, daß sie bei dem Menschen sind, sondern wenn sie bei ihm sind, so halten sie das ganze Gedächtnis und das ganze Denken des Menschen für das ihrige.«[26] – Wortwörtlich ergreifen da die Totengeister von der Seele der Menschen Besitz.

Vielfach werden geistig abnorme Zustände auch als Ausdruck eines »Seelenraubes« oder »Seelenverlustes« angesehen.[27] Man stellt sich vor, die Seele sei abhanden gekommen, weil sie von Dämonen geraubt wurde und nun in der Unterwelt festgehalten wird. Solche magische Beeinflussung durch Geister führt zur »psychischen Auflösung des betroffenen Individuums«.[28] Auf den Seelenverlust erfolgt die Invasion eines völlig fremden Wesens, welches fortan die Handlungen des Menschen beherrscht.[29] Es ist dann die Aufgabe eines Schamanen, die Seele in einer rituellen, ekstatischen Unterweltreise ausfindig zu machen und zurückzuholen.[30] Bleibt die Seele dauernd fern, so stirbt der Mensch bald darauf.

Im christlichen Kulturkanon besteht zunächst nicht die Meinung, daß die Toten böse seien. Es sind die *Teufel,* die für Besessenheit aller Art verantwortlich gemacht werden.

Ackerknecht geht sogar so weit zu behaupten, im Mittelalter wären *alle* »Erscheinungen« und Sinnestäuschungen ein Werk des Teufels gewesen.[31] Das ist vermutlich zu hoch gegriffen, aber doch bezeichnend für eine gewisse Tendenz. Immerhin gestand kein geringerer als Paracelsus den Teufeln zu: »Sie haben auch Gewalt, durch ihren Glauben gesund und krank zu machen.«[32]

Augustinus nennt die Melancholie »des Teufels Bad«.[33] »Wo ein melancholischer Kopf ist«, sagt Luther, »da hat der Sathan seine Badestätte.«

Wir stehen hier einmal mehr vor der Aufgabe, verschiedene Jenseitsbewohner zu unterscheiden und Tod und Teufel zu definieren. Das Volksempfinden unterscheidet aber gar nicht so scharf zwischen verdammten Seelen und Teufeln. Im Aberglauben wurden immer wieder Verbindungen zwischen ihnen hergestellt, und sie wurden miteinander vermischt. So heißt es zum Beispiel in der Oberpfalz, daß die Teufel sich aus den Reihen der besonders bösartigen Toten rekrutieren, die sich für das teuflische Handwerk als geeignet erwiesen haben.[34]

Für die Wesenverwandtschaft von Toten und Teufeln gibt es viele Belege:

Schon in den altägyptischen Unterweltbüchern finden sich Hinweise darauf, daß die Verdammten *von ihresgleichen* gepeinigt werden. So spricht der Sonnengott Re auf seiner nächtlichen Reise durch die Unterwelt zu den »Feinden«: »*Einer unter euch* ist euer Wächter, der die Seelen der Schädlinge vernichtet, dem die Seelen nicht entkommen.«[35] Auch ptolemäische Texte sprechen davon, daß die »Feinde« in der Unterwelt sich *gegenseitig* vernichten.[36]

Eine Andeutung in derselben Richtung findet sich Henoch 56,5 ff. für die Zeit nach dem Endgericht: »Sie werden *untereinander* das Morden beginnen, und ihre Rechte wird *gegen sie selbst* erstarken. Ein Mann wird nicht seinen Bruder, noch der Sohn seinen Vater oder seine Mutter kennen, bis ihre Leichen durch ihr Morden unzählbar geworden sind.«[37] – Ähnliches geht in den indischen Höllen vor. Auch dort zerfleischen sich die Toten gegenseitig.[38]

Swedenborg sagt, es würden in der Hölle »Bösartigere über andere gesetzt, denen sie an Schlauheit und Kunstgriffen überlegen sind, und welche sie durch Strafen und die daher rührenden Schrecken in Gehorsam und Knechtschaft halten können.«[39]

Es scheint, als formulierte sich in solchen Behauptungen aus verschiedensten Weltgegenden zeitlos der Verdacht, daß die *Menschen* die eigentlichen Teufel und Quälgeister ihrer Mitmenschen seien.

Die gedankliche Querverbindung wurde aber auch in umgekehrter Richtung gezogen, mit der Ansicht, daß die angeblich wiederkehrenden Toten in Wirklichkeit Teufel seien, die sich lediglich der äußeren Gestalt der Toten bedienten, um ihre abgrundschlechten Ziele unerkannt verwirklichen zu können.[40] So kennt man in Tibet die Ro-lang, das bedeutet wörtlich: »ein Leichnam, der sich erhebt«. Man stellt sich darunter vor, daß Dämonen von Leichen Besitz ergreifen, sie ›beleben‹, und dann im Land herumwandern und äußerst bösartig sind.[41] Deshalb gilt es peinlichst darauf zu achten, daß Leichname nicht unnötig lange und unbeaufsichtigt herumliegen.

Aus allen angeführten Beispielen der verschiedensten Epochen tritt uns ziemlich geschlossen die Meinung entgegen, Besessene seien nicht mehr Herr ihrer selbst, sondern stünden im Banne der Jenseitigen und handelten in deren Auftrag. Es ist nur folgerichtig, wenn aus dieser Sicht die Geisteskranken als eigentlich selbst schon Tote oder als Teufel empfunden wurden, was sie bekanntlich oft zu Opfern von Verfolgungen werden ließ.

Die uralte Verbindung von Wahnsinn und Tod manifestiert sich gegen Ende des 15. Jahrhunderts in Europa auf eine besondere Weise, als mit dem allmählichen Verschwinden des ›schwarzen Todes‹, der *Lepra,* das bis dahin im Bewußtsein der Menschen allgegenwärtige Todesthema gewissermaßen vakant wird und neue Inhalte an sich zieht. Die Sündenbockrolle, die rituelle Ausstoßung derer, die mit der ›gottgewollten‹, todbringenden Krankheit behaftet sind, die ängstliche Unruhe vor dem Faszinosum des Tragischen und des Grauens, dies alles wäre ohne die Lepra gegenstandslos geworden. Nach dem, was wir bis hierher über die Zusammenhänge von Wahnsinn und Tod wissen, überrascht es nicht, daß der Wahnsinn an just diesem Punkt der Geschichte schier mühelos in jene gesellschaftliche Rolle schlüpft, welche die Lepra bis dahin innehatte.[42] Er war ja mit dem Tod schon immer assoziiert, seit der menschliche Geist sich zu einer gewissen Höhe aufgeschwungen hatte. Die kulturelle Blüte der Renaissance läßt ihn dann in relativ noch tieferen Tiefen erscheinen. Und wie ein Sog zieht die schwindende Lepra den ›geistigen Tod‹ nach sich, der von da an sich breit in das von ihr hinterlassene Bett ergießt und nicht nur die leerstehenden Leprosorien füllt, sondern auch im öffentlichen Bewußtsein jenen Platz bekommt, den die Lepra innegehabt hatte: »Der Spott des Wahnsinns tritt an die Stelle des Todes und seiner Feierlichkeit« – »der Wahnsinnige lacht im voraus das Lachen des Todes« – »Der Wahnsinn ist die bereits hergestellte Präsenz des Todes« – »Und während einst der Wahn der Menschen darin bestanden hat, daß sie nicht sahen, daß der Zeitpunkt des Todes sich näherte, während man sie durch das Schauspiel des Todes an die Weisheit hat erinnern müssen, besteht jetzt die Weisheit darin, den Wahnsinn überall aufzuzeigen, die Menschen zu lehren, daß sie bereits nichts als Tote seien und daß, wenn das Ende nahe sei, es dies in dem Maße sei, in dem der Wahnsinn durch seine Ausbreitung über die ganze Welt nur noch ein und dieselbe Sache wie der Tod sei«.[43]

1511 tritt Erasmus von Rotterdam mit seinem Büchlein »Lob der Torheit« an die Öffentlichkeit (lat.: laus stultitiae, griech.: morías enkómion). Mit spöttischer Feder erklärt er Torheit, Unsinn, Wahnsinn zu *dem* alle menschlichen Aktivitäten und Leidenschaften beherrschenden Prinzip. Der väterliche Erzeuger aller Narrheit ist bei Erasmus kein anderer als Pluto, der römische Hades, Herrscher der Unterwelt:[44]

»Ein Wink seiner Brauen genügt, um jetzt wie ehedem die ganze Welt mit allem, was heilig und unheilig darinnen ist, auf den Kopf zu stellen; sein Wille beherrscht den Krieg, den Frieden, Armeen, Räte, Gerichte, Versammlungen, Heiraten, Verträge, Bündnisse, Gesetze, Künste, Kurzweil, Arbeit – der Atem geht mir aus –, kurz alles, was die Menschen im Staat und im Hause beschäftigt; ohne ihn wäre das ganze Völklein der Götter von Dichters Gnaden, ja, offen gesagt, wären auch die Gottheiten erster Klasse überhaupt nicht am Leben oder könnten daheim sitzen und sehen, woher sie etwas Warmes kriegen; wer schlecht mit ihm steht, dem vermag auch Pallas nicht zu helfen, wer gut, darf ruhig Jupiter samt seinen Blitzen eine lange Nase machen ...«

Erasmus hatte offensichtlich noch eine deutliche Ahnung von dem ungeheuren Unsinnspotential des Höllengottes.

Anhand der Zeugnisse jener Zeit ist es nicht verwunderlich, daß Tod und Teufel auch Eingang in die *psychiatrische* Literatur fanden. Besonders in den frühen psychiatrischen Schriften, etwa bei Johann Weyer, *De Praestigiis Daemonum*, 1586, oder bei Robert Burton, *The Anatomy of Melancholy*, 1621, sind diese Ideen noch ganz lebendig. In einer Mischung von naiver Wissenschaftlichkeit und fest fundierter Gläubigkeit meint Weyer, böse Geister könnten sich infolge Gottesfurcht oder Gottesferne in einem Menschen niederlassen und ihn tobend machen oder ihm »den Dachstuhl verrücken, daß er zum narren werde«.[45] – Die Psychiatrie als eine junge, erst im Keimen begriffene Wissenschaft, ist dort noch gänzlich mit altem Glaubensgut vermengt. Man bemüht sich wohl schon ansatzweise um eine moderne medizinische Klassifizierung der verschiedenen Seelenzustände, kann sich aber den eingefleischten Überlieferungen nicht entziehen. So anerkennt Weyer Melancholie zwar bereits als eine eigene Krankheit, fügt dann aber wie beiläufig hinzu, daß melancholische Menschen für den Einfluß des Teufels besonders anfällig seien.[46] – Nicht anders Burton: er ist auf der Höhe seiner Zeit, er weiß natürlich von der besonderen Zusammensetzung der Körpersäfte, die das ›melancholische Temperament‹ ausmachen. Dennoch kommt auch er nicht ohne die ›bösen Geister‹ aus, die sich in dem schwermütig veranlagten Menschen einnisten und in der konstitutionell melancholischen Grundlage jenen günstigen Nährboden finden, auf dem alleine sie sich ausbreiten können, wo sie ihre Wettkämpfe austragen und ihre schmutzigen Triumphe feiern:

»These uncleane spirits setled in our bodies, and mixt with our melancholy humours, doe triumph as it were, and sport themselves, as in another heaven.«[47]

In der französischen Klassik erfährt unser Thema dann eine Variation. Der Wahnsinn wird nicht mehr als ein bedeutungsvolles Zeichen einer anderen Welt erlebt, sondern als eine bloße *Nega-*

tion und Entleerung der in dieser Welt ständig an Bedeutung gewinnenden Vernunft. Man schaut die Irren nicht länger durch die Perspektive von Tod und Hölle an, sondern sieht in ihnen nur eine Manifestation des *Nicht-Seins*. Der Wahnsinn verliert alle Attribute, die es erlauben würden, ihn mit irgendwelchen auf dieser Welt vorkommenden oder auch nur vorstellbaren Größen zu assoziieren. Im krassen Gegensatz zur Welt der Schöpfung sinkt er hinab zum baren *Nichts*. Die in dieser Zeit um sich greifende Praxis der Internierung Geisteskranker ist dann nicht etwa ein Akt der Unmenschlichkeit, sondern die konsequente Zuendeführung dieses Gedankens. Wenn der Wahnsinn das Nicht-Sein seines Trägers an den Tag bringt, so ist nichts folgerichtiger, als den damit Behafteten seinem Nicht-Sein zuzuführen, ihn, indem man ihn einschließt, von den übrigen Lebenden abzusondern und zum Verschwinden zu bringen.[48] – Der Gedanke ist derselbe, wie ihn schon die ägyptischen Totentexte kennen, nämlich die Ausstoßung der Götterfeinde in die ewige »Nicht-Existenz«.[49]

Im Gefolge der Aufklärung studiert der deutsche Gelehrte H. B. Wagnitz verschiedene Gefängnisse und Irrenanstalten. Von den letzteren schreibt er: »Sie sind ein offenes Grab, das die Elenden verschlingt, und seine Beute nur selten lebendig wieder herausgiebt.«[50] Die Korridore darin sind »Höllengänge«[51], wo die »edelsten aller erschaffenen Wesen ... wie leblose Inventarienstücke, 3, 4, 10, 30 und mehrere Jahre« aufgehoben werden.[52] In ihren Zellen »schlummern die Blödsinnigen in einem solchen Ideenleeren Raum noch mehr und zuletzt ganz ein, so daß zuletzt die Seele gar keine Kraft mehr hat, eine Vorstellung mit Bewußtseyn zu bilden«.[53] Wenn nach verschiedenen Rückfällen keine Hoffnung auf Genesung mehr besteht, müssen die Kranken »als abgestorbene Glieder der menschlichen Gesellschaft betrachtet werden«.[54]

Viel überraschender ist es, solche Feststellungen bei späteren Psychiatern zu finden, von denen man eigentlich schon anderes erwarten würde. Besonders ergiebig erweist sich in dieser Hinsicht Heinroths *Lehrbuch der Störungen des Seelenlebens* aus dem Jahr 1818. Schon in der Vorrede bemerkt Heinroth, der »eigentliche Gegenstand« seines Lehrbuches sei »alles echt menschlichen Lebens reiner Untergang und Tod«.[55] Diese Bemerkung scheint dermaßen unpassend für ein psychiatrisches Lehrbuch. Hätten wir uns nicht eingangs bereits mit den lebendigen

Toten beschäftigt, man wüßte mit einer solchen Aussage gar nichts anzufangen. Heinroth widmet einen ganzen Abschnitt seines Buches eigens der »Lebendigkeit«. Er spricht dort unter anderem von seelischer »Leere« und von »Entseelung«.[56] Der Grad der »Temperaments=Lebendigkeit« sei »das erste Moment und Materiale der Seelen=stimmung«.[57] Der Mensch, der von einer Geisteskrankheit bedroht ist, stehe in jeder Hinsicht »gesunken« da. Seine Seelenstimmung neige sich mehr und mehr »nach der finsteren Tiefe, nach der Hölle, aus welcher so selten und so schwer Erlösung zu finden ist«.[58] Das Wesen der Melancholie erblickt Heinroth in einem inneren Widerspruch. Für die Kranken sei dies »wahre Höllenqual: denn das Wesen der Hölle ist die Anschauung und das Gefühl dessen, was in sich eins ist als eines Getrennten«.[59] Von den Blödsinnigen sagt er, daß sie wohl »leiblich fortleben« und »dennoch geistig todt« seien.[60] »Denn das Leben, wenn es einmal den Stachel der Thätigkeit verloren hat, fällt der Trägheit, und mit dieser der Abstumpfung anheim, und sinkt immer tiefer in den Abgrund der Bestimmungslosigkeit, welche der Tod des Lebens ist.«[61] – Solche Aussagen muten eher wie altertümliche Kirchentexte an und nicht wie psychiatrische Beschreibungen von Tatbeständen. Sie spiegeln indes nicht nur Heinroths persönliche Meinung wider. Wir dürfen darin den Ausdruck und die Einstellung einer ganzen Epoche sehen. Im 18. und im 19. Jahrhundert wurde gerüchteweise viel von »Gespensten und Lebendigtoten« in psychiatrischen Kliniken gemunkelt.[62] Und selbst diese Phantasien müssen auf dem größeren Hintergrund der Zusammenhänge von Wahnsinn und Tod gewertet werden.

Je wissenschaftlicher die Psychiatrie wurde, und je emotionsloser die Verfasser der Lehrbücher sich auszudrücken bemühten, desto seltener tauchen derartige persönliche Bekenntnisse in der Fachliteratur auf. Bei achtsamem Lesen findet man dennoch da und dort das Bild der seelisch Kranken als Tote. Zum Beispiel zitiert Griesinger einen Patienten, der von sich selbst sagte, »der Geist des Lebens hat sich aus mir zurückgezogen«,[63] – was ganz dem Bild der lebendigen Toten entspricht. An anderer Stelle sagt Griesinger selbst: »die Pflegeanstalten dürfen keine Orte sein, denen das ›Lasciate ogni speranza‹ an die Stirne geschrieben ist.«[64] Mit diesem »laßt alle Hoffnung fahren«, das bekanntlich am Eingang von Dantes Inferno zu lesen ist[65], wird die Gleichung Klinik=Unterwelt, geisteskrank=tot von Griesinger ganz eindeutig gezogen. – Der entrüstete Tucker äußerte sich nach einem Besuch in der Anstalt von Sevilla, die er äußerst ungenügend fand: »Das ganze Institut ist eine erbärmliche Hölle, aber keine Heilanstalt.«[66] Kraepelin berichtet, Geisteskranke seien früher in »sargartige Gehäuse« gesteckt worden.[67] Pandy spricht von »sargähnlichen Verschlägen«.[68] Bezugnehmend auf die chronischen Krankheitsverläufe warnt Kraepelin vor der Gefahr des »geistigen Versinkens«.[69]

Meines Wissens zum letzten Mal wurde die Parallele Geisteskranke= Tote in der psychiatrischen Literatur zu Beginn dieses Jahrhunderts ganz konkret von dem amerikanischen Psychiater Carl Wickland gezogen. Wickland war der festen Überzeugung, daß Geisteskrankheiten dadurch entstünden, daß die Seelen von unerlösten Toten sich in Lebenden niederließen und in diesen Verwirrung stifteten. Wickland betrieb eine eigene Irrenanstalt. Er behandelte seine Patienten, indem er sie an spiritistischen Sitzungen teilnehmen ließ. Seine Frau war ihm dabei als Medium behilflich. Sie hatte die Aufgabe, die umherirrenden Geister gewissermaßen an sich zu ziehen, und sprach dann mit deren Stimme und Tonfall. Von Dr. Wickland wurden die toten Seelen sodann über ihre höhere Geistigkeit belehrt, von welcher sie bis anhin keine Ahnung gehabt hatten, was sie daran gehindert hatte, den Schauplatz ihres irdischen Lebens zu verlassen. Solcherart geläutert konnten die Geister aus ihren Opfern ausfahren und sich in höhere Regionen entfernen. Waren alle Geister aus einem Patienten ausgetrieben, stand der endgültigen Genesung nichts mehr im Wege. – Wickland legte seine Erfahrungen in einem umfangreichen Buch nieder, mit dem bemerkenswerten Titel *Dreißig Jahre unter den Toten*. Das Buch besteht im wesentlichen aus den Abschriften der Gespräche, die Wickland mit den aus seiner Frau sprechenden »Toten« führte. – Wirklich beweisend sind diese Aufzeichnungen natürlich nicht, weder für ein Fortleben nach dem Tode, noch für einen Zusammenhang zwischen Geisteskranken und Toten. Im Gegenteil, bei fortschreitender Lektüre lesen sich die Gespräche mit den »Toten« ziemlich monoton, und es drängt sich der Eindruck auf, daß Wickland und seine Frau ein bestens eingespieltes Team von Begeisterten waren, die, ohne es zu wissen, alten Exorzistenritualen verfallen waren und zweifelsohne glaubten, was sie erlebten. Dennoch ist das Buch ein wichtiges geistesgeschichtliches Dokument, weil es in seiner eindrucksvollen Art jene Tendenz des menschlichen Geistes aufzeigt, welche geneigt ist, geistige Gesundheit mit Leben und Geisteskrankheit – was immer das sein mag – mit den Toten in Verbindung zu bringen.[70]

Derartiges findet sich im modernen psychiatrischen Schrifttum natürlich nicht mehr. Nur vereinzelt kann man etwa Ausdrücke des Staunens finden über die wiedergefundene innere »Lebendigkeit« genesender Geisteskranker.[71] Manfred Bleuler spricht von »versteinerten« Schizophrenen, die unter geeigneter Behandlung »auftauen«, deren inneres »Leben« aber auch wieder verschwinden könne, wie es gekommen sei.[72]

Im allgemeinen lassen sich ernsthafte psychiatrische Wissenschaftler aber nicht mehr zu solch bildhafter Ausdrucksweise hinreißen. Statt dessen reden sie nüchtern von Störungen der »Ich-Vitalität«, von »Vitalgefühl« und von »Ich-Devitalisierung«. Für unsere Betrachtungsweise bemerkenswert ist dabei der Umstand, daß die moderne Psychopathologie die Störungen des Lebendigkeits*gefühls* als *die* grundlegende Störung des Ich-Bewußtseins ansieht.[73] Vergleicht man damit, was Heinroth 1818 über die vorrangige Stellung der »Temperaments-Lebendigkeit« aussagte (siehe oben S. 132), so sehen wir, daß die modernen sich im Grunde nicht so arg weit von den alten Denkweisen entfernt haben. – Wolfgang Loch, Professor für Psychoanalyse in Tübingen, scheut sich denn auch nicht, das Kind wiederum beim Namen zu nennen, wenn er sagt: »Die verdorbene, böse Welt, die Welt des Teufels, das Leben der Verdammten, der Schuldigen, dies alles kennen wir aus der Klinik zur Genüge.«[74]

Ein unerwartetes Schlaglicht fällt überraschend auf unser Thema aus einem Randgebiet der Psychiatrie, nämlich aus dem Studium der Vorgänge bei psychischer Folter.

Wie man weiß, sind totalitäre Regimes sehr daran interessiert, aus ihren politischen Gefangenen – im Kriegsfall aus Kriegsgefangenen – Geständnisse herauszupressen – wahre und unwahre –, die sie unter normalen Umständen niemals erhalten würden. Um dies zu erreichen, werden neben physischen Torturen auch psychische Zwangsmittel eingesetzt. Letztere sind bekannt als sogenannte *Gehirnwäsche* und führen früher oder später zum geistigen Zusammenbruch des Gefangenen. Meerloo, ein ursprünglich holländischer, später amerikanischer Militärpsychiater, der die Techniken der Gehirnwäsche untersuchte, nennt die Knechtung der Seele in der Gefangenschaft einen »mental death«, einen seelischen Tod.[75] Die Methode nennt er »Menticid«, Seelenmord.[76] – Damit wären wir wieder bei den seelisch Toten, denen wir die ganze Zeit auf der Spur sind.

Die besondere Raffinesse der psychischen Folter besteht darin, daß sie zuerst die destruktiven und chaotischen seelischen Strukturen des Gefangenen zu wecken versucht, um ihn sodann über seine eigenen Schwächen und inneren Widersprüchlichkeiten zu Fall zu bringen. Das Vorgehen ist vergleichbar mit gewissen ostasiatischen Selbstverteidigungstechniken, die ebenfalls die Energie des Gegners ausnützen, um zu einem Sieg über ihn zu kommen. Meerloo spricht in diesem Zusammenhang von einem Wekken des »inneren Höllenhundes«[77], von einem Aufbrechen der »inneren Hölle« des Gefolterten.[78] Der gleichzeitige Ansturm innerer und äußerer Quälereien erzwingt über kurz oder lang den seelischen Zusammenbruch. Der »seelische Tod«, der endlich die Befreiung von der unerträglichen Seelenpein bringt, erscheint dem Opfer zuletzt sogar attraktiv[79], bringt er doch die erlösende Abschirmung gegen alle weiteren, äußeren wie inneren Plagen. Meerloo vergleicht die Kapitulation des Gefangenen mit dem psychischen Krankheitsbild der Katatonie, jenem psychopathologischen Zustand, den man als ein »Maximum an Vermeidung« interpretieren könnte, und nennt sie die »Todesattitüde«.[80]

Wir werden im folgenden denselben Vorstellungen im Gedankengut der familiendynamisch orientierten Psychologen und Psychiater begegnen. Dort werden wir dieselben Bilder wiederfinden.

Mit der zunehmenden Verwissenschaftlichung der Psychiatrie sind die alten Bilder von Wahnsinn und Tod nämlich keineswegs verlorengegangen. Sie tauchen in kaum gewandelter Gestalt in der analytisch psychologischen und in der psychodynamisch ausgerichteten Literatur wieder auf, wo ja die Tradition einer intuitiven und spekulativen Seelenforschung und Seelenbehandlung fortlebt.

So stellte Sigmund Freud seiner *Traumdeutung* das bekannte

Vergilzitat voran, »Flectere si nequeo superos Acheronta movebo«[81], zu deutsch: Wenn ich schon die Götter nicht umzustimmen vermag, so will ich auf die Unterwelt Einfluß ausüben. – Freud sagt damit eindeutig und zweifelsfrei, auf welchem Weg er sich an die seelischen Störungen heranzumachen gedenkt.

Dieses Zitat scheint sich besonders gut zur Illustration der Anliegen der Seelenheilkunde zu eignen. Der bereits mehrfach erwähnte Johann Weyer verwendete es ebenfalls in seinem Standardwerk *De Praestigiis Daemonum* 1586. Er übersetzte es aber anders:

»So mich die Götter nicht erhörn/
wil ich wol zu den Teuffeln kehrn.«[82]

Man mag daraus ersehen, wie sich die Einstellung zu seelischen Belangen seit der Renaissance verändert hat.

Sich mit Träumen abzugeben und gar aus ihnen eine Bedeutung herauslesen zu wollen galt, wie man weiß, lange Zeit als Scharlatanerie und Hexerei.[83] Bis heute ist die psychologische Traumdeutung trotz der epochemachenden Arbeiten von Freud und vielen, die ihm auf diesem Weg gefolgt sind, über diesen Vorwurf nicht ganz erhaben. Die geistesgeschichtliche Bedeutung von Freuds Entschluß, sich der Träume für Diagnose und Therapie seelischer Störungen zu bedienen, mag man ersehen, wenn man sich vergleichsweise vor Augen hält, daß zum Beispiel Galen der Vorwurf gemacht wurde, er wäre mit dem *Teufel* im Bunde, weil er aus den Träumen seiner Patienten Rückschlüsse auf deren Krankheiten gezogen hatte.[84]

C. J. Jung, der den größten Teil seiner Lebensarbeit darauf verwendete, mythologische Bilder und seelische Vorgänge einander zuzuordnen, wies wiederholt darauf hin, daß der Abstieg in die Hölle, in die Unterwelt, wenn er in Träumen oder Phantasien auftaucht, einer seelischen Störung, einer Neurose oder Psychose entsprechen kann.[85] In seinem Vorwort zum *Tibetanischen Totenbuch* schreibt Jung explicit, daß die in der Unterwelt des Bardo Thödol geschilderten Zustände von Gespaltenheit als das anzusehen seien, was wir Schizophrenie nennen.[86]

Gaetano Benedetti, einer der Vorkämpfer und international anerkannter Fachmann auf dem Gebiet der Psychotherapie von Psychosen, führt in seinem Buch *Klinische Psychotherapie* den Leser verschiedentlich ins Jenseits. Gleich an den Beginn seiner Ausführungen stellt er ein Zitat aus Dantes Inferno.[87] Sodann spricht er von den »entmenschlichten Bereichen« in der Seele der Kranken, von »Weltfremdheit«[88], »innerem Tod«[89], und »ungelebtem Leben«.[90] Schließlich apostrophiert er den Arzt als einen »phantastischen Vergil in den Höllen psychotischer Wandlungen«.[91]

Neuerdings hat in der familiendynamisch orientierten Schizophrenieforschung – wohl in Anlehnung an das, was man heute über psychische Folter weiß (s. S. 134 ff.) – jene alte Idee, daß Menschen sich gegenseitig durch Zauber töten können, neuen Boden gewonnen in der Vorstellung, man könne durch ein bestimmtes Verhalten einen anderen *seelisch* umbringen. Es macht sich in der psychologischen Literatur der letzten Jahre die Überzeugung breit, man könne einen Menschen in den Wahnsinn treiben, wie in den Tod.[92]

Der Ablauf ist dabei der folgende: Als Voraussetzung für einen »seelischen Mord« bedarf es in geeigneten Familien einer während mehrerer Generationen zunehmenden psychischen Labilität.[93] Mit der Zeit häuft sich in solchen Familien immer mehr Verrücktheit an – in den Ansichten, in den Gewohnheiten, im Kommunikationsstil etc. –, bis sie ein kritisches Ausmaß erreicht und für alle Familienmitglieder bedrohlich zu werden beginnt. Jeder versucht dann als möglichst vernünftig davonzukommen und die Verrücktheit einem anderen zuzuschieben.[94] Es entbrennt ein heftiger unterschwelliger Kampf um die Frage, *wer* die Rolle des hilflosesten und abhängigsten und damit des verrücktesten Familienmitglieds, fortan die Rolle des *Patienten*, übernimmt.[95] Bateson und Mitarbeiter sprechen von einem »Kampf auf Leben und Tod«.[96] »Psychosewünsche« bestehen dann analog zu »Todeswünschen«.[97] »Das Bemühen, jemanden zum Wahnsinn zu treiben, kommt psychologisch einem Mord gleich ... es ist der Versuch, jemanden zu zerstören, ihn so gründlich loszuwerden, wie wenn er physisch zerstört wäre.«[98]

Die besondere Art gegenseitiger Abhängigkeit in solchen Familien bringt es mit sich, daß das »Opfer« dieses unbarmherzigen Kampfes aus seiner Niederlage paradoxerweise einen Gewinn zieht, für den es sich lohnt verrückt zu werden. Die eigene Verrücktheit garantiert ihm nämlich die Stabilität jener Bezugsperson, von der es so sehr abhängig ist. Meist handelt es sich um die Mutter. Das grausame Manöver scheint beiden Teilen zu nützen. Denn »die Gefühle, die beide im Hinblick auf den Verlust des anderen erleben, werden gleichgesetzt mit Tod«.[99] »Der Patient lebt sein Leben so, als müßte die Mutter ohne seine ›Hilfe‹ sterben und als würde er, wenn die Mutter stirbt, ebenfalls sterben«.[100] Das Dilemma des Schizophrenen wird folgendermaßen formuliert: »Ich möchte leben, aber ich muß mein Leben opfern, um jene zu schützen, von denen mein Überleben abhängt«.[101]

Der schizophrene Dichter Alexander März spricht in diesem Zusammenhang von »Präventiv-Mord auf Gegenseitigkeit«.[102]

Dasjenige Familienmitglied, das zum Sündenbock abgestempelt ist und schizophren wird, übernimmt die wichtige, wenn auch kaschierte Rolle, die labile Pseudo-Gemeinschaft der Familie aufrechtzuerhalten.[103]

Was hier mit psychologischen Worten auf der Ebene unbewußter Vorgänge formuliert wird, das hat es in Frankreich im ausgehenden 18. Jahrhundert in Form der *Familientribunale* tatsächlich, öffentlich und legal gegeben. Ein Dekret von 1790 erklärte die Familie zur elementaren Zelle bürgerlicher Rechtssprechung, die in Fragen des Fehlverhaltens, der Ordnungslosigkeit, der verschiedenen Formen der Unfähigkeit und des Wahnsinns alle Vorrechte eines Gerichtshofes genoß.[104] Damit waren der familiären Willkür und Tyrannei Tür und Tor geöffnet. Viele unschuldige Opfer landeten auf diesem Wege in den Asylen, bloß weil es ihren Familien so gefiel.[105] – Aus dem Gebiet dämonischer Besessenheit weiß man es übrigens schon lange, daß Verwünschungen durch Familienangehörige schlimmere Folgen haben als durch Fremde.[106]

Helm Stierlin untersuchte in Heidelberg Familien, in denen ein Familienmitglied vom Ausbruch einer Geisteskrankheit bedroht war. Er konnte feststellen, daß die von Schizophrenie bedrohte Person mit ihren Angehörigen teils überaus eng verbunden war, teils aber völlig isoliert von ihnen lebte. Angesichts dieses Widerspruchs spricht Stierlin wörtlich von »lebendigen Toten«.[107] – Ist die Entscheidung, wer welche Rolle zu spielen habe, erst einmal gefallen, so läßt sich mit Searles abschließend feststellen, »daß eine Psychose, die schwer genug ist, jahrelange Hospitalisierung zu erfordern, in der Tat dazu dient, den Patienten fast so wirksam an der ständigen Teilnahme am Leben beispielsweise einer Familie zu hindern, wie sein Tod es tun würde«.[108]

In einem Brief an den Internationalen Gerichtshof in Den Haag fragt Alexander März, wieso der psychische Mord, d. h. die psychologische Vernichtung eines anderen durch Verrücktmachen, nicht bestraft werde.[109]

Alice Miller[110] sieht den Zeitpunkt, an dem der »seelische Mord« geschieht, in der allerfrühesten Kindheit. Die mörderische Konstellation in einer Familie ist gegeben, wenn Eltern das Kind in sich selbst, das sie selber einmal waren, »ermordet« haben[111], d. h. wenn sie jede Hoffnung auf ein eigenes Leben im Keim erstickt haben.[112] Solche Eltern, die sich verboten haben, ihr eigenes »Lebendiges« zu leben[113], haben ihre »Seele gemordet«. Sie haben in ihren Ehen, im Beruf und in allen sonstigen Beziehungen ihre Lebendigkeit aufgegeben zugunsten von Konventionen und den Erwartungen anderer[114] und haben sich im Leben als lebende Unlebendige arrangiert. Sie haben keine eigenen Bedürfnisse mehr, keine spontanen Gefühlsregungen mehr, sie sind nur mehr ein Schatten von anderen. Sie sind »seelisch tot«.[115]

Wenn solche Eltern Kinder bekommen, dann sind sie erneut mit dem Problem des aufkeimenden individuellen Lebens konfrontiert. Durch ihre Kinder werden sie peinlich an das eigene abgetötete Leben erinnert. Das Vitale ihrer Kinder bedeutet für sie eine Gefahr. Sie müssen befürchten, an der Wahrheit ihrer Kinder zu »sterben«.[116] Falls die Kinder sich lebendig entfalten würden, könnten sie ihre Eltern »ins Grab bringen«.[117] Deshalb greifen solche Eltern bereitwillig zu den Erziehungsmethoden einer »schwarzen Pädagogik«, um das Lebendige ihrer Kinder zu verfolgen.[118] Bereits die ersten vitalen Regungen des Kindes werden bestraft »mit der Tötung des Lebendigen«.[119] Sowenig Respekt die Eltern in ihrer eigenen Kindheit erfuhren, sowenig sind sie in der Lage, Respekt vor dem Eigenleben ihrer Kinder zu haben. Der Mangel an Respekt vor dem Leben ist die Grundvoraussetzung für den »seelischen Tod«.[120]

Die herkömmlichen Mittel zur Unterdrückung des Lebendigen sind: Fallen stellen, Lügen, Listanwendung, Verschleierung, Manipulation, Verbreitung von falschen Informationen und Meinungen, Ängstigung, Liebesentzug, Isolierung, Mißtrauen, Demütigung, Verachtung, Spott, Beschämung, Gewaltanwendung bis zur Folter.[121] Im Kind entsteht unter einer derartigen Behandlung ein unlösbarer Konflikt zwischen der Sehnsucht nach seinem wahren Selbst und der Notwendigkeit der Anpassung an die Bedürfnisse der Eltern.[122] Kinder werden von ihren Eltern »seelisch kaputtgeschlagen«[123], bis »von diesem Leben keine Spur mehr übriggeblieben ist«.[124] Es ist eine »Hölle, die niemand als Hölle ansieht«.[125] Die auf Kosten der Lebendigkeit »gelungene« Erziehung führt nicht selten zu Selbstmord und Drogenabhängigkeit.[126] Ein Mensch, der gar nicht sein eigenes Leben lebt, trennt sich leicht von diesem Leben. Schwere seelische Störungen wie Neurosen und Psychosen sieht Alice Miller als eine Reaktion auf den in der Kindheit erlittenen Seelenmord.[127]

Die lange schon bekannte Idee des »Seelenverlustes« und des »Seelenraubes« erhält in den modernen psychologischen Theorien ein neues Gewand, eines das endlich ohne magischen Glauben an unfaßbare Geister zugeschnitten wurde.

Es ist nun nicht meine Aufgabe zu überprüfen oder gar zu beweisen, wie groß der Wahrheitsgehalt der vorgebrachten Theorien ist. Sie sind an sich schon bemerkenswert genug. Sie werden aber noch um einige Grade bemerkenswerter, wenn man daneben das analoge Verhältnis betrachtet, welches die Lebenden und die Toten verbindet.

Über dieses Verhältnis läßt sich nämlich durchaus Vergleichbares sagen. Die Sippe ist ja ursprünglich nicht bloß eine Gemeinschaft der Lebenden. Sie besteht vielmehr aus den Lebenden *und* den Toten. Die Toten leben *in* der Familie, im Dorf gewissermaßen weiter, solange ihr Andenken noch lebendig ist. Der Tote sieht und hört alles, was um ihn herum vorgeht.[128] Er spricht sogar und bewegt sich. Er ist – und hier sind wir wieder im Zentrum unseres Themas – ein »lebender Leichnam«, weshalb auf ihn besonders Rücksicht genommen werden muß, als handelte es sich um einen Lebenden.[129]

Es entspricht der geistigen Entwicklungsstufe des magischen Denkens, unreflektierte eigene Gefühle und Ideen wie handgreifliche Sachen zu erleben. Unstimmigkeiten, Haß, Neid, Eifersucht und Mißgunst, von denen man gegen den Verstorbenen zu dessen Lebzeiten erfüllt gewesen sein mag, lassen im Moment des Todes die nagende Ungewißheit aufkommen, ob der Tote auf natürliche Weise umgekommen sei oder ob jemand ihn vielleicht durch böse Wünsche oder geheimen Zauber umgebracht habe.

Robert J. Smith erwähnt den Fall einer alten Frau zur Zeit des 2. Weltkriegs, als Nahrungsmittel in Japan knapp waren. Ihr wurde von einem herzlosen Mann nahegelegt sich umzubringen, da sie doch nichts mehr leistete und den anderen nur die ohnehin raren Nahrungsmittel wegäße. Daraufhin erhängte sich die Frau. Ihr Geist aber verfolgte den Mann, der sie in den Tod geschickt hatte.[130]

Ursprünglich galt *jede* Todesart, mit Ausnahme des Alterstodes, als willkürlich und gewaltsam, folglich als vorzeitig und schlecht.[131] Man stellte sich vor, daß solchen Toten noch ein gewisses Quantum nicht aufgebrauchter Lebenskraft innewohne und daß sie darum umgehen müßten bis zu dem Zeitpunkt, da sie normalerweise gestorben wären.[132]

Nach indischer Anschauung beträgt die normale Lebensdauer des Menschen 100 Jahre. Nur wer dieses hohe Alter erreicht, stirbt eines natürlichen Todes. Vorher stirbt man an Krankheiten, also vorzeitig. Schopenhauer schloß sich dieser Ansicht an.[133]

Tatsächlich gibt es – abgesehen vom Wunschzauber, der nie so genau überprüft werden kann – Mittel und Wege, den Hinübergang einer Seele zu beschleunigen.[134] Zum Beispiel kann jemand auf das Dach des Hauses, in dem ein Kranker liegt, hinaufklettern und durch den Rauchfang – durch den die Seele beim Tod das Haus verläßt – hinunterrufen: »N. N. komm heraus. Der Herr erwartet dich.« Und es soll vorkommen, daß der so Angerufene antwortet: »Ich will nicht.«[135] – Man kann einem Sterbenden auch Probleme und Krankheiten gewissermaßen mitgeben, in der Hoffnung, sie dadurch für immer loszuwerden.[136]

Wer aber durch Gewalt oder einen Unglücksfall zu Tode kam, der kann nicht in die jenseitige Seligkeit eingehen. Ruhelos schweift seine Seele um den ehemaligen Wohnort herum. Die Überlebenden erfüllt das furchtbare Gefühl, oder besser: das *Wissen* um die Gegenwart einer solchen unglücklichen und selbstverständlich rachsüchtigen Seele.[137]

Damit bekommen die Toten Macht über die Lebenden.

Es ist sehr bezeichnend für den ambivalenten Charakter der Familienbande, daß nahe und liebe Verwandte besonders in Gefahr sind, von den Toten nachgeholt zu werden.[138] So ist es denn auch die eigentliche Absicht der Totenklage, den Verdacht einer Mitschuld am Tode des Verstorbenen von sich abzulenken und den Toten zu versöhnen. Er soll hören, daß man um ihn trauert, und es soll ihm Eindruck machen![139]

Im Kaukasus gab es übrigens eine der Totenklage vergleichbare psychiatrische Heilmethode, wozu man Gäste einlud, die zu Musik öffentlich weinten und schluchzten.[140]

Auf jeden Fall muß vermieden werden, daß der Tote wiederkehrt.[141] Man versucht, ihm sein Totsein schmackhaft zu machen. Man redet ihm ein, daß er an einen angenehmen Ort gehe und es fortan schöner habe als die Hinterbliebenen, die weiterhin die Mühsal des irdischen Lebens ertragen müssen.[142]

Alexandra David-Neel zeichnete in Tibet eine solche apotropäische Rede auf, die ein Verwandter dem Verstorbenen hielt:

»Höre zu, Tenzing, du bist tot. Du hast hier nichts mehr zu suchen. Wir brauchen dich hier nicht. Geh deiner Wege.

Deine Gläubiger sind gekommen. Sie haben deine Rinder und deine Pferde beschlagnahmt. Sie haben deine Kinder mitgenommen, um aus ihnen ihre Bediensteten zu machen und so ein wenig von deinen Schulden einzuziehen.

Deine Frau ist nicht mehr im Hause. Sie ist daraus vertrieben worden, damit deine Gläubiger darüber verfügen oder es verkaufen können.

Da sie noch arbeitsfähig ist, hat Tseundup sie zu sich genommen. Er macht aus ihr seine zweite Frau.

Wenn du all dies sähest, täte es dir weh. Aber du kannst nichts daran ändern, du kannst kein Feld mehr bestellen, kein Werkzeug mehr gebrauchen. Es ist somit zwecklos, daß du wieder herkommst und hier umherstreichst. Wir haben dich gut genährt, das genügt. Geh, wo du hingehen mußt, und störe uns hier nicht weiter.«[143]

Grundsätzlich ist das Verhältnis zu den Toten immer von einem doppelten Anliegen bestimmt. Die Toten werden immer zugleich geliebt *und* gefürchtet. Alles Brauchtum der Toten- und Begräbniskulte zielt ursprünglich darauf hin, dem Toten die ewige Seligkeit zu ermöglichen und gleichzeitig die Lebenden vor einer Wiederkehr des Toten, und damit vor Schaden, zu bewahren.

In Analogie zu dem, was über die Familienbeziehungen der Geisteskranken gesagt wurde, sind auch die Toten nicht in der Lage aus eigenen Stücken weiterzuleben. Für ihr Fortleben sind sie völlig von den Opfergaben abhängig, welche die Lebenden ihnen zu kommen lassen.[144] Diese merkwürdige Paradoxie, daß die Toten fürchterlich sind, obwohl sie kraftlos sind, und daß sie ohnmächtig sind, wiewohl man sich ständig bewußt ist, was sie Schreckliches anzustellen vermögen, kommt in praktisch allen Kulturen vor.

Die eindrucksvollsten Zeugnisse des Glaubens an die materiellen Bedürfnisse der Toten stellen die Grabbeigaben der alten Ägypter dar. In Ägypten, aber auch im alten China, wurden ungeheure Summen für die Erhaltung der Gräber und die täglich darzubringenden Opfergaben verwendet. Den Toten kamen in ihrer Eigenschaft als Ahnen und Begründer des Menschengeschlechts göttliche Qualitäten zu. Um sie »am Leben« und wohlgesinnt zu erhalten, wurden Stiftungen eingerichtet, welche ganze Dorfschaften und die Staatskasse oft auf Jahrhunderte hinaus schwerstens belasteten und schließlich zu deren Zusammenbruch führen mußten. Im Verlaufe der chinesischen Geschichte haben immer wieder Söhne ihr Vermögen geopfert, um ihre Eltern würdig zu bestatten. Es ist sogar vorgekommen, daß sie sich verkauften, um ihren Eltern ein prächtiges Begräbnis bereiten zu können.[145]

Durch ein gegenseitiges Abhängigkeitsverhältnis sind Lebende und Tote auf eine liebenswürdige und erbarmungslose Weise untrennbar aneinander gekettet: die Toten bedürfen für ihr Weiterleben der Zuwendung der Lebenden. Die Lebenden sind auf das Wohlwollen der Toten angewiesen, was sie zu den großartigsten Opfern und Aufmerksamkeiten motiviert.[146]

Übertragen wir nun diese Verhältnisse auf die Familien von Geisteskranken, so könnte man sagen, der Kranke sei, ähnlich wie der Tote, darauf angewiesen, daß seine wichtigsten Bezugspersonen in der Familie gesund bleiben. Diese wiederum sorgen mit ihren ganz besonderen Zuwendungen dafür, daß der Kranke ›schön brav‹ krank bleibe. Eingedenk der Belastung, welche aus der im Raume schwebenden und – das spüren alle Beteiligten – nicht befriedigend gelösten Frage resultiert, wer denn nun eigentlich der Verrückte in der Familie sei, sind die Angehörigen zwar am ›Wohlergehen‹ des Patienten interessiert – meist wird darunter Stabilisierung, wo nicht gar Zementierung seines Zustandes verstanden –, nicht aber an seiner Gesundung. Man kann immer wieder beobachten, daß Eltern von Geisteskranken ausgerechnet dann störend in die Behandlung eingreifen, wenn es dem Kranken besser zu gehen beginnt. Eine Besserung im Befinden des Patienten führt nämlich nicht so selten zu einer seelischen Störung bei einem Elternteil oder einem Geschwister.[147]

Es ist geradezu erstaunlich, wieviel ungenügend behandelte Geisteskranke frei herumlaufen und von ihren Familien toleriert werden, obwohl ihr Zustand objektiv recht unbefriedigend ist. Dabei drängt sich der Verdacht auf, daß die Familien damit ganz zufrieden sind und daß sie den Kranken oftmals gar keine optimale Behandlung zukommen lassen *wollen*, weil sie sie krank brauchen für die Aufrechterhaltung des familiären Gleichgewichts. – Die

»Toten« sollen »tot« bleiben und nicht durch ihre Wiederkehr den Seelenfrieden der Lebenden stören!

In Ägypten war der Satz sprichwörtlich, daß Leistung für den Toten »nützlicher ist für den, der sie tut, als für den, dem sie getan wird«.[148] Und aus dem alten Griechenland ist überliefert, daß eine Verhinderung der Begräbnisfeierlichkeiten »schlimmer ist für den Hindernden als für die des Begräbnisses nicht teilhaftig Gewordenen«.[149] Solche Feststellungen sind psychologisch interessant. Denn sie implizieren, daß man sich einigermaßen bewußt war – ob man es aussprach oder nicht –, daß der große Aufwand, den man angeblich für die Toten trieb, daß das ganze Riesenspektakel des Ahnenkults erstlich und letztlich von den Lebenden für die Lebenden inszeniert wurde. – Dies sollte man sich vor Augen halten, wenn man den ›Krankheitsgewinn‹ der Geisteskranken gegen den Gewinn der gesundgebliebenen Familienmitglieder abwägt. Sind nicht vielleicht auch die monumentalen psychiatrischen Mausoleen, in denen so viele »arme Seelen« auf immer »versenkt« werden, nützlicher für diejenigen, die diesen Kult eingerichtet haben, als für die, denen er angeblich gilt? – Ließe man die störenden »Geister« weiterhin ihr irres Treiben ungehindert vollführen anstatt sie einzuschließen, die Beunruhigung wäre sicherlich größer für diejenigen, die dann niemanden einzuschließen hätten, als für die »der Einschließung nicht teilhaftig Gewordenen«.

Anmerkungen

1 Böcher, S. 18 u. 152 ff.; Stemplinger, S. 5.
2 Platon, Phaidros 244e.
3 Bächtold-Stäubli, III, 484; v. Dam, S. 83.
4 Rohde, Bd. II, S. 4.
5 Sophokles, Die Trachinierinnen, v. 1235-1236.
6 Ackerknecht, S. 1; Manninen, passim;
7 Rohde, Bd. I, S. 8; Manninen, passim;
8 Spieß, S. 150.
9 v. Dam, S. 23.
10 S. dazu auch Matthäus 22,30.
10a J. Meyer, S. 8 u. 15.
11 Böcher, S. 22.
12 Bächtold-Stäubli III, 559; v. Dam, S. 102, 103.

13 Shakespeare, Hamlet I, 4, 73-74.
14 Kroll, S. 245.
15 Hargous, S. 39.
16 Grimms Märchen »Die Boten des Todes«.
17 Bächtold-Stäubli VI, 813; v. Dam, S. 25; v. Glasenapp, S. 22; Manninen, passim.
18 Storå, S. 200.
19 Eliade, S. 201.
20 Kroll, S. 249.
21 v. Dam, *Dämonen und Besessene,* S. 131 ff. u. 154 ff.
22 W. F. Otto, S. 70.
23 Justinus, Apologia I, 12, 18, 26; II, 1.6; zit. n. Dam, S. 87.
24 C. C. F. Lactantius, Divinarum institutionum lib. IV, 27, 1 ff.; zit. n. Dam, S. 89.
25 Kriss u. Kriss, *Volksglaube im Bereich des Islam,* Bd. I, S. 11.
26 Zit. n. Guido Huber, *Das Fortleben nach dem Tode,* S. 78.
27 Hargous, S. 40, 55. Diese Ansicht ist weit verbreitet, s. a. Manninen, S. 151 ff.
28 Ebda., S. 62.
29 Ebda., S. 60; Manninen, S. 151.
30 Eliade, S. 198; Storå, S. 194 f.
31 Ackerknecht, S. 18. Im selben Sinne auch Bächtold-Stäubli VIII, 741.
32 Paracelsus, *Von den unsichtbaren Krankheiten,* S. 27.
33 Zit. n. Weyer, S. 289.
34 Bächtold-Stäubli IV, 232.
35 Höhlenbuch, 34, 5 f.; In: Hornung, *Altägypt. Höllenvorstellungen,* S. 11. Sperrungen hier und im folgenden von F. L.
36 Ebda., S. 12.
37 Strack-Billerbeck IV, 1098.
38 Glasenapp, S. 28.
39 Swedenborg, § 543, § 578.
40 Weyer, S. 110.
41 David-Neel, S. 80.
42 Foucault, S. 33 ff.
43 Alle: Foucault, S. 34.
44 Erasmus von Rotterdam, *Lob der Torheit,* S. 34.
45 Weyer, S. 53/54.
46 Weyer, S. 156.
47 Burton, S. 69.
48 Foucault, S. 253.
49 Hornung, *Altägypt. Höllenvorstellungen,* S. 32.
50 Wagnitz, Bd. II/2, S. 265.
51 Ebda., Bd. II/2, S. 250.

52 Ebda., Bd. II/2, S. 242.
53 Ebda., Bd. II/2, S. 252.
54 Ebda., Bd. II/2, S. 245.
55 Heinroth, Bd. I, S. 31.
56 Ebda., Bd. I, S. 198 ff.
57 Ebda., Bd. I, S. 203.
58 Ebda., Bd. I, S. 224.
59 Ebda., Bd. I, S. 384.
60 Ebda., Bd. I, S. 391.
61 Ebda., Bd. II, S. 132.
62 Pandy, S. 278.
63 Griesinger, S. 243.
64 Ebda., S. 225.
65 Dante, Inferno III, 9.
66 Zit. n. Pandy, S. 458.
67 Kraepelin, Bd. I, S. 629.
68 Pandy, S. 444.
69 Kraepelin, Bd. I, S. 607.
70 Siehe dazu Jesu Austreibung der Dämonen aus einem Besessenen. Matthäus 8,28-34; Markus 5,1-20; Lukas 8,26-39.
71 H. C. Rümke, *Über alte Schizophrene.*
72 M. Bleuler, *Die schizophrenen Geistesstörungen,* S. 276 u. 349.
73 Ch. Scharfetter, *Allg. Psychopathologie,* S. 36 ff. u. 47 ff.
74 W. Loch, *Psychogenetische Aspekte der Depression,* S. 30.
75 J. A. M. Meerloo, *The Rape of the Mind,* S. 96 u. 163.
76 Ebda., S. 90 u. 276.
77 Ebda., S. 79.
78 Ebda., S. 120.
79 Ebda., S. 163.
80 Ebda., S. 119.
81 Vergil, Aeneis VII, 312.
82 Weyer, S. 111.
83 R. Scot, *The discoverie of witchcraft,* London 1584, S. 177.
84 Ebda., S. 178.
85 C. G. Jung, *Ges. Werke* Bd. V, S. 532; Bd. XII, S. 385 ff.
86 *Tibet. Totenbuch,* S. 29.
87 G. Benedetti, *Klinische Psychotherapie,* S. 21.
88 Ebda., S. 91.
89 Ebda., S. 146.
90 Ebda., S. 190.
91 Ebda., S. 90.
92 Siehe zum Beispiel M. Schatzman, *Soul Murder,* Persecution in the Family. Dies in Anlehnung an Schreber, *Denkwürdigkeiten eines Nervenkranken.*

93 M. Bowen, Die Familie als Bezugsrahmen für die Schizophrenieforschung, in: *Schizophrenie und Familie,* S. 190.
94 H. F. Searles, Das Bestreben, den anderen verrückt zu machen – ein Element in der Ätiologie und Psychotherapie der Schizophrenie, in: *Schizophrenie und Familie,* S. 143.
95 L. C. Wynne, I. M. Ryckoff, J. Day, St. J. Hirsch, Pseudo-Gemeinschaft in den Familienbeziehungen von Schizophrenen, in: *Schizophrenie und Familie,* S. 52.
96 G. Bateson, D. D. Jackson, J. Haley, J. H. Weakland, Auf dem Wege zu einer Schizophrenietheorie, in: *Schizophrenie und Familie,* S. 41.
97 H. F. Searles, in: *Schizophrenie und Familie,* S. 141.
98 H. F. Searles, in: *Schizophrenie und Familie,* S. 138.
99 M. Bowen, in: *Schizophrenie und Familie,* S. 211.
100 Ders., S. 207.
101 B. B. Wolman, *Exploration in latent Schizophrenia.*
102 Kipphardt, *März,* S. 107 u. 215.
103 Wynne et al., in: *Schizophrenie und Familie,* S. 65, 66.
104 Foucault, S. 464-465.
105 Ebda., S. 489.
106 v. Dam, S. 261.
107 H. Stierlin, *Das von Schizophrenie bedrohte Familienmitglied,* S. 8.
108 Searles, in: *Schizophrenie und Familie,* S. 139.
109 Kipphardt, S. 41.
110 Alice Miller, *Am Anfang war Erziehung.*
111 Ebda., S. 236.
112 Ebda., S. 259.
113 Ebda., S. 264.
114 Ebda., S. 92.
115 Ebda., S. 117.
116 Ebda., S. 291.
117 Ebda., S. 289.
118 Ebda., S. 15.
119 Ebda., S. 131.
120 Ebda., S. 83.
121 Ebda., S. 77, 78.
122 Ebda., S. 132.
123 Ebda., S. 269.
124 Ebda., S. 86.
125 Ebda., S. 203.
126 Ebda., S. 128.
127 Ebda., S. 9, 241.
128 Storå, S. 230, 232.

129 Bächtold-Stäubli v, 1025.
130 Smith, S. 125, 126.
131 Rohde, Bd. I, S. 1.
132 Bächtold-Stäubli VIII, 971 ff.; Smith, S. 41 ff.
133 A. Schopenhauer, *Vom Unterschiede der Lebensalter,* Bd. II, S. 642.
134 Storå, S. 207.
135 Christiansen, S. 19.
136 Bächtold-Stäubli v, 1163.
137 Grabowsky, S. 181.
138 Grabowsky, S. 183; Bächtold-Stäubli VI, 814; VIII, 971; Smith, S. 124; Storå, S. 213, 218; Calmet, S. 58.
139 Bächtold-Stäubli, VIII, 1071.
140 Pandy, S. 502.
141 Storå, S. 260 ff.
142 Grabowsky, S. 193.
143 David-Neel, S. 68.
144 v. Sydow, S. 17; Layard, S. 389; Ahern, S. 225; Smith, S. 127.
145 P. Pelliot, *Die Jenseitsvorstellungen der Chinesen,* S. 70.
146 Ahern, S. 91; Smith, S. 123; Toynbee, S. 34.
147 Bateson et al., in: *Schizophrenie und Familie,* S. 35.
148 Morenz, *Ägypt. Totenglaube,* S. 431.
149 Rohde, I, S. 201.

Die Toten und die Lebenden
Die Kranken und die Gesunden

Denkt man sich die beiden Begriffe »tot« und »geisteskrank« als synonym, dann werden viele Eigentümlichkeiten beider Bereiche verständlich. Die Isolierung der Geisteskranken, vor allem der Unheilbaren, von den Gesunden findet nämlich ihre exakte Entsprechung in den verschiedenen Ritualen, durch welche die Toten von den Bereichen der Lebenden abgesondert werden.

Die meisten Völker sind ursprünglich der Ansicht, daß die Persönlichkeit des Menschen keineswegs mit dem Tode erlischt.[1] Der Tote lebt weiter. Er sieht und hört alles, was um ihn herum geschieht.[2] Ein Toter kann sich unter die Lebenden mengen. Umgekehrt können auch die Lebenden die Toten in ihren Wohnstätten besuchen. Das ist ein allgemeiner, weit verbreiteter Glaube.[3]

Daß dem Toten noch etwas vom Lebenden anhaftet, ist übrigens bis in jüngste Zeit ersichtlich, so z. B. aus der deutschen Eisenbahnverordnung vom 23. 12. 1908, §§ 44 ff., welche unter anderem vorsieht, daß Leichen mit *Personen*zügen zu befördern seien, nicht mit Güterzügen.[4]

Hand in Hand mit der Vorstellung vom Fortleben der Toten findet sich auch die Idee, daß der Mensch im Tode an Wissen und Macht gewinne.[5] In der Phantasie werden die Toten erhöht, während die Überlebenden mit allen Schwächen und Mängeln des Erdendaseins behaftet bleiben. Die daraus resultierende Ungleichheit führt zu der ungemein häufigen *Furcht der Lebenden vor den Toten.*[6]

Nach nordischer Überlieferung sind die Toten größer als die Lebenden.[7] Unheimliche Tote, besonders Zauberer, wachsen.[8] Mit Hilfe der Totengötter, der Ahnen!, werden die Toten mächtiger als sie es im Leben waren.[9] Solche und ähnliche Ansichten sind vielfach belegt.[10]

Viele Volksbräuche gehen von der Annahme aus, die Toten seien von Natur böswillig.[11] Die Meinungen darüber sind allerdings nicht ungeteilt. Verschiedentlich herrscht auch die Ansicht, die Toten hätten überhaupt keine Bewußtheit.[12] Daher der Schluß, sie seien unberechenbar, launisch und im juristischen Sinne unzurechnungsfähig. Dies ein Grund mehr, sie zu fürchten.

Von den Ibos in Westafrika wird berichtet, daß sie ihre alten und kranken Stammesmitglieder unbarmherzig aus der Gemeinschaft ausstoßen und bedenkenlos in der Wildnis umkommen lassen. Sobald jene aber gestorben sind, trägt man ihre Leichname feierlich ins Dorf zurück und umgibt sie mit höchsten Ehren. – Ein Mann, der auf diese Weise seine Mutter hatte umkommen lassen, sagte dazu: »Warum hätte ich mich früher um sie kümmern sollen? Sie konnte mir ja nicht schaden. Aber jetzt, da sie tot ist, könnte sie mir schaden.«[13]

Die Angst der Lebenden wird verstärkt dadurch, daß die Hinterbliebenen sich ihrer Unschuld im Bezug auf den Tod des Verstorbenen nie so ganz sicher sind (siehe S. 140 ff.). Die Toten, die – so nimmt man wenigstens an – natürlich lieber am Leben geblieben wären und aus ihren Erdentagen ohnehin noch manchen Groll im Herzen tragen, gelten als reizbar, zornig und leicht kränkbar. Es heißt, daß sie die Lebenden um deren Leben beneiden.[14] Gewisse Tote haben eine geradezu unbändige Gier nach Blut und Leben. Zwar wissen sie oft nicht einmal, daß sie tot sind (s. S. 46). Dennoch sind sie ständig geplagt von einem sehnsüchtigen Unbehagen, von welchem sie nur die Teilhabe am Leben der Lebenden für kurze Zeit befreien kann.[15] Deshalb müssen die Lebenden alles vermeiden, was den Toten zu sehr an sein früheres Dasein erinnern oder ihn gar zurückrufen könnte. Er möchte sonst den Seinen bei Tag als Geist oder nachts in den Träumen erscheinen, sie quälen, krankmachen, oder sogar ihren Tod verursachen.[16] – Der Umgang mit Toten ist für die Lebenden sehr gefährlich. Niemand fühlt sich neben einer Leiche wohl in seiner Haut. Man soll darum die Toten nicht ansprechen[17], nicht berühren und nicht von ihren Speisen essen. Konfuzius sagt, daß es weise sei, die Geister zu achten, aber ihnen gegenüber Zurückhaltung und Abstand zu wahren.[18] Die Welt der Lebenden und die Welt der Toten halte man tunlichst voneinander getrennt.[19]

Bei vielen Naturvölkern ist die Angst vor der Wiederkehr der Toten so ausgeprägt, daß sie ihre Dörfer verlassen und sich an einem anderen Ort ansiedeln, wo sie hoffen, von dem Geist des Verstorbenen nicht gefunden zu werden.[20] Nicht einmal dem toten Freunde ist zu trauen. So sagt der Held Gilgamesch nach dem Tod seines Gefährten Engidu:

»Mir graute vor meines Freundes Aussehen,
Ich erschrak vor dem Tod, daß ich lief in die Steppe . . .«[21]

Um den Angehörigen die Mühe eines Umzugs zu ersparen, legen Personen, die ihren Tod herannahen fühlen, oft weite Strecken zurück, damit sie nicht im eigenen Dorf in der Nähe ihrer Lieben sterben. Mögen die Familienbande auch noch so innig sein, die Lebenden wissen es schon zum voraus, daß sie nach ihrem Tod bösartig und rachsüchtig sein werden. Da ist es besser, in die Fremde sterben zu gehen. Was ihre toten Seelen dann allenfalls dort anstellen, ist ihnen egal.[22]

Derselbe Gedanke liegt vielen Vorsichtsmaßnahmen zugrunde, die sich um den *Leichenweg* und den *Leichenzug* ranken: Zuerst muß der Tote daheim in aller Feierlichkeit verabschiedet werden. Man gibt ihm gute Wünsche mit auf den Weg. Es kommt aber auch vor, daß man ihm ins Ohr flüstert, er solle nicht wiederkommen.

Das Familienoberhaupt hält dem Toten eine kurze Ansprache. Man redet ihn etwa folgendermaßen an: »N. N., du bist jetzt ein Gott. Also verlange nicht mehr nach dieser Welt. Du mußt jetzt in die Welt der Götter gehen ... so gehe jetzt rasch! Bleibe nicht stehen, um dich umzublicken ... Paß auf, verliere deinen Weg nicht ... schau nicht nach rechts und nicht nach links, sondern geh rasch vorwärts ... vergiß deine Brüder und Schwestern und anderen Verwandten, die in dieser Welt zurückbleiben ...«[23] »Höre zu, N. N., du bist tot. Du hast hier nichts mehr zu suchen. Wir brauchen dich hier nicht. Geh deiner Wege ...« – Hat man den Toten mit List nicht überzeugen können, so wird er »auf die kräftige Tour« behandelt und in einer Art Exorzismus ausgetrieben.

Der heikelste Moment ist der, da der Tote das Haus verläßt. Er könnte es übelnehmen, daß man ihn aus seinem eigenen Haus trägt. Er könnte seinen Unmut äußern, indem er jemanden oder etwas mitnimmt. Deshalb wird die Leiche »ausgesegnet« oder »hinausgebetet«. Man macht dreimal Halt, der Sarg wird dreimal auf der Türschwelle abgesetzt. Man läßt den Toten vor seiner Reise noch ein wenig ausruhen. Ist die Leiche aber erst einmal hinausgetragen, werden Tür und Hoftor rasch verriegelt. Mancherorts wird der Leichnam nicht durch das Tor, sondern durch eine eigens herausgebrochene Mauerlücke hinausgeschafft, die rasch wieder zugemauert wird, ehe der Leichenzug vom Begräbnis zurückkehrt. Geister müssen immer durch dieselbe Öffnung ein- und ausgehen. Damit will man dem Toten den Rückweg in sein Haus verwehren. Auch Stühle und Bänke werden umgeworfen, damit der Verstorbene keinen Sitzplatz mehr habe. Seine

Kleider und seine Bettstatt werden eilends verbrannt.[25]

Im alten Rom fanden Begräbnisse traditionellerweise in der Finsternis der Nacht statt.[26] In England, Irland und in der Bretagne werden die Leichen auf einem Umweg zum Friedhof gebracht. Der Tote soll irregeführt werden. Man will ihm damit den Rückweg erschweren. – Verwandte sollen nicht beim Tragen helfen. Sie sind einmal mehr von den Nachstellungen des Toten besonders gefährdet.[27] Die Sargträger haben sich auf alle Fälle gegen schädigende Einflüsse vorzusehen. Einem Leichenzug bloß zu begegnen kann schon Krankheit und Tod bringen.[28] Unbedingt ist zu vermeiden, daß der Tote geärgert oder beleidigt werde. – Ein eigentümlicher Brauch ist das ›Abschwenken‹: die Angehörigen begleiten den Leichenzug nicht bis zum Grab, sondern biegen vorher vom Wege ab. Sie sind, wie gesagt, in besonderer Gefahr.[29]

In Russisch-Karelien legt der orthodoxe Priester dem Toten eine Art ›Passierschein‹ auf Stirne und Brust, Schriftstücke, die der Tote beim Eintritt ins Totenreich benötigt und ohne die er nicht in die nächste Welt hinübergehen kann.[30]

Das Grab muß tief genug sein, sonst findet der Tote keine Ruhe. Es wird mit aller Sorgfalt verschlossen, damit es seinen Bewohner wirklich verläßlich festhält. Die endgültige Trennung der Toten von den Lebenden erfolgt nämlich nicht mit dem Tode, sondern erst mit der Bestattung. Drastische Mittel, um den Toten im Grab festzuhalten, sind das Pfählen und das Fesseln, sowie das Bedekken mit Gestrüpp oder Dornen und mit einem schweren Stein, dem Grabstein.[31]

Die tote Seele sucht ihren Körper, um wieder in die Welt zu kommen. Aber inzwischen haben die Verwandten ihn verbrannt oder beerdigt oder ins Wasser geworfen oder den Vögeln und Raubtieren vorgeworfen. Somit gibt es keinen Platz mehr, in den der Tote eingehen könnte, und er ist unzufrieden.[32]

Bei der Rückkehr vom Friedhof soll der Fuhrmann möglichst rasch fahren[33], damit der Tote nicht mit ihm zurückfahren kann. Der Rückweg wird eigens verbarrikadiert.[34] Die Fußspuren werden verwischt.[35]

Böse Geister von Verstorbenen müssen besonders gebannt werden. An eine Kette oder an die Stola des Priesters gefesselt, wird der Geist an einen einsamen Ort in die Berge oder in eine andere menschenleere Gegend abgeführt. Wir wissen es bereits, daß dies ein gefährliches Unternehmen ist. Den Ranzenmännern obliegt es, den in einen Ranzen eingesperrten Geist an seinen künftigen Aufenthaltsort zu tragen.[36] Davon war bei der Besprechung der Isolierungs- und Exilierungspraktiken schon die Rede (siehe S. 67 f.).

Wenden wir nach dieser Abschweifung in die Welt der Folklore und des Aberglaubens unser Augenmerk nun wieder den Geisteskranken zu. Wir werden sehen, daß die Dinge dort ganz ähnlich liegen, und zwar, wenn es darum geht, einen Kranken aus seiner Umgebung herauszunehmen und zu hospitalisieren.

Von der Ambivalenz innerhalb der Familie war bereits im vorhergehenden Abschnitt die Rede. Der Entschluß, einen kranken Verwandten in die Klinik zu schicken, ist dementsprechend meist von sehr zwiespältigen Gefühlen begleitet. Einerseits fühlen sich die Angehörigen außerstande, den Kranken noch länger im Familienkreis zu ertragen. Andererseits möchten sie ihm gerne die Schmach und Schande einer Klinikeinweisung ersparen. Sie fürchten auch, mit einer solchen Maßnahme den Unmut und die Rache des Patienten auf sich zu ziehen. – Ist der Kranke mit einer Klinikeinweisung nicht einverstanden oder gebärdet er sich aggressiv, dann muß der Transport in die Klinik von Fachleuten, von der Sanität oder der Polizei bewerkstelligt werden. Beim Abholen kommt es oft zu häßlichen Szenen. Der Kranke bittet, feilscht, droht. Tätlichkeiten sind nicht so selten. Die Angehörigen sind voll grimmiger Entschlossenheit, aber auch voller Schuldgefühle. Es folgen gutgemeinte Beteuerungen, Versprechungen und hilflose Abschiedsszenen. Der Patient verflucht die Seinen oder aber fügt sich im Bewußtsein seiner Rolle als Dulder, Opferlamm, Heiland, Welterlöser etc. in das unabwendbare Schicksal. – Schließlich kann es während des Transports zu Fluchtversuchen kommen, die der Familie manchmal ein unverhofft rasches Wiedersehen mit dem verlorenen Sohn bescheren. Verkehrsunfälle können die Folge sein, wenn der Patient den Fahrer angreift. Die Aufregungen dieses Abschnitts der Krankengeschichte sind erst zu Ende, wenn sich die Klinikpforten fest und sicher hinter dem Neuankömmling schließen.

Auch dafür bedarf es eines »Passierscheins«, eines ärztlichen Zeugnisses nämlich, welches die Behandlungsbedürftigkeit bestätigt. Als »orthodoxer Geistlicher« funktioniert in diesem Fall der moderne Medizinmann, der festlegt, wohin die Seelenreise geht.

Als ein weiteres schlagendes Beweisstück zur Illustration der Gemeinsamkeiten von Wahnsinn und Tod sei noch das folgende Zitat von Reil angeführt, das neuerlich beleuchtet, wie verwandt die beiden Welten sind. Reil schreibt in seinen *Rhapsodien:* »man hat auch bereits wirklich vorgeschlagen, die Kranken bey Nacht, oder in verdeckten Wagen, und durch Umwege in die Irrenanstalt zu fahren, um sie dadurch zu täuschen, als würden sie in ferne Gegenden fortgeschafft.«[37]

Eine Aufzählung der Mittel, mit denen der Kranke an seinem neuen Aufenthaltsort festgehalten wird, dürfen wir uns hier ersparen. Davon war bereits im Kapitel »Psychiatrie und Unterwelt« ausführlich die Rede.

Der Name eines Verstorbenen wird nicht mehr genannt, damit der Tote nicht etwa meine, man habe ihn gerufen. Aus demselben Grund soll auch die Totenklage nicht zu sehr ausgedehnt werden. Andere Personen, die denselben Namen tragen, müssen umbenannt werden. Hatte der Tote den Namen eines häufig vorkommenden Gegenstandes, wie Holz oder Kanu, oder einen Elementarnamen, wie Erde oder Wasser, so muß die entsprechende Vokabel durch eine andere ersetzt werden. Das Wort muß aus der Umgangssprache ausgemerzt werden. Auf diese Weise ändern manche Stämme ständig ihren Wortschatz, was Fremden das Erlernen ihrer Sprache und das Anlegen von Wörterbüchern natürlich sehr erschwert.[38]

Auch im Umkreis der Geisteskranken spielt die *Tabuierung* eine große Rolle. Angehörige verlegen wegen eines Kranken zwar kaum je ihren Wohnsitz. Dafür hat man die psychiatrischen Kliniken weitab von den Wohngebieten errichtet. Die Geisteskranken wurden buchstäblich *ausgesetzt,* wie sie ja auch in der geschichtlichen Entwicklung in Europa die Stellung der Aussätzigen eingenommen haben.[39]

Über Geisteskrankheiten zu sprechen hat selbst heute noch einen gewissen gesellschaftlichen Makel. Statt dessen gebraucht man Deckwörter wie »Nervenschwäche« oder »Nervenzusammenbruch«. Auch das Wort »Depression«, das in der Psychiatrie zwar ein einigermaßen wohlumschriebenes Krankheitsbild bezeichnet, ist in den letzten Jahren in den industrialisierten Ländern zu solch einem vielsagend nichtssagenden Verschleierungswort geworden, worunter man von der kleinsten Unpäßlichkeit bis zur ausgewachsenen Psychose alles verstehen kann. – Lebt ein Kranker im Kreise seiner Familie, so entwickelt sich oftmals ein eigentümliches Sprachverhalten, wobei die Tatsache der Krankheit einerseits nicht ausgesprochen werden darf, andererseits in verschlüsselter Form aber doch immer wieder betont werden muß. Da heißt es dann etwa: »Du weißt doch, du darfst dich nicht aufregen. – Hast du heute auch deine Medikamente eingenommen? – Wer von uns beiden hat jetzt recht, du oder ich? – Da hast du dich bestimmt geirrt – Das bildest du dir bloß ein . . .« – Die Ähnlichkeit mit gewissen Totenbräuchen grenzt geradezu ans Lächerliche, heißt es doch, der Tote sei vom Moment seines Todes an nur mehr »Gast« im eigenen Haus. Er wird von den Seinen wie ein »Baby« behandelt.[40] – So redet man in einer besonderen Sprache um den heißen Brei herum, womit die Berührung des allzu Heißen zwar vermieden wird, seine Existenz aber und der Ort, an dem es so peinlich heiß ist, gleichzeitig doch ständig betont werden müssen. Das ist auch eine Art, die Vokabeln auszutauschen.

Am gründlichsten entledigt man sich freilich des unangenehmen Problems der psychisch Kranken und speziell der chronisch Kranken – wenn man sie nicht gerade umbringt –, indem man ihre Existenz einfach leugnet. Es kommt immer wieder vor, daß Familien einen jahrelang wegen Geisteskrankheit internierten Angehörigen buchstäblich »tot«schweigen und Freunden und Bekannten gegenüber vorgeben, der Betreffende sei gestorben.[41] In diesem Zusammenhang schreibt Searles: »Die im Haus verbliebenen Familienmitglieder vermeiden in ihrem täglichen Umgang mit Freunden und Kollegen jeden Hinweis auf den Patienten. Sie vermeiden es, den Patienten wegen Familienkrisen zu konsultieren oder ihn darüber zu informieren, ganz so, als habe er bereits ›das Zeitliche gesegnet‹.«[41]

Die Tatsache eines Geisteskranken in einer Familie wirkt tabuierend wie die Anwesenheit einer Leiche. Häuser, welche einen Toten beherbergen, müssen besonders gekennzeichnet werden. Die Angehörigen gelten als unrein und dürfen das Haus nicht verlassen.[42]

Um die Toten gänzlich zum Schweigen zu bringen, werden ihnen Augen, Mund und Nase mitunter gewaltsam zugedrückt, aus

Angst vor dem verderblichen Einfluß, der von ihnen ausgehen könnte. Man legt Münzen auf die Augen, »damit die Seele verschlossene Augen bekommt« und vom Jenseits ihre Angehörigen nicht sehen und ihnen nicht schaden kann.[43] – In derselben Manier versucht man, Geisteskranken gewisse Dinge, etwa wichtige familiäre Ereignisse, zu verheimlichen. Man führt sie hinters Licht, nimmt sie nicht für voll, macht ihnen etwas Falsches vor.

Wenn wir heute meinen, dem Toten die Augen und den Mund aus Pietät zu verschließen, so ist uns nur die halbe Bedeutung dieses Rituals bewußt. Wie bei allen Totenbräuchen geht es auch hier darum, dem Toten zur ewigen Ruhe zu verhelfen, gleichzeitig aber die Überlebenden vor ihm zu schützen. – Die Ägypter scheinen schon früh ein Gefühl entwickelt zu haben, daß sie dem Toten damit ein Unrecht zufügen. Sie kannten einen besonderen Zauberspruch, »einem Manne den Mund zu gewährleisten, damit er mit ihm im Jenseits reden kann«.[44]

Sehen wir uns nach entsprechendem psychiatrischem Brauchtum um, so springt uns sogleich ins Auge, daß *Narren* die Wahrheit sprechen. Weil aber ihre Wahrheit oft unverständlich und nur schwer zu entschlüsseln ist und weil sie unangenehm ist, steht sie doch per definitionem im Gegensatz zu den landläufig gültigen Vorstellungen, verbietet man ihnen die Rede: Geisteskranke werden *entmündigt*.

Und selbst dieses Verfahren kennt man im Umgang mit Toten: um ihrer Unberechenbarkeit und Unzurechnungsfähigkeit vorzubeugen, gibt man ihnen einen *Vormund*. Bei der Leichenfeier wird eigens ein Redner ernannt, dessen Aufgabe es ist, *im Namen des Toten* zu sprechen.[45] Den Toten selbst läßt man lieber nicht zu Wort kommen. Man ist zu sehr davon überzeugt, daß er Schaden anrichten würde. (Der naheliegende Einwand, Tote können ohnehin nicht sprechen, fällt weg, da der Tote in diesem Kontext immer als ein *fortlebender* Toter vorgestellt wird. Außerdem kennt der Volksglaube sehr wohl sprechende Tote.)

Als Odysseus auf seiner Irrfahrt in den Hades gelangt und dort seiner toten Mutter begegnet, zeigt sich diese außerordentlich überrascht, ihren Sohn in der Unterwelt anzutreffen, die, wie sie sagt, *für die Lebenden so »schwer anzuschauen« sei.*[46]

Es war für mich eines der eindrucksvollsten Erlebnisse, als ich beruflich von der somatischen Medizin in die Psychiatrie überwechselte, daß vor allem die chronisch psychisch Kranken von ihren Angehörigen praktisch nicht mehr besucht werden. Sie scheinen für ihre Familien und Freunde wirklich »gestorben« zu sein. Ein Sonntagnachmittag in einem gewöhnlichen Spital und in einer psychiatrischen Klinik sind bezüglich der Besucherzahlen überhaupt nicht zu vergleichen. Kaum jemand will Menschen, die jahrelang geistig krank waren, noch »anschauen«.

Aus einer 1969 durchgeführten Untersuchung an geisteskranken Patienten einer bundesdeutschen psychiatrischen Klinik geht hervor, daß 40% der Männer und 30% der Frauen, die mehr als 5 Jahre hospitalisiert waren, im Verlaufe eines Jahres weder Besuch noch Post erhielten.[47] – In einer Abteilung des psychiatrischen Krankenhauses Görz bei Triest erhielten 50% der Patienten *nie* Besuch von draußen.[48]

Die Intentionen der Angehörigen scheinen in diesem Punkt den Absichten der Ärzte manchmal direkt in die Hände zu spielen. Denn auch die Ärzte sind gar nicht immer daran interessiert, daß ein Patient den Kontakt mit seiner vertrauten Umwelt aufrechterhält. Besuche sind sogar unerwünscht. Schon Wagnitz möchte »Fremdenbesuch bey den Wahnsinnigen am liebsten ganz verbitten«.[49] Daran hat sich im Lauf der Zeit nicht viel geändert. Kein geringerer als Bleuler beklagt, daß die Besuche bei vielen chronisch Kranken die »definitive Anpassung an die neue Heimat« erschweren.[50]

Nicht so selten sagen Angehörige schon bei der Aufnahme eines Patienten in die Klinik: »Herr Doktor, wenn Sie der Meinung sind, es sei für unseren Sohn, Mann, Vater ... besser, wenn wir ihn *nicht* besuchen, so sagen Sie das bitte nur frei heraus.« – Vordergründig betrachtet sehen solche Vorschläge vernünftig aus und scheinen echte Besorgnis und Rücksichtnahme widerzuspiegeln. Aber auf dem Boden dessen, was wir bereits über die gegenseitigen Vernichtungstendenzen innerhalb der Familien erfahren haben, sind sie die konsequente Fortführung des Versuchs, ein bestimmtes Familienmitglied »aus der Welt« zu schaffen. Es gehen die Gesunden mit den Kranken in diesem Punkt ähnlich um wie die Lebenden mit den Toten.

Die Unterwelt ist das »Land des Vergessens«.[51] Wir erwähnten bereits die *Lethe,* jenen Fluß, der durch den Hades fließt. Alle, die aus ihm trinken, fallen der Vergessenheit anheim, und mit der Erinnerung löscht ihr lebendiges Dasein aus (siehe S. 84 ff.).

Das Vergessen – von Freud als ›Verdrängen‹ beschrieben – verschafft sich Raum sowohl bei den Angehörigen wie bei den Patienten selbst, denen oft für erstaunlich große Abschnitte ihres Lebens die Erinnerung fehlt. – Das Problem kommt nirgends so scharf zur Ausbildung wie gerade bei den chronisch Kranken. Sie fallen rasch der Vergessenheit anheim. Und wenn sie erst einmal in Vergessenheit geraten sind, dann existieren sie für die Lebenden praktisch nicht mehr.[52] – Es ist für den »gesunden Menschenverstand« eine verwirrende und empörende Ungeheuerlichkeit, daß es überhaupt so etwas gibt, wie *nicht endenden Irrsinn.* Darum verschließt man die Augen davor, man verdreht die ungefälligen Sachverhalte bis sie »stimmen«, peinliche Angelegenheiten werden »administrativ erledigt« (anstatt auf die wirklichen Bedürfnisse des Betroffenen einzugehen), unangenehme Aufgaben werden »delegiert«, bis niemand mehr dafür zuständig ist, dringende Anliegen verlieren sich im Sand des Räderwerks aufgeblähter bürokratischer Apparate . . ., bis zuletzt von allem nichts mehr übrigbleibt. Irgendwie gelingt immer wieder das Kunststück, mit welchem das Unliebsame aus der Welt geschafft wird.

Besonders radikal verfuhren in dieser Hinsicht die alten Ägypter. Sie wiesen ihre Toten der »Vernichtungsstätte« zu, wo die Unseligen aus der Welt der Schöpfung ausgestoßen wurden, um fortan »nicht mehr zu sein«.[53] Dies im Gegensatz zu der christlich-mittelalterlichen Höllenvorstellung, die zwar ewige Strafen und ein nimmer endendes Leiden kennt, nicht aber die Ausstoßung in die totale Nicht-Existenz.

Die Methoden, mit denen unerfreuliche Tatsachen zum Verschwinden gebracht werden, sind mannigfaltig. Als Student praktizierte ich an einer psychiatrischen Universitätsklinik, wo es üblich war, alle Patienten, welche nur im geringsten den Anschein erweckten, mit einer chronischen Krankheit behaftet zu sein, sofort in eine Anstalt minderer Kategorie abzuschieben. Viele Dozenten und Professoren hatten während ihrer Laufbahn niemals chronische Geisteskranke für längere Zeit gesehen und hatten dementsprechend keine wirkliche Ahnung, wie das Leben und die Schicksale solcher Menschen aussehen.

Mittlerweile mußte ich erfahren, daß diese Trennung der »Heilbaren« von den »Unheilbaren« in der Psychiatrie weit verbreitet, ja sogar klassisch ist. Schon Reil schreibt 1803: »Die Trennung heilbarer und unheilbarer Irrenden in besondere Anstalten sey der erste Schritt, mit welchem die Reform unserer Irrenhäuser beginne.«[54] – Reil und seine Reformen sind – wenigstens so, wie sich die psychiatrische Behandlung heute nach außen hin in der Öffentlichkeit den Anschein gibt – glücklicherweise weitgehend überwunden. Jene alte, die verschiedenen Gruppen von Kranken diskriminierende Bezeichnung »Heil- und Pflegeanstalt« ist ebenfalls schon nicht mehr üblich. Die *Sache* aber, die sich dahinter verbirgt, ist längst nicht überwunden: hie Einsatzfreudigkeit und Opferwille für die Besserungsfähigen, dort Resignation und offene oder verhohlene Feindseligkeit gegenüber den Unverbesserlichen. – In der Psychiatrie wird geheilt, was sich eben heilen läßt. Die Unheilbaren verlieren den Heils- und Heilungsanspruch. Sie werden nur mehr »gepflegt«.

Es ist sehr interessant zu beobachten, wie Psychiater und Psychologen im allgemeinen mit dem Problem der chronisch psychisch Kranken umgehen. Laien und Fachleute sind sich diesbezüglich viel ähnlicher, als man annehmen würde. Es lassen sich an Kongressen, im kollegialen Gespräch und in der Literatur folgende typische Verhaltensweisen beobachten, die alle als Versuche zu werten sind, mit einer menschlich erschütternden, beruflich peinlichen, in jeder Hinsicht unbefriedigenden Situation fertigzuwerden:

1. Verleugnung: Viele Menschen wissen überhaupt nicht und wollen es auch gar nicht wissen, daß es so etwas wie chronisch Geisteskranke gibt, die jahrzehntelang in Kliniken leben. Ein Chefarzt einer psychiatrischen Klinik sagte mir einmal mit vollster Überzeugung, in seiner Klinik gebe es keine chronischen Fälle. – Eine Variante der Verleugnung ist das Betonen gleichzeitiger Vorzüge: ein chronischer Patient habe sich etwa auf einem gewissen Gebiet als lebendig, bildungs-, wandlungsfähig, flexibel erwiesen. Also ist seine Chronizität nicht so schlimm, muß nicht so ernst genommen werden ... Diese Haltung leitet über zu
2. Bagatellisierung: Mit den Chronischen steht es gar nicht so schlimm. Man muß nicht so ein Aufsehen von ihnen machen. Die neuen Kliniken sind viel sauberer, hygienischer, heller, freundlicher als die früheren. Mit den modernen Medikamenten läßt sich das schon hinkriegen ...
3. Rationalisierende Erklärungsversuche: Anstatt sich um die chronisch Kranken ausreichend zu kümmern, wie sie es verdie-

nen würden, versucht man sie zu *erklären*: Sie seien so schrecklich krank, *weil* ein ungünstiges Schicksal, Genetik, Biochemie, Herkunft, Familie, Erziehung, gesellschaftliche Strukturen etc. sie dazu gemacht haben. – Von da ist es nur ein Schritt zu

4. Projektion und Schuldverteilen: Schuld sind immer die anderen. Schuld ist das »System«, die Regierung, die Gesellschaft ... Schuld sind vor allem die Kranken selbst, weil sie sich falsch verhalten, weil sie den Anordnungen ihrer Behandler nicht folgen, weil sie einen schlechten Charakter haben, weil sie unverbesserliche Psychopathen sind, lügen, unmoralisch und dumm sind ... und last not least, weil sie nicht in die Lieblingsdenkschemata der psychologischen und psychiatrischen Köpfe hineinpassen.
5. Externalisierung: Das ist eigentlich nicht mein Problem, sondern das Problem der Kliniken, der dafür verantwortlichen Gemeinden, der Kranken selbst. – Bei uns kommt das alles nicht vor, aber in Rußland, dort sind die Verhältnisse wirklich schlimm ...
6. Resignation: Es ist schon so. Es war auch immer so. Da kann man nicht viel machen.
7. Zwanghafte Anerkennung: Chronische Geisteskranke *muß* es geben. Das läßt sich nicht wegerklären. Die Statistiken beweisen es ... (In diese Gruppe gehört mein Buch, wenigstens teilweise.)

Kommt man nicht darum herum, die Existenz chronisch seelisch Kranker anzuerkennen, so kann man die drückende Schwere, welche diese Einsicht mit sich bringt, auf folgende Arten wieder abwälzen:

1. Hoffnungsvolle Ausflüchte: irgendwann einmal, oder noch besser: in naher Zukunft ! wird man das Wundermittel finden, das unter ganz bestimmten, geänderten Umständen das Schreckliche beseitigen wird. Die Lösung des Problems der Geisteskrankheiten steht unmittelbar bevor! Unsere Kinder werden es einmal besser haben!
2. Reaktionsbildung: Das Schreckliche ist gar nicht schrecklich, sondern positiv. Der Unsinn ist sogar kreativ. Die Wahnsinnigen sind die Lichtbringer einer künftigen Gesellschaft. Die verrückten Seiten eines Menschen sind überhaupt seine besten Seiten ...

Es ist nicht zu übersehen, daß in solchen und ähnlichen Argumenten mindestens ein Körnchen Wahrheit enthalten ist. Was da an Beweisgründen vorgebracht wird, ist alles wahr und wichtig. Und doch wird darin die enorme Hilflosigkeit gegenüber der Unvernunft deutlich und das Leiden an jener Unsinnigkeit, die sich um keine Vernunftgründe schert und immer wieder frisch und ungebrochen aus allen Anstürmen guten Willens, unermüdlichen Forscherdrangs und aufopfernden Heilerwillens hervorgeht.

Es gibt noch andere Methoden, um mit dem Problem »fertigzuwerden«:

Seit einigen Jahren macht man in verschiedenen Ländern den Versuch, selbst unheilbar Geisteskranke rigoros aus den Kliniken zu entlassen. Dabei handelt es sich um ein recht zweideutiges Bemühen. Einerseits befreit man die Kranken aus ihren Verliesen und nimmt ihnen den Makel der Aussätzigkeit. Andererseits – und dies wird dabei oft übersehen – werden die ohnehin schon aus der Gesellschaft Ausgeschlossenen allein durch den Federstrich eines Ministers, der die Schließung der Kliniken anordnet, noch nicht zu willkommenen Heimkehrern in ihren Dörfern und Familien. Im Gegenteil, sie werden noch ein Stück weiter abgeschoben, und nicht einmal in den Kliniken, wo der Wahnsinn bislang wenigstens ein gewisses Heimatrecht beanspruchen konnte, darf es sie mehr geben. Die »zwangsentlassenen« Patienten vagabundieren herum. Sie erhalten oft nicht genug Nahrung und Kleidung.[55] Die ohnehin angespannten Beziehungen zwischen Gesunden und Kranken verschlechtern sich weiter, und die Kranken müssen dann nicht selten unter unmenschlichen und entwürdigenden Umständen ein angstvolles Dasein als verspottete und angefeindete Außenseiter führen. – Auf diese Weise nimmt die Verdrängung dessen, was wir gewöhnlich mit dem Etikett »Geisteskrankheit« bezeichnen, ihren Fortgang, und der Wahnsinn verliert jegliche Existenzberechtigung.

Zwei verschiedene Tendenzen bestehen hier nebeneinander: Zum einen will man die Irren loswerden. Es ist dies ein ähnliches Vorgehen, wie es schon aus der Praxis der spätmittelalterlichen Narrenschiffe und der Abschiebung der Narren über die Landesgrenzen bekannt ist. Zum anderen wurde mit der Sozialpsychiatrie, mit Langzeitpsychopharmaka und überhaupt mit der Ausweitung und Aufblähung von Psychiatrie und Psychologie bis hinein in die Sphären des Arbeitsplatzes und der Familie der Arm der

Institution bloß verlängert. Michel Foucault spricht in diesem Zusammenhang sehr treffend von einem »Export der Psychiatrie nach außen«.[56] – Der Zwang der von der Gesellschaft eingesetzten Institution ist damit keineswegs aufgehoben. Die Methoden sind heute weniger grob, zugleich aber auch umfassender. Breit angelegte epidemiologische Studien – im Dienste der Wissenschaft, versteht sich, nicht mit der Absicht die Kranken zu kontrollieren! – haben dazu geführt, daß alle Kranken einer Region namentlich erfaßt werden. In den westlichen Industrieländern werden praktisch alle Schizophrenen im Laufe ihres Lebens einmal hospitalisiert[57] und müssen damit rechnen, öffentlich bekannt zu werden. Man scheut sich einstweilen noch, von staatlichen Registern zu sprechen. Tatsächlich gibt es aber kaum mehr Kranke, die nicht in irgendeiner Form von der psychiatrischen Fürsorge erfaßt werden.

Es ist ungewiß, ob die Methoden, welche die Gesellschaft gegenüber ihren Außenseitern anwendet, wirklich humaner geworden sind. Den guten Willen kann man den Behandlern in vielen Fällen gewiß nicht absprechen. Insofern aber die Haltung, die hinter allen Aktionen steht, den früheren wie den heutigen, zu wenig reflektiert wird – die Faszination nämlich und das Grauen, die von dem psychisch Andersartigen ausgehen –, ist zu vermuten, daß aus den neuen Schläuchen doch wieder nur der alte Wein ausgeschenkt wird, subtiler und raffinierter zwar, aber wegen der impliziten Verlogenheit um so gemeiner.

Ich will es mir hier nicht zur Aufgabe machen, jene Richtungen anzugreifen, die sich als »Sozialpsychiatrie« und als »Antipsychiatrie« verstehen. Ich achte ihre Bemühungen als einen sinnvollen Ausdruck unseres Zeitgeistes, der sich nicht länger damit begnügen kann, daß jene »andere Seite« tabuiert und weggesperrt wird. Diese Bemühungen sind aber nur so lange gutzuheißen, als sich dahinter nicht wieder die Absicht verbirgt, das Schreckgespenst des Irrsinns unter einem philanthropischen Mäntelchen zu verbergen und die Kranken entweder abzuschieben oder sie auf eine kaum erkennbare Art und Weise an eine lange und dafür um so festere Leine zu legen.

Wenn man gewohnt ist zuzuhören, kann man sich dann und wann der Vermutung nicht verschließen, daß hinter der ständigen Beteuerung mancher sogenannter »Antipsychiater«, es gebe gar keine Geisteskrankheiten und es brauche folglich auch keine

Psychiatrie zu geben, eine Menge *Abwehr* steckt; Abwehr gegen all das Ungereimte, Unangenehme und Unheimliche, das im Irrsinn steckt und immer wieder aus ihm hervorbricht.

Als Parallele zu der antipsychiatrischen Haltung lassen sich die ägyptischen Totentexte anführen, die nicht müde werden zu versichern, der Tote sei gar nicht tot: »König Teti ist nicht den Tod gestorben, er ist ein Erhabener geworden am Horizont.« »Dieser König Pepi ist seinem Todestag entronnen.« »Habt ihr gesagt, er werde sterben? Er stirbt nicht; dieser König Pepi lebt ewiglich.« »Erhebe dich, o König Pepi, du stirbst nicht.« usw.[58]

In Analogie zu den Bestattungsriten muß man sich fragen, was das Hauptmotiv hinter solchen Beteuerungen ist: die Sorge um jenen, der von dem Unaussprechlichen betroffen ist, oder die Sorge um das Seelenheil dessen, der solches beteuert? –

Natürlich kann man, streng genommen, nicht beweisen, daß es so etwas wie Geisteskrankheiten wirklich gibt –, genauso wenig, wie sich das Gegenteil beweisen läßt. Aber man darf doch mit gutem Grund annehmen, daß das, was man unter dem Begriff »seelisches Kranksein« versteht, auch irgendein Substrat hat und daß das, was da erlebt, erlitten und behandelt wird, nicht in seinem eigentlichen Wesen zutiefst ein »Nichts« ist.

Anmerkungen

1 Storå, S. 199.
2 Ebda., S. 230, 232.
3 2. Korintherbrief 12,2; Rohde, Bd. II, S. 362; Ahern, S. 243.
4 H. Schreuer, *Das Recht der Toten,* Teil I, S. 346.
5 Ebda., I, S. 336.
6 R. Th. Christiansen, *The Dead and the Living,* S. 15 ff.
7 L. Petzold, *Der Tote als Gast,* S. 46.
8 Bächtold-Stäubli, V, 1092.
9 Kees, S. 34.
10 Rohde, Bd. I, S. 8; Bd. II, S. 346 u. 359; v. Sydow, S. 16; Hargous, S. 56.
11 Ahern, S. 200; Robert Smith, S. 39 u. 124.
12 A. Augustinus, *Die Sorge für die Toten,* S. 19 u. 26 ff.
13 H. Gundolf, *Totenkult und Jenseitsglaube,* S. 12.

14 R. J. Smith, S. 7; J. M. C. Toynbee, S. 34.
15 David-Neel, S. 102.
16 Hargous, S. 57.
17 Deuteronomium 18,11.
18 Zit. n. Pelliot, S. 64; s. a. R. J. Smith, S. 6.
19 Ahern, S. 242.
20 Frazer, S. 366 ff.; Storå, S. 215 u. 228.
21 Gilgamesch Epos, x. Tafel, v, 17.
22 Persönliche Mitteilung Dr. Jakob Sturzenegger, IKRK.
23 Campbell, S. 416.
24 David-Neel, S. 68; ähnlich auch Storå, S. 210.
25 Storå, S. 211.
26 Toynbee, S. 46.
27 Storå, S. 213.
28 Ebd., S. 237.
29 Bächtold-Stäubli v, 1121 u. 1123 ff.
30 Storå, S. 238 u. 269.
31 Bächtold-Stäubli I, 976 ff.
32 *Tibet. Totenbuch,* S. 109.
33 Storå, S. 240.
34 Bächtold-Stäubli v, 1121 u. 1123 ff.
35 Robert J. Smith, S. 71.
36 Bächtold-Stäubli III, 515 ff.
37 Reil, S. 225.
38 Frazer, S. 366 ff.
39 Foucault, S. 19 ff.
40 Storå, S. 230 u. 269.
41 Searles, in: *Schizophrenie und Familie,* S. 139.
42 Bächtold-Stäubli v, 1042; R. J. Smith, S. 6.
43 Grabowsky, S. 179; Storå, S. 210 f. u. 218 f.
44 Kees, S. 274.
45 Bächtold-Stäubli v, 1061.
46 Homer, Odyssee, XI, 156.
47 Zit. n. M. Bleuler, *Die schizophrenen Geistesstörungen,* S. 349.
48 Basaglia, S. 60.
49 Wagnitz, Bd. II/2, S. 260.
50 Bleuler, *Lehrbuch der Psychiatrie,* 1960, S. 175.
51 Psalm 88,13.
52 Eine eindrucksvolle Schilderung des allmählichen Schwindens der Erinnerung und des Verblassens der eigenen Lebensgeschichte findet sich in dem Jenseitsroman von Herman Kasack *Die Stadt hinter dem Strom,* S. 227.
53 Hornung (Hrsg.), *Ägypt. Unterweltsbücher,* S. 32.
54 Reil, S. 453.

55 J. Gross, in: Schimmelpenning (Hrsg.), *Psychiatrische Verlaufsforschung*, S. 165.
56 M. Foucault, *Von der Subversion des Wissens*, S. 122.
57 W. Hartmann, *Schizophrene Dauerpatienten*, S. 21.
58 Zit. n. Breasted, *Die Geburt des Gewissens*, S. 81.

Die Behandler und die Behandelten

Als Odysseus auf seinen Irrfahrten an die Gestade des Hades kommt, nähern sich die verstorbenen Seelen, »die schwankenden Häupter der Toten«, »mit unsäglichem Schreien«. »Bleiches Grausen« erfaßt den sonst so listenreichen Helden. Er zückt das Schwert, um sich die Andringlinge vom Leib zu halten. Rasch schlachtet er in seiner Not ein paar Schafe. Er gibt den Toten das Tierblut zu trinken und rettet damit sein Leben. Das Schafblut belebt die Toten für eine Weile, und sie sprechen dann, wie es heißt, »die Wahrheit«.[1] Wem Odysseus das Blut verwehrt, der wendet sich schweigend ab und kehrt zurück in das Haus des Hades.[2]

Was hat das mit unserer Arbeit zu tun, mag mancher fragen, der heute in der klinischen Psychiatrie tätig ist. – Trachten unsere Patienten uns denn nach dem Leben? – Hieße das nicht, die Psychiatrie zu dramatisieren und die Aufgabe der Behandler zu heroisieren?

In der Tat mögen solche Befürchtungen auf den ersten Blick als übertrieben erscheinen. Bei genauerer Betrachtung entbehren sie aber nicht einer realen Grundlage. Vor allem bei hospitalisierten Patienten und ganz besonders bei chronisch psychisch Kranken kann man eine Reihe seelischer Mechanismen beobachten, mit denen sie am Leben ihrer Umgebung Anteil nehmen. Viele Patienten haben sehr wenig Eigenleben und sind weitgehend auf Fremdinitiative, auf Anstöße von außen angewiesen. Insofern psychisch Kranke in vielen Belangen wie große Kinder sind, leben sie weitgehend in der seelischen Sphäre und von der seelischen Substanz ihrer Betreuer. Die Mittel und Wege, um dies zu bewerkstelligen, sind die verschiedenen Formen von Introjektion, Imitation und Identifikation; alle Arten von Abhängigkeiten und Neugier, bis hin zu Symbiose und Parasitentum.

Wie sehr Patienten von ihrer Umgebung abhängig sind, möge ein Ausspruch Christian Mullers illustrieren, der sich dahingehend äußerte, der Abbruch einer engen Beziehung bedeute für schizophrene Kranke nicht bloß eine schwere Enttäuschung, sondern den »Tod«. Wer demnach einen Schizophrenen verläßt, der »tötet« ihn.[3]

Wenn man die Strukturen jenes Rituals, das im Laufe der Zeiten um die Geisteskranken herum entstand, eingehender untersucht, so kann man sehen, daß die überaus innige, um nicht zu sagen »gierige« Anteilnahme der Kranken am Leben ihrer Umgebung tatsächlich von vielen Leuten als eine Bedrohung empfunden wird. Die Toleranzgrenzen normaler Bürger sind da rasch erreicht und überschritten.

Wird ein Kranker für seine Familie oder für die Öffentlichkeit unerträglich, so schickt man ihn bald mit der größten Selbstverständlichkeit in eine psychiatrische Klinik, in der Annahme, dort finde er Menschen, die mit ihm umgehen, die ihn ertragen und die auf ihn eingehen können.

Dem ist aber in Wirklichkeit gar nicht immer so. Man gibt sich gewöhnlich viel zu wenig Rechenschaft darüber, *wie belastend* die seelisch Kranken selbst für ihre geschulten Betreuer in den Kliniken sind.

Auch *innerhalb* der Kliniken besteht eine deutliche Distanz zwischen Gesunden und Kranken. Es finden sich sowohl in der baulichen Anlage der psychiatrischen Kliniken wie in der Hierarchie der Behandler, in den Behandlungsmethoden und im täglichen Umgang verschiedenste Schranken und Gebräuche, welche einen engen Kontakt zwischen beiden Seiten mindestens erschweren und dazu angetan sind, die Aufrechterhaltung der Trennung zwischen Gesunden und Kranken zu gewährleisten.

Oft trennt eine beträchtliche räumliche Distanz Direktions- und Verwaltungsgebäude von den Patienten. Die Büros der Ärzte sind meist in separaten Gebäudekomplexen untergebracht, anstatt, was naheliegender wäre, inmitten der Lebensräume der Patienten. Schwestern und Pfleger – selbst die besten unter ihnen – ertragen nicht die dauernde Nähe der Patienten und müssen sich von Zeit zu Zeit in das Refugium eines Personalraumes zurückziehen.

Welcher in der psychiatrischen Klinik tätige Arzt kann sich rühmen, daß er alle ihm anvertrauten Kranken wirklich kenne? – Gar nicht zu reden von den leitenden Ärzten und den Verwaltern, von denen das Wohl und Wehe der Patienten in so vielfältiger Weise abhängt! – Wieviele wichtige Entscheidungen werden nicht in Abwesenheit der Patienten getroffen? – Wie oft verschanzen sich die Behandler hinter irgendwelchen Ausreden, um sich die Patienten, die ein Gespräch wünschen, Kontakt suchen oder gar eine freundschaftliche Beziehung, vom Hals zu halten? – Und selbst unsere besten therapeutischen Instrumente, die Medikamente und die psychiatrischen und psychologischen Theorien und erst recht die Forschung! – stehen sie nicht vielfach wie eine Barriere zwischen Arzt und Patient, vermittelnd zwar, gleichzeitig aber Distanz schaffend, und garantieren – in bester Absicht –, daß die beiden Welten sich ja nicht vermischen!

Ich schreibe dies nicht, um anzuklagen. Ich bin lange genug in diesem Beruf tätig, um aus eigener Erfahrung zu wissen, wie oft man sich um eine Konfrontation herumdrückt und zu echter Anteilnahme nicht fähig ist. Ich müßte mit allfälligen Vorwürfen bei mir selbst beginnen.

Zwar ist es wahr, daß heute viel Gutes für die Kranken getan wird, aber in mancher Hinsicht wäre es eine Täuschung zu meinen, man sei tapferer geworden und dem seelischen Leiden aufgeschlossener, während man in Wirklichkeit bloß besser bewaffnet ist. – Die zunehmende Technisierung der Krankenbehandlung geht keineswegs immer mit einer Humanisierung Hand in Hand. Im Gegenteil, der Trend geht dahin, die zwischenmenschlichen Beziehungen durch mechanische Abläufe zu ersetzen. Die vielgerühmte Offenheit für die Anliegen der Kranken zeigt ihr schönes menschliches Antlitz meist erst dann, wenn die nötigen Milligramm irgendeines Psychopharmakons ihre todsichere Wirkung erbracht haben. Die gesellschaftlichen Absicherungen gegen den Wahnsinn haben eine derartige Perfektion erreicht, daß von einer direkten Begegnung mit seinen Schrecken kaum mehr die Rede sein kann. Was in unserer Phantasie noch als heroischer Kampf um das Leben der Seele herumspukt, führt in der psychiatrischen Praxis meist das gesittete Dasein eines angeregten Plauderstündchens bei gedämpftem Licht. – Ich bin gewiß der letzte, der für eine unnötige Gefährdung der in der Psychiatrie Tätigen durch unbehandelte Geisteskranke plädieren würde, doch soll man sich keinen Illusionen über die angebliche eigene Aufgeschlossenheit hingeben!

Einen deutlichen Eindruck davon, wie tiefgreifend Geisteskrankheiten selbst einen erfahrenen Psychiater berühren, möge das folgende Zitat von Manfred Bleuler vermitteln, der von sich ohne Übertreibung behaupten konnte, Schizophrene seien »ständige Begleiter« auf seinem Lebensweg gewesen. Aus seinen Worten spricht folglich nicht die Empfindsamkeit des Anfängers. Er sagt: »Der Zusammenbruch der Persönlichkeit in der

Schizophrenie ohne erkennbare körperliche Gründe ist eine so unerhörte und einzigartige Katastrophe ... (Sie) erscheint uns wie ein Unheil aus einer unerfaßbaren Welt, und in dieser Überzeugung sind wir noch in einer Art verfangen, die an den Dämonismus erinnert. Halten wir aber die Schizophrenie für eine unfaßbare Katastrophe, so suchen wir ihre Ursachen in einer anderen Welt (!) – und können sie nicht finden, denn wir sind in unserer Welt.«[4]

Schon seit langem haben sich namhafte Psychiater Gedanken gemacht über die seelischen Gefahren, die den Behandlern von den Patienten drohen. Laehr forderte seinerzeit vom Irrenarzt noch eine besondere »geistige Kraft, die er besitzen muß, wenn er nicht im steten Verkehr mit dem verschiedensten Gemüthswechsel selbst zu Grunde gehen soll«.[5] Kraepelin vertrat sogar die Ansicht, daß die Arbeit in einer psychiatrischen Klinik derart strapaziös wäre, daß das gesamte Personal nach einigen Jahren ausgewechselt werden müßte. Nervenarzt und Irrenwärter wären nach seiner Meinung keine Berufe auf Lebenszeit. Er schreibt: »Als ein besonders bedenklicher Umstand ist die Erfahrung zu betrachten, daß auch die wirklich tüchtigen und dienstwilligen Kräfte häufig genug nach kürzerer oder längerer Dienstzeit erlahmen und sich in der überaus aufreibenden Tätigkeit verbrauchen ... Einzelne erfahrene Irrenärzte halten es daher für unzweckmäßig, die Irrenpflege überhaupt zu einem Lebensberufe zu gestalten, sondern verlangen die Heranziehung immer neuer Kräfte an Stelle der nach einer Anzahl von Jahren abgenutzten Personen.«[6] – Die Psychiatrieberufe werden als regelrechte Verschleißberufe hingestellt.

Auf dem Boden solcher Bedenken können die Modernisierungsbestrebungen in den psychiatrischen Kliniken gar nicht hoch genug eingeschätzt werden. Die Kliniken sind heute bei einer sinkenden Tendenz der Bettenzahlen viel besser mit Personal dotiert als früher. Das macht den Klinikbetrieb natürlich viel lebendiger. Eine moderne Klinikführung *erfordert* aber auch mehr Personal, denn die Arbeit wird viel belastender, wenn die Barrieren wegfallen und wenn man sich wirklich mit den Patienten und ihren Problemen einläßt.[7] Schwestern und Pfleger, die den ganzen Tag um die Patienten herum sind, wissen davon ein Lied zu singen. Die große Schwierigkeit im Umgang mit seelisch Kranken ist ja die, daß man sich *in ihre Welt hineinbegeben* muß, wenn man wirklich etwas für sie tun will. Sonst gehen alle Bemühungen an den Kranken vorbei. Gleichzeitig muß man sich aber hüten, *daß man nicht selbst Schaden nimmt.*

Wie kann man sich vor Schaden hüten? – Am besten, indem man allzu große Nähe meidet. – Wie aber kann man sich in die Welt der Kranken hineinversetzen, wenn man sie flieht?

Vielerorts wird heute beispielsweise noch lebhaft diskutiert, ob es für das psychiatrische Personal zumutbar sei, gemeinsam mit den Patienten zu essen. Hinter den dabei geführten Argumentationen verbirgt sich oftmals eben jenes spontane Unbehagen, welches normale Menschen in Gegenwart Geisteskranker verspüren. – Als Parallele dazu läßt sich die Volkssage anführen, die den *Toten als Gast* zum Inhalt hat.[8] Darin ergreifen die Lebenden alle nur denkbaren Vorkehrungen, um zu verhindern, daß ein Toter zu ihnen zum Essen kommt.[9] Selbst der von Berufs wegen mit den Geheimnissen der Geisterwelt vertraute *Schamane,* der auf seiner Unterweltreise nur ein einziges Mal von den Gerichten des Totenlandes kosten würde, hätte Schwierigkeiten bei der Rückkehr auf die Erde.[10] – Überhaupt soll man von den Toten nichts annehmen.[11]

An dieser Stelle ist auch das vermeintliche Schlagwort von der *psychischen Infektion* zu erwähnen, das in dem Zusammenhang verdient ernstgenommen zu werden. – »Ein Narr macht viele«, sagt schon ein altes Sprichwort. – Es ist immer wieder beeindrukkend, wie vor allem junges Personal und unerfahrene Praktikanten, wenn sie sich zum ersten Mal mit psychisch Kranken beschäftigen, durch die Arbeit in der Klinik sehr bald erschöpft und nicht so selten auch ernsthaft verstört sind. Man hört ja auch aus Laienmund dann und wann die Befürchtung, der Aufenthalt in einer psychiatrischen Klinik, mitten unter Geisteskranken, sei *an sich* schon gefährlich. Darin steckt sicher etwas Wahres. Wer sich in die Psychiatrie begibt, um dort zu helfen, der soll jedenfalls wissen, *wie gefährlich* das sein kann.[12] In gewissem Sinne haben die Kranken Macht über ihre Betreuer, ähnlich wie die Toten auf dem Friedhof und in der Unterwelt über die Lebenden.

Von den Dämonen ist seit altersher bekannt, daß sie gerne von einem Menschen auf den anderen überspringen.[13] Besessenheit ist ausgesprochen ansteckend.

». . . kann der Magnet das Eisen an sich ziehen und sieht aus wie ein totes Ding, so kann auch der tote Mensch den Lebenden an sich ziehen.«[14]

Im Mittelalter gab es ganze Epidemien von Besessenheit. Heute ist die Welt wie von Epidemien übersät von den merkwürdigsten psychiatrischen und psychologischen Theorien, die, wie man weiß, zumeist in direktem Umgang mit psychisch Kranken erarbeitet wurden. Es sind dies Theorien, die teilweise selbst recht eigenartig anmuten. Man muß sich angesichts solcher Blüten fragen, ob einzelne Forscher sich nicht zu stark von ihren Patienten infizieren ließen? – Mit Recht kann man von der psychiatrischen und psychotherapeutischen Tätigkeit das behaupten, was Vergil vom Abstieg in die Unterwelt sagt, daß er eine »Wahnsinnsarbeit« sei (lat.: insanus labor)[15], wozu es »Geist« brauche und ein »starkes Gemüt«.[16]

Die Überlieferungen der Völker berichten einstimmig, daß diese »Wahnsinnsarbeit« gefährlich und sogar lebensgefährlich ist. Wer einen Totengeist erlöst – so weiß es der Aberglaube –, der muß selbst bald sterben.[17] Da die Geister aus dem Atem der Lebenden reden, kürzen sie diesen das Leben ab.[18]

Asklepios, der griechische Gott der Heilkunde, rief mittels seiner Kunst Verstorbene ins Leben zurück. Zur Strafe erschlug ihn Zeus mit dem Blitz, auf daß die Weltordnung nicht länger durch solch frevelhaftes Tun gestört werde.[19]

Laodameia, die untröstliche Gattin des Protesilaos, des ersten vor Troja gefallenen Griechen, erbat sich von den Göttern die Gunst, daß der Gemahl sie für nur drei Stunden besuchen dürfe. Die Bitte wurde ihr gewährt. Doch büßte Laodameia dafür, indem auch sie nach dem Besuch des Toten sterben mußte.[20]

Nur wenn es Gottes ausdrücklicher Wille ist, daß Einer die Unterwelt besuche, dann hat derjenige nichts zu fürchten, und seine Rückkehr ist gesichert.[21]

Ich wurde an die Gefährlichkeit meines Berufs erinnert, als eine Patientin mir in den Anfangsstunden einer ambulanten Behandlung sagte: »Mich wundert, daß Sie nicht sterben an dem, was Sie sich von Ihren Patienten anhören müssen.« – Diese Frau hat – abgesehen davon, daß sie damit ihre eigene Aggressivität und ihre Eifersucht auf meine anderen Patienten kundtat – jene alte Regel neu aufgestellt, daß Menschen vom Tod errettet werden können, wenn ein beherzter Helfer sein Leben für das ihrige einsetzt.

Klassisch ist diesbezüglich der Bericht von dem Kentauren Cheiron, dem Lehrmeister der Ärzte, der sich freiwillig in die Unterwelt begab, um dadurch Prometheus, den Vater des Menschengeschlechts, zu erlösen. – Ebenso geht Alkestis für ihren Gatten Admetos in die Unterwelt und rettet ihm dadurch das Leben.[22] – In Sagen und Märchen sind es selbstlose Menschen, die durch ihre Opfergesinnung, durch Beichte und Buße anderen das Leben schenken.[23] (Häufig findet sich allerdings auch dessen Umkehrung: die unrechtmäßige Verlängerung des eigenen Lebens dadurch, daß man einen anderen in den Tod schickt.) Das Motiv steht in vielen Religionen an zentraler Stelle, überall dort, wo der göttliche Held zu den Toten hinabsteigt und ihnen durch seinen Opfertod zu neuem Leben verhilft.[24]

Das freiwillige Auf-sich-nehmen des Todes, um einem geliebten Mitmenschen das Leben zu erhalten, und das böswillige In-den-Tod-schicken eines anderen, um das eigene Leben zu sichern, gehören zusammen. Sie sind zwei Seiten derselben Medaille. Wir sahen bereits, wie das Todesthema in den Thesen der psychologischen Familienforschung neue Aktualität erfährt (S. 137 ff.). Nun finden wir, daß die Behandler ebenfalls in dieses System einbezogen sind.

Bei einer traditionellen, *klinisch-psychiatrischen* Einstellung kommen zwar genügend Abwehrmechanismen zum Tragen, welche ein wirkliches Sich-Hineinversetzen des Behandlers in die Welt des Kranken – und damit eine psychische Infektion – im allgemeinen verhindern. Bei einer *psychotherapeutischen* Haltung wird diese Abwehrmauer mitunter aber bedrohlich dünn.

Vergleichbares läßt sich von den schamanistischen Praktiken sagen: der Schamane, der einen Kranken heilen will, sieht sich manchmal gezwungen, die bösen Geister, die er aus dem Kranken austreiben will, in sich selbst aufzunehmen. Dabei ringt und leidet er oft mehr als der Patient. Der Kampf mit den bösen Geistern ist für ihn gefährlich und mit der Zeit erschöpfend. Eliade zitiert einen berühmten Schamanen, der sagte: »Die Geister hassen uns, weil wir die Menschen verteidigen . . . Wir sind alle zur Beute der Geister ausersehen.«[25] – Dem kann man jene oft gehörte Meinung an die Seite setzen, wonach viele Psychiater infolge des ständigen Umgangs mit geistig gestörten Menschen selbst einen »Knacks« hätten, – was ja sicherlich nicht völlig aus der Luft gegriffen ist (siehe das über psychische Infektion Gesagte, S. 170 ff.) Die Schamanen unternehmen denn auch nach dem Abstieg in die Unterwelt, zur Wiederherstellung ihres seelischen Gleichgewichts, eine *rituelle Himmelfahrt.*[26]

Der Vollständigkeit halber sei hier auch noch die konkrete Todesgefahr der Psychiater erwähnt: Immer wieder kommt es vor, daß Psychiater und psychiatrisches Pflegepersonal von Geisteskranken angegriffen und getötet werden. – Viele Psychiater gehen freiwillig in den Tod. Die Selbstmordrate unter Psychiatern ist bekanntlich sehr hoch. – Ich verfüge leider nicht über Zahlen, um diese Aussagen zu untermauern. Ich kann auch nicht behaupten, daß die Selbstmordneigung der Psychiater in einem direkten Zusammenhang mit gewissen »mörderischen« Neigungen geisteskranker Patienten stünde. Das wäre erst zu untersuchen. – Nachdem bisher aber so viel von Mord und Tod die Rede war, dürften die gewaltsamen Todesarten der Psychiater mindestens von Interesse sein.

Machen wir hier für einen Augenblick Halt und kehren wir noch einmal an den Ausgangspunkt unserer Betrachtungen zurück, zu den chronisch psychisch Kranken, und fragen wir uns, was es ist, das uns am nicht endenden Irrsinn so berührt, so irrtitiert und beelendet.

Die chronisch Kranken konfrontieren uns zunächst einmal mit dem Phänomen des *Chronischen*. Das Chronische ist die Schattenseite einer Welt, die seit Menschengedenken einem dynamischen, fortschrittlichen Idealbild huldigt. Das Abendland wenigstens hat sich seit Heraklits »Panta Rhei«[27] stets eilfüßig fortentwickelt, und ist heute weiter denn je davon entfernt, zur Ruhe zu kommen. Entwicklung, Wachstum, Expansion gelten alles. – Diese Haltung geht selbst bei psychologisch gebildeten Psychiatern soweit, daß man nicht selten synonym für »psychoanalytisch« das Wort »psychodynamisch« gebraucht. Niemand spricht von einer »psychostatischen« Betrachtungsweise. Man hätte auch Mühe, sich darunter etwas vorzustellen. – Eine Welt, die immer gleichbleibt, die sich nie verändert, akzeptieren wir, wenn überhaupt, nur im Positiven. – Das Profil der Nofretete ist heute noch ebenso klassisch schön wie vor 3500 Jahren. – Sobald das Chronische uns aber in seiner häßlichen, leidvollen, unbefriedigenden, eben »kranken« Gestalt gegenübertritt, nehmen wir Reißaus. – Wir übersehen dabei allzuleicht, daß das Chronische in jedem von uns zugleich auch das jeweils *Typische* und *Charakteristische* ist. Dasjenige, woran wir einander noch nach Jahren unverwechselbar wiedererkennen, gerade das ist das Chronische. Unser Name, den wir im allgemeinen von der Geburt bis zum Tod beibehalten, ist das äußere Zeichen dafür, daß wir, bei aller offensichtlichen Entwicklung, etwas an uns haben, das über die Jahre *konstant* ist. – Ob wir einen Menschen in seinem eigentlichen Wesen akzeptieren oder nicht, hängt alleine davon ab, ob wir das *Chronische* an ihm akzeptieren.

Bei unseren Patienten sind wir aber nicht nur mit dem Chronischen konfrontiert, sondern, was viel schlimmer ist, mit dem chronisch *Kranken!* Es ist dies nicht bloß ein statischer, unveränderlicher Zustand, sondern unheilbares *Leiden,* etwas, das beständig weh tut und stört, das sich nicht verändert und niemals aufhört. Solcherart erinnert uns der chronisch Kranke an *unsere eigene* chronisch kranke Seele, an dasjenige in uns, was von klein auf unheil war, woran wir seit der Kindheit immer wieder leiden und das sich allen therapeutischen Bemühungen widersetzt hat. Jedermann hat so eine leidige Requisitenkammer, die sich weder durch Disziplin noch durch positives Denken entleeren läßt. Alle Menschen kranken an gewissen Unarten, die sich eben nicht beseitigen lassen und die selbst großen psychotherapeutischen Prozeduren, wie einer Analyse, hartnäckig standhalten. Eine genaue Untersuchung bringt es in jedem Fall an den Tag, daß wir geradezu voll sind von psychopathischen Sonderlichkeiten; von Verrücktheiten, Ungereimtheiten und Besessenheiten, von Zwängen und Ängsten, von den verschiedensten unbegründeten Impulsen und Stimmungen, voll von Einseitigkeiten und Widersprüchen, die uns bisweilen recht weit von jenem vernunftgesteuerten Normalmenschen wegrücken, der den Maßstab abgibt für das, was sonders empfindlich in Frage stellen (siehe S. 32).

Nun sind wir aber in den zivilisierten Ländern heute in der glücklich-unglücklichen Lage, daß wir im Großen und Ganzen doch einigermaßen gesund sind. Wir können mit Krankheiten darum sehr wenig anfangen und können nur schlecht damit umgehen. Die gewaltigen Fortschritte der Medizin haben dazu geführt, daß wir gar keine rechte Haltung mehr haben, die es uns erlauben würde, einigermaßen anständig *mit* unseren Krankheiten und Störungen zu leben. Die einzige Art des Umgangs mit ihnen, die uns geblieben ist, ist spontane und fraglose Gegnerschaft. – Dazu kommt noch im Falle der psychischen Störungen, daß sie nicht bloß schmerzen oder lästig sind, sondern daß sie uns in unserem Selbstwertgefühl und in unserer ganzen Existenz besonders empfindlich in Frage stellen (siehe S. 32).

Unsere Idealvorstellungen von uns selbst, die Normerwartungen unserer Gesellschaft in dieser Zeit, und nicht zuletzt unsere eigene

Unfähigkeit, Hoffnungslosigkeit auszuhalten, verführen uns dazu, das chronisch seelisch Kranke in einem jeden von uns nach Möglichkeit zu verschleiern und aus dem Bewußtsein zu verdrängen. Der chronische Patient aber, dessen Kranksein von einem so großen Ausmaß ist, daß es nicht mehr verschleiert werden kann, er tritt uns mit seiner Krankengeschichte jahrelanger und jahrzehntelanger offensichtlicher Unverbesserlichkeit wie ein kecker Aufrührer entgegen. Sein Schicksal zwingt ihn, dasjenige laut auszusprechen und exemplarisch zu leben, was wegen seiner Ungeheuerlichkeit eigentlich nicht zum Vorschein kommen sollte. Er wirkt alarmierend wie das rote Tuch. Er deckt auf, was eigentlich geheim bleiben soll und was niemand wahrhaben will. Darum zieht er auch die öffentlichen Sanktionen auf sich. Sein Ausschluß aus der menschlichen Gemeinschaft dokumentiert als eine nach außen hin sichtbare Maßnahme, wie wir mit der analogen Seite *in uns* umgehen. Die bedauernswerte Situation, in der sich die chronisch psychisch Kranken in der Welt meist befinden, zeugt jedenfalls nicht von einer großen allgemeinen Bereitschaft, sich mit dieser dauerhaften, verrückten Seite einzulassen, die in jedem einzelnen von uns vorhanden ist, ob wir es wollen oder nicht.

Verschiedene psychiatrisch-psychologische Behandlungsverfahren funktionieren ähnlich wie das von Odysseus den Toten gereichte Schafblut, das deren Seelen, beziehungsweise in unserem Fall die Kranken für eine Weile belebt. Hier sind alle unpersönlichen oder sachbezogenen Therapiemethoden zu nennen, bei denen sich die Behandler nicht wirklich selbst einsetzen, nicht wirklich Instrument der Behandlung sind, sondern zwischen sich und den Patienten ein Thema, eine Sache als Opferlamm zwischenschalten und gewissermaßen ausbluten. Alles Interessante, in seiner wörtlichen Bedeutung von inter esse = dazwischen sein, verbinden, vermitteln, kann diese Funktion haben. Besonders gerne werden für eine solche belebende Mittlerwirkung die verschiedensten Veranstaltungen und die Massenmedien herangezogen.

Es gehört heute in Kliniken zum guten Ton, den Insassen Radio und Fernsehen anzubieten und den Besuch von Kino, Theater, Konzerten, Sport- und Zirkusveranstaltungen etc. zu organisieren. Dabei kann man wiederum mit einem Seitenblick auf die Welt der Gesunden feststellen, daß ein derartiges, unpersönlich herdenhaftes (Schafe sind der Prototyp von Herdenvieh!) Sichbeleben mit Lebendigkeit, die nicht die eigene ist, breiten Raum auch im Normalverhalten einnimmt, was einmal mehr die fließende Grenze zwischen gesund und krank deutlich macht. Die genannten Veranstaltungen halten dem Vergleich mit Odysseus' Schafblut auch insofern stand, als ihre animierende Wirkung im allgemeinen von kurzer Dauer zu sein pflegt und bald nachläßt. Sie muß immer wieder aufgefrischt werden. Viele Menschen sind geradezu süchtig nach Kino und Fernsehen, nach Unterhaltungsanlässen und sportlichen Veranstaltungen, gar nicht zu reden von den eigentlichen Süchten im engeren Sinn, wie Alkoholismus, Nikotinabhängigkeit, Medikamenten- und Drogensüchten usw. – In derselben Weise gibt es natürlich auch eine Süchtigkeit nach psychiatrischer und psychotherapeutischer Behandlung. – Der Mechanismus ist dabei immer derselbe: Irgend etwas, das einem zur vollen Lebendigkeit fehlt, kann durch »Schafblut« für eine Weile wirkungsvoll ersetzt werden.

Unter den Vorläufern der heutigen psychiatrischen Behandlungsmethoden findet sich ein merkwürdiger »Belebungsversuch«, der seiner Kuriosität halber erwähnt zu werden verdient, *die Therapie seelischer Krankheiten mit Blut*. Der Gedanke mag aufs erste absurd erscheinen. Niemand käme heute mehr auf die Idee, Geisteskranke mit Bluttransfusionen heilen zu wollen. Aber nach allem, was der Volksglaube über den Lebens- und Blutdurst der armen Seelen phantasiert, lag es wohl nahe, die Probe aufs Exempel zu machen.

Die Voraussetzung für dieses Unterfangen ist die gedankliche Gleichsetzung von Blut und Seele[28], beziehungsweise von Blut und Leben[29], wie sie sich dem unvoreingenommenen Augenzeugen von Verblutenden im Krieg und bei Unglücksfällen zwangsläufig aufdrängt. Mit dem ausströmenden Blut verlassen Geist und Seele den Sterbenden. Nichts ist naheliegender als die Schlußfolgerung, im Blute seien Leben, Geist und Seele des Menschen enthalten. Noch kompakter und kürzer formuliert sich die Erfahrung in der absoluten Identität der entschwindenden Substanzen: Blut *ist* dann Leben schlechthin, *ist* Geist und *ist* Seele.[30] Insbesondere *menschlichem* Blut wurde höchste Heil- und Zauberkraft zugeschrieben.[31] Warum also nicht geistig-seelische Mangelzustände und Störungen mit Blut behandeln?

Im Christentum ist es das göttliche Erlöserblut, dessen Genuß eine allgemeine und zentrale Rolle für das Seelenheil der Gläubigen spielt.[32] Außergewöhnliche Verwendung findet Christi Blut als Heilmittel gegen dämonische Besessenheit. Unreine Geister haben eine panische Angst vor dem heiligen Blut, während es für die Gläubigen *das* wahre Psychopharmakon schlechthin darstellt.[33]

Scribonius Largus, Verfasser der *Medicamentorum Compositiones,* empfahl bereits im 1. nachchristlichen Jahrhundert den Genuß von Menschenblut gegen Epilepsie. Denselben Rat gaben Aetius und Alexander von Tralles.[34] – In Oldenburg verwendete man Blut von Hingerichteten, vor allem von Erhängten, gegen Epilepsie.[35] Aus arabischem Gedankengut stammt die Idee, daß königliches Blut die Tollwut kuriere.[36]

Das Verlangen nach Menschenblut ist bei Geisteskranken zwar kein ausgesprochen häufiges Symptom, doch ist es dann und wann Thema forensisch-psychiatrischer Begutachtung.[37] Dagegen kommt es ziemlich häufig vor, daß geistesgestörte Patienten sich selbst absichtlich die Haut aufritzen, nicht etwa um sich zu verletzen oder gar zu töten, sondern um ihr Blut fließen zu sehen und sich ihrer eigenen Lebendigkeit zu vergewissern.

Besonders gerne begeistert sich die Volksphantasie an der Vorstellung vom »Blutrausch« geistesgestörter Rechtsbrecher.[38] Sagenhafte Berühmtheit erlangte diesbezüglich die ungarische Gräfin Elisabeth Bathory (gest. 1614). Sie wurde zur Ahnfrau des neuzeitlichen Vampirglaubens, weil sie sechshundertfünfzig (650!) junge Mädchen in ihr Schloß lockte und tötete, um sich in ihrem Blute zu baden, wovon sie sich Verjüngung und Verschönerung erhoffte.[39] – In einer 1967 veröffentlichten wissenschaftlichen Arbeit über *Blutdurst als Symptom* schildern Scharfetter und Hagenbuchner den bemerkenwerten Fall eines geisteskranken Mannes, der sein periodisch aufsteigendes Unbehagen nur lindern konnte, indem er Tieren die »Gurgel« durchbiß und deren Blut trank. Allmonatlich einmal mußte er sich ein Opfer verschaffen und dessen Blut trinken. Dann fühlte er sich »wie neu geboren«.[40]

Mit dieser archaisch anmutenden Gewohnheit läßt sich jenes blutige Ritual vergleichen, welches die Könige der Ashanti am Gedenktag ihrer Ahnen vollzogen. Der König besuchte seine toten Vorfahren in ihren Grabkammern und wusch ihre Gebeine sorgsam mit dem Blut von Menschenopfern, die speziell für diesen Anlaß getötet worden waren. Dies alles im Interesse einer »Belebung« der Ahnen.[41] – Auch im alten Rom wurden den Toten an bestimmten Tagen Blutopfer dargebracht. Die Gräber waren eigens mit Rohrleitungen versehen, die von der Erdoberfläche bis in die Grabkammern führten. So konnte man das Blut direkt zu den Toten hinuntergießen. Man stellte sich vor, daß man sie dadurch »lebendig« erhalte.[42] – Die apokryphe Paulusapokalypse zeigt in der Hölle Männer und Frauen, die bis an die Lippen in eine Grube voll Blut getaucht sind.[43] Mit gutem Grund kann man annehmen, daß auch dieser Höllenstrafe, wie anderen (Feuer, Wasser, Kälte, etc.), ursprünglich die Idee der Reinigung, Läuterung und Wiederbelebung zugrundelag und daß sie erst sekundär ihren Strafcharakter erhielt.

Bei Kenntnis dieser Vorstellungen überrascht es nicht, daß die Bluttransfusion auch zur ›Belebung‹ der Geisteskranken eine zeitlang in der Psychiatrie in Mode war. Moritz Hoffmann schlug sie 1662 als Heilmittel für die Melancholie vor. Etwa um dieselbe Zeit infundierte Jean Denis Lammblut (!) in die Venen von Geisteskranken, angeblich mit gutem Erfolg.[44] Die Methode muß ziemlich beliebt gewesen sein. Einige Jahre später beantragte die Philosophische Gesellschaft in London ihre versuchsweise Anwendung bei den in Bedlam eingeschlossenen Irren.[45] Heinroth, der ebenfalls die belebende Wirkung des Blutes, analog jener alten Gleichung Blut=Leben, noch sehr konkret verstand, führt aus: »Der Blödsinnige bedarf nicht so wohl der Erregung, als der *Belebung*. – Könnten wir neues Blut in seine Adern gießen – und beyläufig: warum sollte hier die Transfusion nicht ihre Stelle finden? Hier, gerade wie bey den Willenlosen; ... vermöchten wir also ihn, wie auch den Willenlosen, durch neues Blut zu beleben, so würden auch die ausgetrockneten Hirn- und Nervenfasern neue Nahrung in sich saugen und es würde eine neue Empfänglichkeit für das geistige Princip, die Vernunft, und den, von ihr mit Freyheit belebten Willen, entglimmen.«[46] Was Heinroth über die »ausgetrockneten Hirn- und Nervenfasern« schreibt, ist natürlich reine Phantasie. Nichts dergleichen ist von den psychisch Kranken bekannt. Der vitale Mangel, an dem sie leiden, ist in Wirklichkeit ganz anderer Art.

Versteht man Heinroths Anregung nicht wörtlich, sondern übersetzt man die Symbolsprache, der sie entstammt, zurück, wonach mit ›Blut‹ ursprünglich ›Geist‹ und ›Leben‹ gemeint sind, so ergibt sich daraus die Aufforderung, daß es in einer psychiatrischen Klinik vor allem *lebendig* zugehen muß. Sonst haben die Kranken nichts, wovon sie zehren können. »Die Heilanstalt für Irrende«, schreibt Reil, »ist an sich ein todtes Ding. Durch Menschen[47] muß sie gleichsam erst Leben und Federkraft bekommen.«[48] – Wir wissen es ja mittlerweile, daß die »Toten« ausschließlich von den Opfergaben »leben«, welche die Lebenden ihnen darbringen. Die unbehandelten Toten hocken schweigend, mit abgewandtem Blick in der Unterwelt und wissen nichts zu sagen.[49] Besinnungslos liegen sie herum, »Abbilder schlafender Menschen«.[50]

Es ist noch nicht so lange her, daß solche Zustandsbilder, wie sie die Hadesschilderungen der Odyssee uns vorführen, in psychiatrischen Kliniken häufig zu sehen waren. Heute sind sie dank der modernen Behandlungsmethoden viel seltener geworden. Man würde sich aber täuschen, nähme man an, sie seien gänzlich verschwunden. So berichtet der deutsche Psychiater Heinrich Kunze, der die Lebensverhältnisse von mehr als 600 hospitalisierten Schizophrenen untersuchte, unter anderem Folgendes: »Apathisch und bedürfnislos, unterwürfig sich jedem Reglement fügend, leben sie in völliger Zurückgezogenheit.«[51] Diese Schilderung unterscheidet sich nicht wesentlich von derjenigen Homers und könnte sicherlich durch weitere, gleichlautende aus anderen Ländern ergänzt werden.

Es lassen sich heute mit den Psychopharmaka die sogenannt »produktiven« psychischen Krankheitserscheinungen im allgemeinen ziemlich rasch und sicher zum Verschwinden bringen. Zur therapeutischen Crux sind dagegen die antriebslosen, autistischen Fälle geworden, denen man mit allen Medikamenten keine neue Lebendigkeit einpumpen kann. Gerade für sie wäre es wichtig, daß sie mit Leben angesteckt und nicht durch unnötige Isolierung und Dämpfung vom Leben ferngehalten werden.

Die Kunst, die hier vonnöten ist, ist das psychotherapeutische Animieren, die Fähigkeit, Patienten auf eine geeignete Weise anzuspornen und mitzureißen. Animieren heißt »beseelen« oder »begeistern«. Man darf das ruhig wörtlich verstehen, so als ob man einem Menschen von außen Geist einflöße, oder seine schlafende, verschüttete Seele wiederzuerwecken versuchte.

Eine Parallele dazu findet sich bei dem burmesischen Stamm der Palaung, die glauben, daß imbezile Kinder *ohne* Seele geboren werden. Sie behandeln solche Kinder besonders liebevoll, weil sie hoffen, daß die Seelen bei guter Behandlung den Weg zu ihren Körpern doch noch finden.[52]

Ich möchte nicht mißverstanden werden. Die psychiatrischen Kliniken sollen natürlich nicht zu Institutionen entarten, in denen routinemäßig Betriebs- und Stimmungsmacherei in karitativem Geiste gepflegt wird. Es braucht im Gegenteil sehr viel Feingefühl, um im Einzelfall herauszufinden, welche Art von Lebendigkeit einem Menschen fehlt, zu der er sich selbst nicht verhelfen kann. Und es braucht noch einmal sehr viel Fingerspitzengefühl, um gegebenenfalles zu entscheiden, wann ein Mensch der »Animierung« von außen *nicht* mehr bedarf und alleine weiter »leben« kann. Meist existieren »lebendige« und »unlebendige« Seelenanteile ohnehin gleichzeitig nebeneinander, so daß man nicht unbedingt den ganzen Menschen fördern und stützen muß. In gewissen Lebensbereichen kann man sogar schwerkranke Patienten ruhig sich selbst überlassen und man darf ihrer gesunden Lebendigkeit in diesen Gebieten vertrauen. – Wichtig ist, daß die Klinik als ganze von einem lebendigen Geist erfüllt ist und nicht in der Atmosphäre eines Abstellraumes für unbrauchbares Inventar dahinmodert. Natürlich ist sehr schwer zu definieren, was »lebendig« ist und was nicht. Es ist das mehr eine Sache des Gefühls. Wenn man ein Haus, in dem Menschen leben, betritt, spürt man sofort, ob es darin lebendig zu- und hergeht, oder ob alles zwar sauber und äußerlich »in Ordnung« ist, und dennoch eine lebendige Atmosphäre fehlt.

Es lassen sich dafür nur einige ganz allgemein gehaltene Hinweise geben: Erste Voraussetzung ist genügend gutausgebildetes und gutwilliges Personal. Psychisch Schwerkranke, sich selbst überlassen oder ungenügend betreut, stecken sich in der Regel in ihrer Apathie und Pathologie gegenseitig an. Sie sind kaum je in der Lage, sich selbst wieder »aufzufangen«. Natürlich garantiert die Quantität des Personals allein noch keine lebendige Atmosphäre. Auch viel Personal kann in einem unlebendigen Geist dahinarbeiten. Aber mit wenig Personal geht es überhaupt nicht. Wie Reil schon sagt, sind es die Menschen, die Leben in die Gebäude bringen! – Was die Patienten betrifft, so sollen in einer psychiatrischen Klinik nach Möglichkeit junge und alte Menschen beiderlei Geschlechts aufgenommen werden. Der beste Vergleichsrahmen für die Struktur und Größe einer Krankenabteilung ist nach wie vor die Familie mit Großeltern, Eltern, Jugendlichen, Onkeln, Tanten, Cousins und Cousinen ... – Es soll einen Alltag geben und Feste, Arbeit und Freizeit, Vergnügungen und Entbehrungen, Freundschaften und Feindschaften, Freud und Leid; möglichst alles, was es im wirklichen Leben auch gibt. Besuche sind natürlich willkommen, denn sie bringen Leben ins Haus. Auch Haustiere können eine belebende Rolle spielen. Die aus gewöhnlichen Spitälern herrührenden Bedenken gegen die Tierhaltung in Kliniken sind für die Psychiatrie gegenstandslos und sollten fallengelassen werden. In der psychiatrischen Klinik soll es ja gerade *nicht* »steril« zugehen!

Bei der *Psychotherapie* von Geisteskranken kann es sich als günstig erweisen, die Behandlung *eines* Patienten auf *mehrere* Therapeuten zu verteilen. Diese äußere Aufspaltung kommt der inneren Spaltung vor allem schizophrener Patienten entgegen, indem sie den verschiedenen Persönlichkeitsanteilen des Kranken verschiedene reale Personen (als Projektionsträger) offeriert, mit denen dann die verschiedenen Teilaspekte der Seele abgehandelt werden können. Die Therapeuten untereinander bilden im Idealfall eine Art Sammelstelle, wo die versprengten Persönlichkeitsanteile des Patienten zunächst im kollegialen Kontakt zusammenkommen können und von wo aus die Wiedervereinigung seiner Persönlichkeit ihren Ausgang nehmen kann. Außerdem wird die Arbeit für den einzelnen Therapeuten dadurch weniger anstrengend.

Das Verfahren hat allerdings auch seine Tücken. Die ambivalent besetzten, inkompatiblen seelischen Tendenzen werden manchmal direkt auf die Therapeuten übertragen, so daß diese plötzlich füreinander ›inkompatibel‹ werden, noch ehe sie recht wissen, wie ihnen geschieht.

Wenn man sich mit Geisteskranken wirklich einläßt, das heißt, wenn man sich ein- und mitfühlend in *ihre* Welt versetzt, dann vollbringt man eigentlich eine Heldenaufgabe.[53] – Es liegt mir fern, durch den Gebrauch dieser Vokabel die psychiatrische und psychotherapeutische Arbeit zu heroisieren. Ich spreche auch hier wiederum von einem *Bild,* von dem mythologischen Bild des Helden nämlich, das einer ganz bestimmten seelischen Qualität entspricht. Es ist jener Teil des Menschen, der sich nicht scheut, mutig in das oft so chaotische Dunkel der Seele hinabzusteigen und dort den Kampf mit den Mächten der Finsternis aufzunehmen. – Nur Helden wagen den Weg in die Unterwelt, in die Höhle des Drachen oder in die Verliese von Zauberern und Hexen. Kein gewöhnlicher Sterblicher vermag den schrecklichen Anblick Hels zu ertragen. Und selbst die glänzendsten Helden überleben das gefährliche Abenteuer nicht immer.

Helden sind ihrer Natur nach meist Halbgötter. Sie haben einen menschlichen und einen göttlichen Elternteil. – Das bedeutet für denjenigen, der Geisteskranke behandelt, nicht nur, daß nicht *er* der Held ist, sondern auch, daß sein menschlicher Verstand und guter Wille für diese Aufgabe nicht genügen und es dazu noch eines Höheren bedarf: jenes Teils seiner Persönlichkeit, der das Bewußtsein übersteigt, der die Unzulänglichkeiten des Bewußtseins ergänzt und vervollständigt, eben des Heldenanteils oder des göttlichen Teils der Seele. Das gewöhnliche Wissen scheitert an den Pforten der Unterwelt. Deshalb ist es von entscheidender Wichtigkeit, daß der Therapeut immer auch die Äußerungen seines eigenen Unbewußten, seine Träume, Phantasien, Fehlhandlungen etc., berücksichtigt, wie dies die analytischen Schulen seit jeher gefordert haben. Aus der unbewußten Seelensphäre bezieht er ja die Motivation und den Mut für seine Arbeit, und – so er Glück hat – auch die rettenden Einfälle.

Die Toten sind auf die Hilfe der Lebenden angewiesen. Sie können die Unterwelt aus eigener Kraft nicht verlassen.[54] Die *Selbsterweckung* vom Tode ist die seltene Ausnahme. In Indien ist sie das ausschließliche Vorrecht heiliger Männer, welche die höchste Stufe der Erkenntnis erlangt haben.[55] Andererseits nützen alle frommen Opfer der Angehörigen dem Toten nur dann zu seiner Erlösung, wenn er sie auch verdient hat.[56] Der Tote kann sich nicht selbst retten. Er muß aber in irgendeiner Weise bei seiner Erlösung mitmachen, sonst sind alle Bemühungen um seine Seele vergebens. – Man wird deshalb bei der Krankenbehandlung immer Ausschau halten nach dem *inneren* »Helden« im Patienten und versuchen, ihn für den Kampf um die eigene Seele zu gewinnen.

Bekanntlich verfügen viele Kranke nicht über eine entsprechend umsichtige, tapfere und begnadete Heldenseite. Dies mag zufolge einer konstitutionellen Schwäche der Fall sein. Oft ist sie auch durch die Enttäuschungen des Lebens abhanden gekommen, und später wagen die, die entmutigt sind, den Weg in die eigene »Unterwelt«, in die eigene »Hölle« nicht mehr. Dann kann es zur Aufgabe der Therapie werden, diese Rolle kurz- oder längerfristig, manchmal ein Leben lang zu übernehmen.

Anmerkungen

1 Homer, Odyssee XI, 148.
2 W. F. Otto, *Die Manen*, S. 42.
3 Chr. Muller, Psychotherapie und Soziotherapie der Schizophrenen, in: Gerd Huber, *Therapie, Rehabilitation und Prävention . . .*, S. 294 u. 295.
4 M. Bleuler, Prävention der Schizophrenien – winzige Körnchen Wissen in einem Meer von Nicht-Wissen, in: Gerd Huber, *Therapie, Rehabilitation und Prävention . . .*, S. 161 u. 162.
5 Laehr, *Über Irrsein und Irrenanstalten*, S. 116.
6 Kraepelin, *Lehrbuch*, Bd. I, S. 638 u. 639.
7 Inwieweit die Barrieren wirklich fallen, ist, wie gesagt, gar nicht so leicht zu beurteilen.
8 L. Petzold, *Der Tote als Gast.*
9 Petzold, S. 18; weitere Beispiele: »Einladung vor Gottes Gericht«, »Gäste vom Galgen«, Grimms Sagen Nrn. 335 u. 336. »Der tote Gast«, Klapper, Nr. 164.
10 Eliade, S. 280.
11 Beispiele dafür in: »Die Ahnfrau von Rantzau«, »Die Frau von Alvensleben«, »Ein gespenstiger Reiter«, Grimms Sagen Nrn. 41, 68 und 100.
12 Ich übersehe nicht, daß es von vorneherein eine besondere Auswahl von Menschen ist, die überhaupt Arbeit in der Psychiatrie suchen. Das ändert nichts daran, daß sie besonders gefährdet sind, wenn sie erst einmal in der Psychiatrie arbeiten.
13 v. Dam, S. 285; Böcher, S. 47 ff.
14 Paracelsus, *Von den unsichtbaren Krankheiten*, S. 79.
15 Vergil, Aeneis VI, 135.
16 Ebda., VI, 261.
17 Bächtold-Stäubli, III, 506.
18 Ebda., III, 505.
19 Vergil, Aeneis VII, 765-774.
20 Lukian, Totengespräche, Kap. XXIII.
21 Dante, Inferno VIII, 105.
22 Homer, Ilias II, 715.
23 Zum Beispiel »Von einem Weibe, das sich dem Teufel verschrieb und von ihrem Sohne erlöst wurde«, »Von einer Königin, die durch ihren Sohn aus den Händen des Teufels gerettet wurde«, Klapper, Nr. 45 u. 194.
24 Kroll, *Gott und Hölle*, passim; speziell für das Christentum: Matthäus 27, 53.
25 Eliade, S. 221.
26 Eliade, S. 227.

27 Alles fließt.
28 Genesis 9, 4.
29 Leviticus 17, 11.
30 Storå, S. 187.
31 Böcher, S. 208 ff.
32 Matthäus 26, 28; Hebräerbrief 9,14; 1. Johannesbrief 1,7.
33 v. Dam, S. 232 u. ff.
34 H. L. Strack, *Das Blut im Glauben und Aberglauben der Menschheit,* S. 27.
35 Ebda., S. 43, 44.
36 Ebda., S. 32; auch: Stemplinger, S. 61 f.
37 C. Lombroso, *Der Verbrecher,* Bd. II, S. 89 u. 111.
38 Strack, S. 34.
39 Ebda., S. 59 f.; auch: D. Pirie, *Vampir-Filmkult,* S. 17 f.
40 Scharfetter und Hagenbuchner, S. 295.
41 v. Sydow, S. 20.
42 Toynbee, S. 37.
43 Paulusapokalypse Kap. 38.
44 Ackerknecht, S. 33.
45 H. Laehr, *Gedenktage der Psychiatrie,* S. 316. Weitere Hinweise bei Foucault, *Wahnsinn und Gesellschaft,* S. 311 u. 312.
46 Heinroth, Bd. II, S. 30.
47 Nämlich die Behandler. F. L.
48 Reil, S. 473.
49 Homer, Odyssee XI, 142, 143, 149.
50 Ebda., XI, 476.
51 Zit. n. *Der Spiegel* Nr. 12, 34. Jg., 17. 3. 1980, S. 112.
52 Camerling, S. 19.
53 Vgl. Vergil, Aeneis VI, 129 ff.
54 Ahern, S. 225 u. 241.
55 v. Glasenapp, S. 3.
56 Augustinus, *Die Sorge für die Toten,* S. 2 f.

Auferstehung von den Toten
Die Heilungsmöglichkeiten

Die bisherige Untersuchung folgte einer Pendelbewegung zwischen Psychiatrie und Unterwelt, stets die Bilder der einen mit jenen der anderen vergleichend. Die Verbindungslinien, die sich zwischen den beiden zunächst so verschiedenartig anmutenden Welten ziehen ließen, machten es deutlich, daß ihnen – betrachtet man sie nicht als *Sachen,* sondern als *geistige Größen,* als Produkte der menschlichen *Phantasie* – über weite Strecken ein und dieselbe Idee zugrunde liegt.

Konnten wir den Wagen unserer vergleichenden Betrachtung mittels der beiden kräftigen Zugpferde »Psychiatrie« und »Unterwelt« bis hierher voranbringen, so dürfen wir unsere Arbeit nun nicht beenden, ohne einen Blick auch auf jenes Gebiet geworfen zu haben, woher alle Medizin schließlich ihre Rechtfertigung herleitet. Wir müssen uns darum zuletzt noch fragen, ob die Gegenüberstellung von Wahnsinn und Hölle auch bezüglich der *Heilmethoden* und *Heilungsmöglichkeiten* ergiebig bleibt. – Gibt es überhaupt einen Ausweg aus der Hölle? Wie steht es mit den Heilungen in der Psychiatrie? Was haben die Totenbücher und Jenseitsmythologien in dieser Hinsicht allenfalls zu bieten? – Finden sich auch in diesem Punkt Übereinstimmungen zwischen den alten Überlieferungen und modernem psychiatrisch-psychologischem Glaubensgut?

Wenn Ärzte sich um die Heilung eines Kranken bemühen, so fragen sie zuerst nach der *Ursache der Krankheit.* – Um Licht in unsere Angelegenheit zu bringen, wollen wir ebenso vorgehen und, ehe wir die Heilungsaussichten prüfen, die Frage nach den *Ursachen der Höllenpein* stellen. Von ihrer Beantwortung erwarten wir dann Hinweise für eine kausale Therapie.

Für die Unterweltlichen ist diese Frage ganz leicht und eindeutig zu beantworten. Der Grund für ihre Bestrafung ist ausschließlich und immer *ein Vergehen gegen die Götter.* Ob man ägyptische oder indische Texte befragt, die klassische griechische Mythologie, das Christentum oder die Glaubensvorstellungen sogenannter Primitiver, die Antwort ist stets dieselbe: die Jenseitsstrafen ahnden in jedem Fall einen Frevel gegen die Gottheit und deren Gebote. Oftmals sind sie auch der verdiente Lohn für ein Paktieren mit dem Bösen.

Den frühen Seelenärzten war diese Anschauung noch ganz geläufig.[1] Wer sich gegen Gott vergeht, der wird von ihm mit Wahnsinn bestraft. Die Heilige Schrift bot dem unbefangenen Gläubigen genügend Anhaltspunkte zur Stützung dieser These, die bis etwa zu Heinroth in dieser direkten, unreflektierten Form weitergegeben wurde. »Frömmigkeit, die echte nämlich«, schreibt Heinroth, »schützt vor Melancholie und allen anderen psychisch-krankhaften Zuständen.«[2] Dementsprechend besteht die religiöse Therapie der Besessenheit in der feierlichen Rückführung des Kranken in das Gotteshaus, in Buße, Beichte, Kommunion und der neuerlichen Verpflichtung auf den Namen Gottes.[3]

Heute genügt diese auf naiver Frömmigkeit gründende Anschauung aber längst nicht mehr. Die traditionelle Seelsorge versagt zumeist angesichts der Geisteskrankheiten. Dafür tritt die moderne Psychologie wacker in ihre Fußstapfen, mit Dogmen und Propheten, mit alleinseligmachenden Kirchen, die sich wahre Religionskriege liefern, und mit Gläubigen und Proselyten, welche eifrig nachbeten, was ihnen vorgebetet wird. Ein guter Teil der Energien, die früher den großen Religionen Leben verliehen, ist in den Psycho-Kult eingeflossen.

Aber greifen wir nicht vor. Bleiben wir vorderhand bei den Toten in der Hölle. So einfach ist das Problem ohnehin nicht, daß es durch eine Pilgerfahrt nach Wien in die Berggasse Nr. 19 und einen reumütigen Kniefall loco sancto rasch abgetan werden könnte. So billig gibt der Teufel, was ihm gehört, nicht wieder her. Im Gegenteil, wer in die Hölle gefallen ist, der muß in der Regel auch dort bleiben. Die Rückkehr vom Tod ins Leben ist die höchst seltene Ausnahme. Schon Rigveda 7,104,3 lehrt, daß die Übeltäter nie wieder aus dem haltlosen Dunkel des Totenreichs herausgekommen.[4] »Es steigt nicht auf, wer fuhr in die Scheol«, heißt es Hiob 7,9. Und Shakespeare spricht vom »Land, von des Bezirk kein Wandrer wiederkehrt«.[5] – Es braucht dies hier nicht weiter belegt zu werden. Die Endgültigkeit des Todes und seine Unumkehrbarkeit standen ja bereits am Anfang unserer Ausführungen.

Gänzlich ausweglos ist die Unterwelt aber auch wieder nicht.

Die Auferweckung der Toten ist eines der großen, ausnahmsweisen Wunder, von denen die heiligen Schriften allüberall berichten. Auch in Märchen und Sagen geschieht es dann und wann, daß einer, dessen Seele schon beim Teufel schmorte, sich der ewigen Verdammnis doch noch entwindet und aus der Unterwelt auf die Erde zurückkehrt. Bloß passiert solches äußerst selten. In China ist man der Ansicht, daß die Zahl der Toten, welche die Erlaubnis zum Verlassen der Unterwelt erhalten, grundsätzlich beschränkt sei.[6]

In die Welt der psychisch Kranken übertragen würde das heißen, daß Heilungen kaum zu erwarten seien. – Das mag allzu pessimistisch erscheinen. Man muß bei solchen Überlegungen aber unterscheiden zwischen Besserungen, welche zwar eine Klinikentlassung des Patienten und eine Beendigung der Behandlung gerechtfertigt erscheinen lassen, sogenannten sozialen Heilungen, und *wirklichen Heilungen*. Die in den letzten Jahren erreichten Verkürzungen der durchschnittlichen Verweildauer der Patienten in Kliniken sind nämlich keineswegs immer gleichzusetzen mit einem Behandlungserfolg.[7] Bei weitem nicht alle Patienten, die nach Hause zurückkehren können, sind *wirklich geheilt*.

Die allermeisten der modernen psychiatrischen Heilverfahren funktionieren in dieser Hinsicht wie Krückstöcke. Sie erleichtern dem Patienten zwar das Fortkommen, sie können ihn aber nicht heilen. Die Medikamente kupieren wohl die akute Störung und unterdrücken die momentane Symptomatik. Sobald man sie aber wegläßt, nimmt die Krankheit wieder ihren eigenwilligen Verlauf.

Ch. Muller verglich in Lausanne den Verlauf zweier Gruppen von Schizophrenen aus den Jahren 1910-1933 und 1933-1962, zweier Gruppen also, die mit gänzlich verschiedenen Methoden behandelt worden waren. Er mußte feststellen, »daß nicht der geringste statistisch erfaßbare Unterschied im Verlauf bestand.«[8] – K. A. Achté untersuchte in Helsinki schizophrene und paranoide Patienten, die zwischen 1950 und 1975 erstmals klinisch behandelt worden waren. Er fand, es sei »hinsichtlich der Prognose der Schizophrenie von 1950 ab klinisch keine besondere Verbesserung erreicht worden«.[9] – Nach wie vor fehlen Beweise, daß die Psychopharmakabehandlung die Langzeitprognose der Schizophrenie signifikant beeinflußt.[10]

Selbst das Lithium, das bei langdauernder Einnahme manische

und depressive Zustände zu mildern und sogar zu verhindern imstande ist, beeinflußt die Krankheit in ihrem eigentlichen Wesen nicht. Sobald man es absetzt, ist alles wieder beim alten. Und ob jemand die vom Arzt vorgeschriebenen Medikamente regelmäßig über Monate und Jahre einnimmt oder nicht (die sog. Compliance)[11], hängt von Faktoren ab, die durch das Medikament selbst nicht beeinflußt werden. – Soviel wir bis heute wissen, läßt sich nicht mit absoluter Sicherheit vorhersagen, wie sich eine Krankheit im Einzelfall entwickeln wird. In diesem Sinne äußerte sich auch Manfred Bleuler, er sehe bei seiner jahrzehntelangen Erfahrung keine Anhaltspunkte für eine Heilbarkeit der chronisch bösartig verlaufenden Schizophrenien durch die Behandlung, lediglich für eine Milderung und Besserung.[12]

Daß die Psychiatrie in diesem Punkt letztlich nichts vermag, wird auch durch den Umstand bestätigt, daß von allen Patienten, die in psychiatrischen Kliniken behandelt werden, etwa die Hälfte wegen desselben Leidens schon früher in Behandlung stand. Das hat der Psychiatrie den Schimpfnamen »Drehtürpsychiatrie« eingetragen. Gewitzte Therapeuten streben deshalb nicht mehr in erster Linie die Beseitigung der Krankheit an. Sie gehen vielmehr davon aus, daß es außerhalb der Kompetenzen einer Behandlung stehe, welchen Verlauf eine psychische Erkrankung nimmt, und versuchen dem Patienten behilflich zu sein, *mit* seiner störenden Symptomatik besser umzugehen und besser damit leben zu können.

Folgender alte Psychiaterwitz darf hier nicht unerwähnt bleiben:

Ein Mann klagt seinem Freund, daß er unter Bettnässen leide. Der Freund rät ihm, sich in psychiatrische Behandlung zu begeben. Nach Monaten begegnen die beiden einander wieder. »Nun«, fragt der Freund, »bist du dein Bettnässen losgeworden?« »Nein«, entgegnet der andere, »aber ich habe gelernt, es zu genießen.«

Wenn psychische Krankheiten etwas mit dem Erbgut zu tun haben oder im Laufe eines Menschenlebens unveränderlicher Bestandteil der Persönlichkeit geworden sind, ist nicht zu erwarten, daß sie von Grund auf geändert werden können. In Fachkreisen herrscht heute zunehmende Einigkeit darüber, daß dasjenige, was als psychische Störung oder Krankheit imponiert, in der Regel nicht aus heiterem Himmel fällt, sondern durch verschiedene, innere oder äußere Umstände herbeigeführte *Exacerbationen von*

Charakteranomalien sind. Längsschnittuntersuchungen der Lebensgeschichten von Patienten zeigen, daß beispielsweise Schizophrene auch in Zeiten, in denen es ihnen gut geht, das heißt vor und nach einer Krankheitsepisode, einen schizoiden Charakter haben; oder daß Depressive, auch wenn sie nicht akut depressiv sind, einen melancholischen Charakter haben; daß Hysterische einen hysterischen Charakter haben; daß einer Zwangsneurose ein Zwangscharakter zugrunde liegt, u.s.f.

Wenn aber dasjenige, was als seelische Krankheit erlebt wird, etwas mit der Persönlichkeit des davon Betroffenen zu tun hat, so muß auch der Heilungsanspruch der Psychiatrie ein ganz anderer sein als in der übrigen Medizin. Den Charakter kann man einem Menschen mit keiner Therapie wegbehandeln. Und so bleiben auch die Voraussetzung und der Vorläufer jenes ungebärdigen Wesens bestehen, das unter geeigneten Bedingungen jederzeit wieder hervorbrechen kann. Psychiatrische Heilungen sind im besten Fall *momentane* Heilungen. Sie sind nicht Garantien für alle Zukunft.

Ich will damit keineswegs in Abrede stellen, daß auch bloße momentane Besserungen sehr erstrebenswert sind. Es liegt mir vor allem daran klarzustellen, was man sich unter *wirklichen* Heilungen vorzustellen habe und *wie selten* sie sind.

In den Jenseitsvorstellungen wird unterschieden zwischen Seelen, die zwar von ihren höllischen Qualen erlöst werden, aber Tote bleiben, und solchen, die ins Leben zurückkehren dürfen. Beider Erlösung gilt als ein wohltätiger Akt. Im einen Fall haben wir nachher weiterhin Tote vor uns, die aber nichts mehr zu leiden haben. Im anderen Fall hat die Heilsbemühung tatsächlich die Wiederbelebung des vormals Toten und seine Rückkehr ins Leben zur Folge. – Diese Unterscheidung entspricht sehr treffend den verschiedenen Begriffen von »Heilung«.

Es scheint in der Unterwelt eine *Grenze* zu geben, jenseits welcher die Toten nicht mehr ins Leben zurückkehren können. Solches berichten jedenfalls die Gewährsleute Moodys und anderer. Dasselbe behaupten auch gewisse nordamerikanische Indianer. Wenn der Abstand zwischen einer entflogenen Seele und dem Schamanen, der sich aufgemacht hat, sie zu suchen, erst einmal zu groß geworden ist, kann er sie nicht mehr einholen und zurückbringen.[13] In der Psychiatrie ist es nicht anders: Wenn Patienten sehr lange krank waren und ohne geeignete Behandlung blieben, hat sich ihr Befinden unter Umständen so sehr verschlechtert und sie haben sich so sehr an ihr Kranksein gewöhnt, daß man ihnen manchmal wirklich nicht mehr helfen kann.

Eine wichtige Voraussetzung für die Rückkehr eines Toten ins Leben ist seine körperliche *Ganzheit* und *Unversehrtheit.*[14] Die Ägypter kannten eigene Zaubersprüche, die den Zusammenhalt der Leiche garantieren sollten: »Wohlan, knüpfe dir deinen Kopf an deine Knochen und knüpfe dir deine Knochen an deinen Kopf.« – »Deine Knochen vergehen nicht, dein Fleisch erkrankt nicht, deine Glieder entfernen sich nicht von dir.« – »Erhebe dich, empfange dein Wasser für dich, verbinde dir deine Knochen, stelle dich auf deine Füße ...«[15] Vor allem das Herz als Sitz des Verstandes wurde angerufen, den Zusammenhalt der Glieder zu gewährleisten.[16] Die Chinesen ergänzten aus diesem Grund sogar sterbenden Eunuchen ihre fehlenden männlichen Attribute.[17] Die Einbalsamierung und Mumifizierung des Toten geschah vor allem in der Absicht, den Leichnam für sein künftiges Leben möglichst unversehrt zu erhalten.

Auch in der Psychiatrie richten sich Prognose und weitere Behandlung danach, wieweit die Persönlichkeit des Kranken noch »intakt« ist. Die Heilungsaussichten hängen davon ab, wieweit der »Zerfall der Persönlichkeit« schon fortgeschritten ist. Auch da gibt es eine »Grenze«, jenseits welcher »nichts mehr zu machen ist«.

Wie weit jemand zu guter letzt als »geheilt« betrachtet wird, hängt schließlich noch davon ab, *wer* über diese Frage urteilt. – Psychische Störungen sind ja nicht einfach irgendwelche Sachen an sich. Sie bekommen ihr Gewicht erst dadurch, daß sie jemanden *stören.* Sie treten überhaupt erst in Erscheinung, wenn und falls sie von irgend jemandem wahrgenommen werden. – So banal diese Feststellung ist, so wird sie doch wegen der mit einer psychischen Störung verbundenen Dramatik gerne übersehen. Ob jemand als krank oder als gesund beurteilt wird, hängt sehr davon ab, von welcher Warte aus und mit welcher Optik er betrachtet und mit welchen Maßstäben er gemessen wird. So wird der eine eine tiefe Depression tapfer und ohne Behandlung durchstehen und von keinem Psychiater je gesehen werden. Ein anderer wird vielleicht schon bei geringfügigen Ängsten zu Medikamenten greifen, und ein Dritter, der für seine Umgebung ganz offensichtlich verrückt ist, wird sich selbst als völlig gesund empfinden. – Ebenso wird auch *nach* durchgemachter Krankheit die Beurteilung sehr von der Einstellung des Beurteilers abhängen. Wer sich vorher sehr schlecht fühlte, wird in einer objektiv geringfügigen Besserung schon eine große Erleichterung verspüren. Umgekehrt kann der Fachmann bei relativ gesunden Personen unschwer psychische Störungen feststellen, die dem Auge eines Laien gar nicht auffallen. So hängt es sehr davon ab, *wie genau man hinschaut,* ob man jemanden als geheilt betrachtet oder nicht. »Je sorgfältiger die Untersuchung«, sagt Manfred Bleuler, »desto seltener die Heilung.«[19]

Demnach könnte man mit dem gutgemeinten Ratschlag »Seht nicht so genau hin!« alle Geisteskrankheiten zur Genesung bringen. Tatsächlich lassen sich mit einer Portion Schlampigkeit und Gleichgültigkeit viele unangenehme Dinge im Leben besser ertragen. Im Falle der psychischen Krankheiten steht dagegen aber die praktische Erfahrungstatsache, daß gewisse Seelenzustände und Verhaltensweisen halt doch immer wieder als störend und krankhaft empfunden werden – und dies nicht nur als eine relativ periphere Wahrnehmung, wie etwa ein häßliches Gebäude, an dem man täglich vorbeigeht, das ästhetische Gefühl stört, sondern als eine zentrale Bedrohung der eigenen geistigen Existenz und der Weltordnung. Solches läßt sich mit Vernunftgründen und mit allem guten Willen nicht wegdiskutieren.

Paradoxerweise läßt sich eine seelische Störung oft aber auch nicht auf die Dauer ertragen. Die Einstellung gegenüber dem Wahnsinn ist, wie gesagt, sehr zwiespältig. Er existiert, und doch existiert er nicht. Das ist eine der Verrücktheiten rund um den Wahnsinn.

Es ist immer wieder sehr eindrucksvoll zu sehen, wie Eltern oder Partner, die einen Angehörigen zur Behandlung bringen, zwar Hilfe wollen, gleichzeitig aber betonen, daß der Kranke eigentlich gesund sei und nur infolge krankmachender Umstände zu dem geworden sei, der er ist. Im nächsten Augenblick ziehen sie über den Patienten her und beschimpfen ihn wegen diverser Bosheiten und Schlechtigkeiten, um unmittelbar darauf seine Charaktervorzüge und Tugenden zu loben usf., »gut« und »böse«, »krank« und »gesund«, »ja« und »nein« gehen Hand in Hand.

Wir erwähnten es bereits, was für eine Ungeheuerlichkeit das Faktum nicht endenden Irrsinns bedeutet. Da treten bald seelische Abwehrmechanismen in Funktion, die das Unerträgliche erträglicher machen sollen. »Gewöhnung« stellt sich ein. Dabei spielen Verdrängung, Verleugnung, Abspaltung und Umkehr ins Gegenteil eine große Rolle. Und so kommt es, daß relativ schwere seelische Störungen manchmal vom Patienten selbst und von seiner Umgebung schon nach kurzer Zeit nicht mehr gesehen werden, vielleicht muß man ergänzen: nicht gesehen werden *können*. – Nach meiner Erfahrung wird um so eher verdrängt, je näher man dem Patienten steht und je mehr man emotionell engagiert ist (wie man ja auch um so mehr irritiert ist, je näher man dem Patienten steht). Behandelnde *Ärzte* verfallen dieser Art von Blindheit umso eher, je ehrgeiziger sie sind und je weniger sie sich ihre Mißerfolge eingestehen können, während distanziertere, objektivere, und hier muß man wohl hinzufügen: zynischere Beobachter weiterhin mehr Störsymptome diagnostizieren werden. Eine Einigung über diesen Streitpunkt wird sich wegen der unterschiedlichen Engagiertheit der Beurteiler und der im Wahnsinn selbst beheimateten Widersprüchlichkeit nicht erzielen lassen.

Da im Menschen allgemein die Tendenz besteht, vor dem allzu Schlimmen die Augen zu verschließen – und dies gilt gleichermaßen für Laien wie für Fachleute – neige ich zu der Annahme, daß die Behandlungsergebnisse seelischer Krankheiten eher schlechter sind, als wir für gewöhnlich denken.

Die Befreiung eines Menschen aus der Hölle und seine Rückführung vom Tod ins Leben sind seltene Ausnahmen, mit denen man nicht rechnen darf. Doch bleibt ein Rest von Hoffnung, der sich darauf gründet, daß Totenerweckungen unter besonderen Umständen gelegentlich vorkommen. Bloß kann der Mensch, der sich wegen eines Vergehens an der Gottheit in der Hölle befindet, dieses Mißgeschick in der Regel nicht aus eigener Kraft wieder gutmachen (s. S. 182). Er bedarf dazu des gnädig hilfreichen Eingreifens und der Vergebung Gottes.

Bei vielen Völkern findet sich ein bestimmter Typus von Glaubens- und Erlösungsvorstellungen, die diesen Gegenstand zum Inhalt haben. Es handelt sich um die Idee vom Abstieg des Gottes in die Unterwelt zur Befreiung der verdammten Seelen. Sie findet sich in auffallender Gleichförmigkeit bei den meisten Kulturvölkern.[20]

Etwas schematisiert dargestellt sieht sie folgendermaßen aus: Meist genügt die alleinige Annäherung der Gottheit, daß die Unterwelt in Panik und Schrecken gerät. Das Erscheinen des Erlösers ist begleitet von gewaltigen Naturschauspielen. Die Erde bebt, der Boden dröhnt, der Höllenschlund spaltet sich. Die Pforten, welche bis anhin die Toten zurückhielten, springen auf, und das göttliche Licht dringt ein. Hades und Satan werden von einem großen Schrecken überfallen. Sie zittern und wanken. In einer plötzlichen Lähmung verlieren sie alle Kraft oder wenden sich ab in panischer Flucht. Dies alles bewirkt die bloße Gegenwart des Erlösers.

Ausführlich finden sich diese Vorstellungen erstmals in den ägyptischen Totentexten dargestellt. Allnächtlich steigt dort der Sonnengott Re in die Unterwelt ab, um nach bestandenen Gefahren am nächsten Morgen strahlend und erneuert wieder aufzugehen. Auf seinem Weg durch die Verliese der Unterwelt erlöst er die Toten durch seinen Anblick, durch sein Wort, durch seine Berührung oder allein durch seine Anwesenheit. – Im Christentum ist es Jesus, der nach seinem Kreuzestod die Pforten der Unterwelt sprengt und die Seelen befreit, die sich seit dem Sündenfall dort angesammelt haben. – Auf ähnliche Weise dringt der Held Gilgamesch in die Unterwelt ein, um der Göttin, die dort unten haust, das Geheimnis des Lebens zu entreißen. – In Indien ist es Buddha, der in die Hölle geht, um den Gefanenen Erquickung zu bringen. – Der mandäische Heros Hibil steckt sich selbst in ein Futteral von Schwertern, Säbeln, Stahlspitzen, Messern und Klingen. Krûn, der Oberteufel, will ihn verschlingen und zerschneidet sich dabei die Eingeweide, Leber und Nieren. – In derselben Absicht wirft der manichäische Urmensch sich und seine fünf Söhne den fünf Söhnen der Finsternis zum Fraß vor, um diese durch den Genuß des Heiles gewissermaßen einer umgekehrten Vergiftung zuzuführen.[21]

So gut wie immer ist die Herausführung der Toten aus der Unterwelt eine Prärogative der Götter. »Der *Herr* tötet und macht lebendig«, heißt es im 1. Buch Samuel.[22] »Er führet in die Hölle und wieder heraus.« – Jesus gab dieses Vorrecht an seine Jünger weiter, diese wiederum an ihre Schüler, bis herauf zu den Seelsorgern unserer Tage. Sein Auftrag lautete: »Heilet Kranke, erwekket Tote, macht Aussätzige rein, treibt Dämonen aus . . .«[23]

Nach allem, was wir über die Verflechtung von religiösen und psychiatrischen Seelenheilvorstellungen erfahren haben, überrascht es nun nicht mehr, in Johann Weyers psychiatrischem Lehrwerk zu lesen, daß »allein das krefftige und lebendmachend Wort deß Allmechtigen Gottes die Krafft hat einen todten wiederumb lebendig zumachen».[24]

Wenn wir versuchen, dieses mythologische Motiv in eine psychologische Sprache zu übersetzen, um es für unsere Fragestellung zu nützen, werden wir zuerst eine Definition für den Gottesbegriff suchen müssen. Was heißt, was bedeutet »Gott« in einer psychologischen Sprache? – Schon wenn wir diese Frage stellen, ist zu vermuten, daß wir keine einfache und eindeutige Antwort erhalten werden.

Was immer Gott sein mag, er ist *der höchste Wert* im Leben eines Menschen und – so mehrere Menschen an denselben Gott glauben – der höchste Wert in einer Gemeinschaft. Die neuere Psychologie prägte für diesen höchsten Wert den Terminus des »Selbst«, bzw. des »wahren Selbst«[25], worunter die Summe aller bewußten und unbewußten seelischen Inhalte und Strebungen zu verstehen ist. Das »Selbst« ist so etwas wie der Lebensplan im Menschen, die Gesamtheit aller Möglichkeiten und Fähigkeiten, welche eine menschliche Existenz ausmachen. Es ist die höchste Instanz, die über einem Leben steht. – C. G. Jung, der sich wie kein anderer um das psychologische Verständnis religiöser Phänomene bemühte, schreibt, »daß das Selbst numinos ist, das heißt quasi ein Gott oder an göttlicher Natur teilhabend . . . Psychologisch ist das Selbst eine imago Dei und kann empirisch nicht davon unterschieden werden.«[26] Das Selbst ist schlechthin »der Gott in uns«[27], der sich als eine innere Autorität, als ein »Gotteswille« kundtut.[28]

Bereits gegen Ende des achtzehnten Jahrhunderts zeichneten sich in Europa immer deutlicher die Linien einer allgemeinen Erfahrung ab, wonach der Mensch im Wahnsinn nicht *die* Wahrheit schlechthin verliert, sondern *seine* Wahrheit. Es gehen ihm nicht die Gesetze der Welt verloren, sondern er selbst entzieht sich den Gesetzen seines eigenen Wesens. Als Exponent dieser Entwicklung definierte Tissot den Wahnsinn als ein Vergessen dessen, was die direkte Wahrheit eines Menschen ausmacht.[29] »Wenn man jetzt von einem wahnsinnigen Menschen sprechen wird, bezeichnet man denjenigen, der das Gebiet *seiner* unmittelbaren Wahrheit verlassen und sich selbst verloren hat.«[30]

Die Erfüllung der Möglichkeiten und der Forderungen des Selbst realisiert sich in der *Selbstverwirklichung,* während der

Abtrünnige – aus den verschiedensten Ursachen – sich selbst verleugnet und sich selbst untreu wird.

Natürlich gelingt die Selbstverwirklichung nicht immer. Sie ist überhaupt mehr ein anzustrebendes Ziel als ein je erreichter Zustand. Die Freiheit des Menschen bringt es mit sich, daß er aus äußeren oder inneren Gründen sich selbst nicht immer treu bleibt, sondern vom »rechten Weg« abweicht und dadurch in Konflikt mit der inneren Gottheit gerät. Da aber der Gott per definitionem mächtiger ist als das Ich, straft und unterjocht er das letztere, wirft es in die »Hölle« und macht es leiden. Damit wären wir wieder am Ausgangspunkt unserer Überlegungen angelangt. Die Höllenqualen sind eine Folge der Verletzung göttlicher Gebote.

Voraussetzung für die *Erlösung* ist die Unterwerfung unter den göttlichen Willen. *Selbsterkenntnis*, gewonnen aus der schonungslosen Befragung der eigenen Bedingungen – Wer bin ich wirklich? – weist, spätestens seit Sokrates, den Weg zurück zum Selbst.

Das ägyptische Unterweltbuch, das den Namen Amduat trägt, betont, daß die Kenntnis der Götterbilder vor Untergang schützt: »Nicht kann der Ba (= Seele) dessen, der sie kennt, dahinschwinden.«[31]

Die Anerkennung der Ansprüche des Selbst und die Unterwerfung des Ich unter dieselben stellen die Einheit und Ganzheit der Persönlichkeit wieder her und setzen der Höllenqual ein Ende. – Aus der Fülle diesbezüglicher Publikationen erwähne ich nur zwei Bestseller aus den letzten Jahren, denen bereits im Titel die Suche nach dem Selbst wie ein Programm an die Stirn geschrieben ist: Virginia M. Axline, *Dibs in Search of Self*, und Alice Miller, *Das Drama des begabten Kindes und die Suche nach dem wahren Selbst.*[31a]

Der Vergleich der Schemata, mit denen die moderne Psychologie arbeitet, zeigt auch in diesem Punkt, wie in allen anderen, eine nahezu perfekte Übereinstimmung mit alten religiösen und mythischen Überlieferungen.

Bei der psychologischen Bewertung des Gottesbildes und seiner Bedeutung für das seelische Kranksein ist neben einem rein individuellen Gesichtspunkt aber auch noch ein *kollektiver* Aspekt zu berücksichtigen. Er findet sich in den *kollektiven Obervorstellungen*, in den Leitbildern der verschiedenen Kulturen und Epochen, welche die höchsten Werte des jeweiligen Zeitgeistes repräsentieren.

Solche höchsten Werte sind traditionell die Götter, die mit ihren vielfältigen hervorragenden, guten und schlechten Eigenschaften, mit ihren Tugenden und Lastern die spezifischen Vorbilder darstellen, nach denen verschiedene Völker sich ausrichten. Wo keine Götter mehr lebendig sind, bestimmen unpersönliche Ideale das Verhalten der Menschen. Tugend und Ehre können dann in der Wertehierarchie ebenso obenan stehen wie Krieg und Mord. Geld, wirtschaftliche Prosperität und die größtmögliche Bequemlichkeit möglichst vieler vermögen als Leitideen einer Epoche geradeso zu faszinieren wie zu anderen Zeiten die Förderung des Geistes und der Künste oder die größtmögliche Entfaltung der Fähigkeiten des Einzelnen. Das oberste Ziel menschlicher Bestrebungen kann sich in dem Wunsch nach Freiheit äußern, oder auch in dem Programm der Weltdiktatur und der Unterjochung aller.

Schon ein rascher Überblick über die Geschichte offenbart eine bunte Vielfalt von höchsten Werten, nach denen sich Menschen zu verschiedenen Zeiten orientierten, Werten, für die es sich lohnte zu leben, denen zugleich auch die einschneidendsten Opfer dargebracht wurden und um deretwillen es sich sogar lohnte zu sterben. – Solche höchsten Werte kann man mit Recht die Gottheit eines Volkes oder einer Epoche nennen, sind sie doch die Triebkräfte, die den Gang der Geschichte von Grund auf bestimmen und lenken und jeder Zeit das ihr eigene, unverwechselbare Gepräge geben.

Die geheiligten Ideale, welche die Richtlinien für den Lebenswandel festlegen und den Maßstab für das menschliche Verhalten abgeben, bestimmen, was gut und böse ist, was normal und was abnormal. Auch von ihnen kann der Mensch sich abwenden und dadurch straffällig werden. Durch ihre extrem definierte Position provozieren sie sogar die Existenz einer Hölle. Alles, was ihnen nicht entspricht, muß zwangsläufig der Verdammnis anheimfallen.

Der Psychoanalytiker Wolfgang Loch formuliert es folgendermaßen: »Einer solchen heilen, idealen Welt ist jedoch unweigerlich und aus innerer Notwendigkeit die Hölle zugeordnet. Satan lebt in jedem Paradies gleichsam um die Ecke.«[32]

In einer Gesellschaft beispielsweise, in welcher der Anhäufung von materiellen Gütern eine große Bedeutung zukommt, wird Geldverschwendung als Vergehen geahndet. Franz von Assisi, der sein Geld an die Armen verschenkte, würde heute in den meisten Industriestaaten wahrscheinlich sofort entmündigt. Da er überdies unbefangen genug war, den Vögeln zu predigen, müßte er sich vermutlich gefallen lassen, als Geisteskranker abgestempelt zu werden. Vernünftige Leute wissen nämlich mittlerweile, daß es unsinnig ist, Vögeln fromme Reden zu halten. Die Vernunft erlangte im Laufe der abendländischen Geschichte bekanntlich einen sehr hohen Stellenwert. Von der französischen Revolution wurde sie sogar in den Rang einer Göttin erhoben. Franziskus hatte aber das für ihn unschätzbare Glück, lange vor der Zeit der Aufklärung und der Revolution zu leben. So wurde er nicht zum Narren in den Augen der Leute, sondern einer der größten und meistverehrten Heiligen der Katholischen Kirche.

Dasjenige, was allgemein für psychisch normal angesehen wird, erweist sich bei einer vergleichenden Betrachtung als sehr relativ. Kopfabschneiden gilt bei manchen urwüchsigen Stämmen – übrigens auch bei zivilisierten Völkern, wenn sie sich im Kriegszustand befinden – als Heldentat. Unter Kulturmenschen wird es normalerweise als Ausdruck einer Geistesstörung angesehen. – Diebstahl wird in gewissen Gesellschaften als eine notwendige Art der Lebensmittelbeschaffung geachtet. Andere haben dafür das Ettikett »haltlose Psychopathie« bereit. – Nächstenliebe gilt den einen als größte Dummheit, den anderen als höchste Tugend. – Gewisse Formen der Depression wurden in früheren Zeiten als Ausdruck besonders tiefsinniger Geistigkeit geschätzt und keineswegs als Krankheit gewertet. – Dem Südseeinsulaner erscheint jene Art geschäftiger Zwanghaftigkeit, auf der das halbe Abendland seine Prosperität gründet, völlig unverständlich.[33] Hysterisches Verhalten ist in manchen Teilen Südeuropas die Regel, in kühleren Regionen eine psychiatrische Diagnose. – Jene unerbittliche Konsequenz schließlich, mit der ein Asiate, der sein »Gesicht verloren« hat, sich das Leben nimmt, ist dem durchschnittlichen Europäer und Nordamerikaner unverständlich und ein Grund, um systematische Selbstmordverhütung zu treiben.[34]

Die Beispiele zeigen, daß das Ver-rückte in vielen Fällen in einer Abweichung von den jeweils gültigen Normen besteht. Dasselbe Urteil fällt ja auch die Umgangssprache, indem sie ohne große

Umschweife die beiden Begriffe »geisteskrank« und »abnormal« einander gleichsetzt. *Das Vergehen des Verrückten liegt in seiner bewußten oder unbewußten Auflehnung gegen die jeweils herrschende Gottheit.*

Damit ist psychisches Kranksein nicht mehr bloß eine objektivierbare Tatsache an sich. Es wird zugleich auch zum Ausdruck und zum Maß der *Toleranz* einer Gesellschaft gegenüber allen jenen Verhaltensweisen, die von der psychischen Norm abweichen. Als gesund gilt, wer »normal« ist. Auf keinem Gebiet gilt so sehr wie im Psychischen, daß »Einigkeit stark macht«. Man erlebt es immer wieder in der psychiatrisch-psychotherapeutischen Praxis, welch unerhörte Anstrengungen von Menschen unternommen werden, um zuerst und vor allem einmal »normal« zu sein, das heißt: so wie alle anderen Mitbürger.

Was von der psychischen Norm abweicht, kann nur bis zu einem gewissen, beschränkten Ausmaß ertragen werden. Transkulturellen psychiatrischen Untersuchungen zufolge scheint diese Toleranz verschiedener Völker gegenüber psychopathischem Verhalten recht unterschiedlich zu sein.[35] Sobald die Toleranzgrenze überschritten ist, fällt die Gesellschaft das Urteil oder fällt der Patient selbst, sofern er noch über einen gesunden Persönlichkeitsanteil verfügt, das Urteil: »Das ist nicht mehr normal. Das ist krank. Das ist verrückt.« Und dann werden alle Hebel in Bewegung gesetzt, um das Unerwünschte, Unerträgliche zu beseitigen.

Verschiedene internationale Vergleichszahlen legen allerdings die Vermutung nahe, daß es *eine* psychische Krankheit gibt, die auf der ganzen Welt in etwa derselben Häufigkeit vorkommt: die Schizophrenie. Ihre Häufigkeit wird in allen neueren epidemiologischen Studien mit knapp 1% der Bevölkerung angegeben. Dazu muß man sich fragen, wie steht es hier mit der Toleranz? Ist Schizophrenie so etwas wie eine »Sache«? Unabhängig vom jeweiligen Beurteiler, objektivierbar, hieb- und stichfest?

Sollte es tatsächlich so sein, daß auf der ganzen Welt etwa 1% der Menschen schizophren sind (was ich bezweifle, da sich kaum eine absolute weltweite Übereinstimmung in den diagnostischen Kriterien erzielen läßt)[36], so darf man dies dennoch nicht als eine objektive Aussage über die Schizophrenie-an-sich hinnehmen.

Denn eine Behauptung wie, es gebe auf der ganzen Welt durchschnittlich 1% Schizophrene, läßt sich mit demselben Recht umkehren zu der Feststellung, daß auf der ganzen Welt die *Toleranz* gegenüber einem bestimmten Verhalten, eben dem schizophrenen Verhalten, gleich groß ist. – In den Schlußfolgerungen aber, die aus einem solchen Umstand gezogen werden, macht es jeden nur erdenklichen Unterschied, ob 1% aller Menschen als schizophren etikettiert werden, oder ob man klarstellt, daß die Toleranz eines Großteils der Bevölkerung gegenüber Verhalten, das einen bestimmten Grad von Abnormalität erreicht, beschränkt ist.

Dabei wäre erst noch zu untersuchen, *wessen* Intoleranz zu dem Ergebnis von international 1% Schizophrenen führt. Ist es die Toleranzgrenze westlich geschulter Untersucher, die von 1% der Menschen durchbrochen wird, oder die Toleranzgrenze der jeweiligen einheimischen Bevölkerungen in den untersuchten Regionen? – Wenn ein mit modernen psychiatrischen Diagnoseschlüsseln ausgerüsteter Beauftragter der Weltgesundheitsorganisation zu solchen Schlüssen kommt, so hat das für die Betroffenen meist keine besonders einschneidenden Folgen. Ganz anders aber, wenn die Toleranzgrenzen der ortsansässigen Einwohner überschritten sind! – Zu interessanten Überlegungen regt diesbezüglich eine 1929 von Skliar und Starikowa in der Region Astrachan durchgeführte Untersuchung an. In Astrachan sind die verschiedensten Völkergruppen angesiedelt, Kalmücken, Kirgisen, Tataren, Perser, Armenier, Juden und Russen, die auf den unterschiedlichsten Kulturstufen stehen. Die beiden Untersucher zählten in dem psychiatrischen Krankenhaus die Geisteskranken und bezogen die Zahlen auf die jeweilige Population, aus der die Kranken kamen. Sie registrierten prozentual um so weniger Schizophrene, je niedriger die Kulturstufe einer Bevölkerungsgruppe war, und umgekehrt eine mit steigendem Kulturgrad wachsende Zahl von Kranken.[37] – Geht man davon aus, daß mit modernen Untersuchungsmethoden in allen Kulturen gleichviel Schizophrene nachgewiesen werden, so drängt sich der Schluß auf, daß Schizophrene in kulturell niedrigstehenden Völkern vielleicht weniger auffallen und eher toleriert werden. – In gewissen archaischen Kulturen genießen psychisch abnorme Personen bekanntlich sogar besonderes Ansehen.

Hält man sich vor Augen, welchen Aufschwung die Menschheit dank gewisser geistiger Fähigkeiten genommen hat, so fällt es nicht schwer, Verständnis aufzubringen für den hohen Rang, den ein geordnetes geistiges Funktionieren in der Wertehierarchie unserer Zeit einnimmt. Man begreift auch, wie Menschen erlebt werden, deren Denken gestört ist und deren geistige Abläufe anders erfolgen als beim Durchschnitt, und warum sie behandelt werden »müssen«. Die »Unvernunft« ist ja bekanntlich das Hauptkriterium der seelischen Krankheiten. *»Normales« seelisches Funktionieren ist* – um mit einer mythologischen Sprache zu reden – *eine Gottheit der Menschen.* Was davon abweicht, kommt einer Häresie gleich und verlangt nach höllischer Bestrafung.

Die religiöse Einschätzung der Vernunft wurde vollends offenbar mit der Etablierung der *Déesse Raison* in der französischen Revolution. Den Irren brachte diese Verknüpfung von Vernunft und Religion unter anderem die praktische Konsequenz, daß sie von den religiösen Zeremonien ausgeschlossen wurden: »Für Irrende«, schreibt Wagnitz, »gehört kein Betsaal und kein öffentlicher Gottesdienst. Denn es ist das erste Wahrzeichen ächter Gottesverehrung, daß man ihm *vernünftig* diene.«[38]

Es gibt also sowohl ein Vergehen gegen die individuelle wie gegen die kollektive Gottheit. Beide decken sich keineswegs immer. Der jeweilige Zeitgeist trägt zwar im mittleren Teil seines träge dahinfließenden Stroms das Gros der Menschen. Daneben gibt es aber noch Randexistenzen, Menschen, die nicht konform sind, die nach einem anderen Gesetz angetreten sind und sich nicht über den einen allgemeinen Leisten schlagen lassen. Da kann es immer wieder zu einer Konfrontation von individueller und kollektiver Gottheit kommen.

War es noch das erklärte Ziel früherer Psychiatergenerationen, die »armen Kranken« zu heilen, indem man versuchte, sie in den alleinseligmachenden Schoß des Normalverhaltens zurückzuführen, so genügt das heute längst nicht mehr. Bei genauerer Betrachtung zeigt sich allerdings auch heute, daß alle neueren psychiatrischen und psychologischen Fachrichtungen, die jetzt im Schwange sind, natürlich ebenfalls ihre Normen und Idealvorstellungen haben. Mag dies nun eine Freudsche genitale Reife sein oder eine Jungsche Individuiertheit oder sonst irgendeine Weltoffenheit, Sinnhaftigkeit, Arbeits-, Genuß- und Leidensfähigkeit einer in Raum und Zeit ausgespannten Existenz etc. – Ohne irgendwelche Oberbegriffe und Idealbilder kommt niemand aus. Man sollte sie auch ruhig haben! Gleichzeitig sollte man sich aber bewußt sein, *daß* man sie hat und daß »das eigene Hemd« nicht auch unbedingt jedem anderen paßt.

Wenn schon von »Göttern«, also von höchsten Werten die Rede

ist – man könnte sie auch Verhaltensdominanten nennen –, dann ist zu bedenken, daß Götter nicht immer bloß liebevoll und weise und gut und gerecht sind. Im Pantheon haben auch hinkende, hinterlistige, zornige, kriegerische, verschlagene, rasende, treulose, unmoralische, ja sogar teuflische Götter ihren Platz. Sie wollen nicht minder geachtet sein als die hehren und edelmütigen Himmelsherrscher!

Dies stellt die Krankenbehandlung vor die schwierige Aufgabe, manchmal für den Kult des Bösen, Ruchlosen, Verfemten, Verrückten Hand bieten zu müssen. Als Psychiater und Psychotherapeut hat man immer wieder mit Patienten zu tun, die an sich selbst und an ihre Behandler eine idealisierte Heilungsforderung stellen, von der man bei genauerer Kenntnis des Falles sagen muß, daß sie nicht gerechtfertigt ist. Sehr oft steckt dahinter ein falscher Wunsch nach einer »Normalität«, die dem wahren Wesen dieser Menschen gar nicht entspricht. Viele Menschen haben die »normativen gesellschaftlichen Zwänge« so vollständig übernommen und sich zu eigen gemacht, daß sie gar nicht mehr imstande sind, zwischen diesen und ihrem eigenen, wirklichen Charakter zu unterscheiden. Solche »Beschwerden« darf man nicht einfach wegnormalisieren. Man kann es glücklicherweise auch gar nicht. Man muß vielmehr versuchen, den »Patienten« dazu zu bringen, mit seiner Abnormalität, mit seiner »Hölle« zu leben und besser damit auszukommen.

Ein weiterer Punkt, der in diesem Zusammenhang zu berücksichtigen ist, ist die zeitliche Aufeinanderfolge verschiedener »Götter« im Laufe eines Menschenlebens. Die »Götter«, welche die Oberherrschaft über ein Leben innehaben, sind nicht immer ein Leben lang dieselben. Die höchsten Werte der Kindheit, der Jugend, des Erwachsenen- und des Greisenalters sind ganz verschiedene. Schon allein die Veränderungen, die eine ganz normale Person im Laufe eines ganz normalen Lebens durchmacht, können als befremdlich, als bedrohlich und sogar als krankhaft erlebt werden. Nicht so selten ist die Hauptklage in der psychiatrischen Sprechstunde, daß jemand sich »verändert« habe, daß er nicht mehr so sei »wie früher«. So klagen Eltern oft darüber, daß ihre heranwachsenden Kinder plötzlich nicht mehr so brav, höflich und gefügig sind wie früher. In einem aggressiven und abenteuerlustigen Gebaren der Jugendlichen sehen sie voller Besorgnis bereits den drohenden Keim einer Geisteskrankheit. Ähnlich reagieren manchmal auch alternde Menschen, wenn sie an sich selbst beobachten, daß sie weniger leistungsfähig geworden sind, oder feststellen, daß vieles, was früher interessant war, sie nicht mehr zu fesseln vermag. Viele Menschen haben Mühe zu akzeptieren, daß mit fortschreitendem Lebensalter eine Verschiebung der Werte stattfand, daß die alten Götter von neuen abgelöst wurden. Sie wenden sich in ihrer Not hilfesuchend an den Psychiater, in der Hoffnung, das Rad der Zeit könnte noch einmal zurückgedreht werden. Ein solches krampfhaftes Festhalten an vergangenen Idealen, die sich »totgelaufen« haben, entfremdet den Betroffenen immer mehr von der Gegenwart. Das Fortschreiten der Zeit läßt sich aber nicht aufhalten.

Es wäre die Aufgabe einer subtilen Analyse, in jedem einzelnen Fall herauszufinden, welchen »Gottheiten« gerade die Herrschaft über ein Leben zukommt, beziehungsweise, welche »Gottheiten« von einem Menschen verraten wurden. Die Unterordnung unter die kollektiv anerkannten Werte mag in einem Fall das Richtige sein. In einem anderen Fall kann sie genau das Verkehrte sein. Manche Menschen sind in den allgemeinen Normen und Gebräuchen bestens aufgehoben und sollten sich nie davon entfernen. Für andere Menschen sind dieselben Normen Gift.

Ich bin mir bewußt, daß es außerordentliche Anforderungen an die Fähigkeiten des Psychiaters und Psychotherapeuten stellt, herauszufinden, was für den einzelnen Patienten hier und jetzt das Richtige ist. Vor eine noch weit größere Zerreißprobe wird dabei aber unsere Toleranz gestellt, wenn es gilt, vor dem Problem der Geisteskrankheiten mit wirklich individuellen Lösungsversuchen ernst zu machen, und sei es mit solchen, die uns selbst und unsere Wertvorstellungen von Grund auf umkehren und in Frage stellen.

Nicht zuletzt stellt sich auch ein ökonomisches Problem. Es ist natürlich viel einfacher und billiger, eine möglichst große Zahl von Patienten nach demselben Schema zu behandeln, als einen Jeden in seinem einmaligen Menschsein ernstzunehmen. Es ist freilich sehr fraglich, ob eine wirklich individuelle Psychiatrie jemals in einem größeren Ausmaß realisierbar ist. Es scheint aber, daß sich die Stimmen mehren, die eine schematisierte, fabrikmäßige »Fließbandpsychiatrie« nicht länger als eine adäquate Antwort für dieses dringende und zentrale Problem akzeptieren wollen.

Nach diesen allgemeinen Überlegungen bleiben noch verschiedene Einzelheiten über die *Technik* der Befreiung einer Seele aus der Unterwelt zu erläutern.

Grundsätzlich unterscheidet der Volksglaube zwischen *weißen* und *schwarzen* Geistern. Die einen können erlöst werden, die anderen nicht.[39] Diese Zweiteilung läßt sich vergleichen mit der Unterscheidung der Kranken in solche, die für »therapiefähig« befunden werden, und solche, über die das Urteil »nicht therapiefähig« gefällt wird. Auch Psychiatrie und Psychotherapie kennen schwarze und weiße Schafe.

An und für sich ist es realistisch, wenn Psychiater solche Unterscheidungen treffen und daraus Prognosen ableiten. Doch sollte man dabei nicht vergessen, daß man, wie gesagt, immer von einer bestimmten Warte aus urteilt und mit ganz bestimmten Maßstäben mißt. Diese zu relativieren würde dem »nicht therapiefähig« das Niederschmetternde nehmen, das es normalerweise an sich hat, und würde den Betroffenen von dem Odium des Unmenschen befreien. Daß ein Patient als »nicht therapiefähig« eingestuft wird, mag ja ebenso daher kommen, daß der Therapeut mit falschen Erwartungen an ihn herantritt und eine falsche Methode anwendet. Mit demselben Recht, mit dem der Arzt einen Patienten für »nicht therapiefähig« erklärt, kann der Patient behaupten, der Arzt und seine Behandlung seien » nicht patiententauglich«. Patienten sagen das auch oft, bloß schenkt man ihnen weniger Gehör als den Ärzten.

Ganz abgesehen davon sollten diejenigen, die sich für die Behandlung von seelisch Kranken zuständig halten, auch die »nicht Therapiefähigen« nicht alleine lassen, sondern ihnen jene Art von Therapie zukommen lassen, welche ihnen hilft, mit dem Unabänderlichen zu leben und es besser zu ertragen. – Schließlich muß man sich noch vor Augen halten, daß ärztliche Prognosen nicht unfehlbar sind. Schon mancher anfangs hoffnungslos scheinende Fall hat sich später zum Guten gewandelt. – Ob einer von den Toten auferstehen wird oder nicht, obliegt letztlich Gottes, nicht der Menschen Entscheidung.

Wenn wir im Laufe dieser Untersuchung verschiedentlich darauf hingewiesen haben, daß die Toten sich nach Blut und Leben sehnen (S. 176 ff.), so muß hier nun doch eine Erschwernis angeführt werden, welche der Erweckung der Toten im Wege steht. Das

Sehnen nach Blut und Belebung mit *fremdem* Leben ist nämlich nicht dasselbe wie die *eigene* Belebung.

Für die Rückkehr ins Leben scheint der Entschluß des Toten ausschlaggebend zu sein.[40] Sehr oft schätzen die Toten es aber gar nicht, wenn man sie aus ihren Ruhestätten aufstöbert. Das Eindringen des Lichtgottes verursacht eine große Unruhe in dem sonst so stillen Totenreich.[41] Die Toten sind ungehalten über die von ihren Wohltätern ach so gut gemeinte Wiedererweckung. Sie empfinden sie als Störung und rächen sich anschließend an ihren Rettern.[42] Interessanterweise berichten neuerdings auch Personen, die dem Tod nahe waren und durch künstliche Reanimation am Leben erhalten wurden, daß sie nur *ungern* in ihren Körper und in die diesseitige Welt zurückkehrten.[43]

Wir haben es hier mit einem *Widerstandsphänomen* zu tun.

Gegen eine Wiederbelebung der Toten stehen auch Tod und Teufel. Der Tod gibt nicht freiwillig heraus, was schon ihm gehört. Der Teufel versucht auf alle nur erdenkliche Weise zu verhindern, daß seine Anhänger, die er mit List hereinlegte, sich bekehren und seine sinistren Geheimnisse, seine üblen Tricks und Machenschaften verraten.[44] Dem Frevler, der während des Lebens nie beichtete, sitzt er auf der Brust und schnürt ihm die Kehle zu, wann immer jener etwas für sein Seelenheil sagen will.[45]

Eine Heilung ist oft nur nach Überwindung heftigster Widerstände möglich. Sigmund Freud erkannte dies bei der Erarbeitung seines psychoanalytischen Konzepts schon sehr bald und wies immer wieder mit Nachdruck darauf hin, daß den Widerständen, welche einer Heilung entgegenstehen, allergrößte Aufmerksamkeit zu schenken sei.

Manche psychisch Kranke handeln sich mit ihrer Krankheit eine Art Paradies ein (s. S. 53 ff.). Mit der Zeit etablieren sie sich in ihrer Weltfremdheit. Man spricht dann von »Krankheitsgewinn«. Aus diesem Paradies versucht eine heroische Therapie sie wieder zu vertreiben. Oft sind sie dann erst recht mit ihrem eigentlichen Elend konfrontiert. Erst unter der Behandlung machen sie so richtig Bekanntschaft mit ihren wahren Ängsten und Nöten, mit ihrer Wut, mit Trauer und Verzweiflung und mit ihren Bosheiten und Schattenseiten. Das ist natürlich kein Vergnügen. Auf derartige Bekanntschaften verzichtet man gern.

Vorerst kennen die Toten sich selbst gar nicht. Sie wissen überhaupt nicht, wer sie sind.[46] Im *Tibetanischen Totenbuch* weigert sich die Seele lange, ihr Totsein anzuerkennen. Aber irgendwann einmal kommt sie doch zu der unangenehmen Einsicht: »ich bin tot«. Darauf fühlt sie sich »sehr elend«.[47] Der Weiterweg scheint ihr durch Abgründe versperrt. Diese sind aber in Wirklichkeit gar keine Abgründe, sondern sie sind des Toten eigene Schwächen »Zorn, Wollust und Dummheit«.[48] Erst diese peinliche Selbsterkenntnis öffnet den Weg für den seelischen Fortschritt.

Ein weiterer, für die Erlösung der Seelen wichtiger Punkt ist deren *Erinnerungsfähigkeit.* Wir erwähnten es bereits, daß das griechische Altertum die Toten unterschied in solche, die ihre *Erinnerung* (mnéme) behalten, und jene, die der *Vergessenheit* (Lethe) anheimfallen (S. 84 ff.). In der Psychotherapie werden analog *»aufdeckende«* und *»zudeckende«* Verfahren unterschieden, was mit anderen Worten dasselbe bedeutet. Der Psychotherapeut hat sich in jedem einzelnen Fall zu entscheiden, ob und wieweit er einem Patienten die Erinnerung an die oft schmerzlichen, aus dem Bewußtsein verdrängten Ereignisse seines Lebens und damit die Einsicht in die Zusammenhänge desselben zumuten kann. Starke und stabile Naturen vermögen diesbezüglich mehr zu verkraften als schwache und labile, deren seelische Requisitenkammer man besser nicht öffnet, wenn man nicht einen geistigen Zusammenbruch riskieren will.

Die Gottheit kann den abgeschiedenen Seelen die Besinnung sowohl zum *Lohn* erhalten wie zur *Strafe.*[49] Wie es eine heilsame Bewußtwerdung gibt, ebenso kann Vergessendürfen eine Gnade sein.

Es ist bemerkenswert, daß die alten Totenbücher sich in dieser Hinsicht recht analytisch äußern. So vertraten die Griechen die Ansicht, daß die Wiedererinnerung an das, was die Seele einst in ihrer göttlichen Heimat erlebte, helfe, sie zu erlösen.[50] – Das *Tibetanische Totenbuch* stellt dem Toten als Aufgabe »von Angesicht zu Angesicht setzen!«[51] Wörtlich führt es aus: »Wenn man nicht seine eigenen Gedankenformen erkennt, erreicht man nicht, wie sehr man sich auch in den Schriften auskennen mag, ... Buddhaschaft.«[52] Gleichzeitig mahnt es zur Vorsicht bei der Anwendung der Methode, denn »die Konfrontation mit den Friedlichen und den Zornigen Gottheiten« führe »bei schwachen Individuen zu einem Bewußtseinsschwund«.[53] – Im ägyptischen Pfortenbuch begegnet man einem Wächter mit dem Namen »Aufdeckender«.[54] Wer die Unterweltreise unbeschadet überstand, galt als ein »Verklärter, der seinen Spruch kennt«.[55]

In vielen Religionen ist das *Wissen* eine der ersten Bedingungen für ein glückliches Fortleben nach dem Tode.[56] Überhaupt spielt *Erkenntnis* in Form der Erleuchtung, als »Licht, das einem aufgeht«, bei der Errettung der Seelen eine wichtige Rolle. Sie besitzt die Macht, die Fesseln des Todes zu lösen.[57] Das plötzliche Aufleuchten des Lichtes, welches den Abstieg des Heilgottes in die Unterwelt ankündigt, versetzt die Mächte der Finsternis in Verwirrung und Schrecken. Die Toten aber strömen zusammen, sie besprechen sich und erkennen einander gegenseitig wieder. Die Erlösungssehnsucht der Jahrtausende erfüllt sich. Das Heil ist da.[58]

In Ägypten – wir erwähnten es bereits – ist es der Sonnengott Re, der auf seiner allnächtlichen Fahrt durch die Unterwelt den Verstorbenen das Licht bringt und sie damit belebt. Das Licht »löst« die Toten aus der fesselnden Finsternis. Es »tritt ein« in ihre Körper und setzt ihren Lebensatem wieder in Gang.[59] – Demselben Bild des in die Finsternis der Hölle eindringenden, Rettung bringenden Lichtes, begegnen wir im Christentum, anläßlich Jesu Abstieg zu den Toten nach seiner Kreuzigung. Dort heißt es: »In der Stunde aber der Mitternacht strahlte es in jener Finsternis auf wie Sonnenlicht und leuchtete, und wir (es spricht Johannes der Täufer) wurden allesamt beschienen und sahen einer den anderen.«[60] Daraufhin kamen die Heiligen aus ihren Gräbern, gingen in die Stadt Jerusalem und erschienen vielen.[61] – Auch aus den Berichten von modernen »Sterbeerlebnissen« geht hervor, daß den »Verstorbenen« die Erlaubnis zur Rückkehr ins Leben von einem »Lichtwesen« erteilt wird. Und in der Tat fühlen sich viele der aus Todesnähe Geretteten nach einem solchen Erlebnis geläutert, erleuchtet, und ihr Leben ist nachher nicht mehr dasselbe wie vorher.[62]

Dagegen ist es für die »Götterfeinde« geradezu typisch, daß sie das göttliche Licht *nicht* sehen können. Von ihnen sagt das ägyptische Höhlenbuch:

»So sind diese beschaffen,
ohne daß sie diesen großen Gott schauen,
ohne daß sie die Strahlen seiner Sonnenscheibe erblicken,
ohne daß ihre Seelen hervorgehen aus der Erde,
ohne daß sie die Worte dieses großen Gottes hören,
wenn er vorbeizieht an ihren Höhlen.«[63]

Der Vergleich mit gewissen psychisch Kranken drängt sich auf, welche die Wahrheit, die allen anderen um sie herum vielleicht schon zum Greifen nahe ist, einfach nicht einsehen können.

Einsicht äußert sich auch in Form von *Verständnis*, Verständnis nicht nur des Toten für seine eigene Situation, sondern auch Verständnis der Freunde und Verwandten für seine mühselige Lage. Es scheint den Toten ausgesprochen daran zu liegen, daß man sie versteht. Dadurch können sie erlöst werden.[64] Die unaufhörlich fortgesetzten Störhandlungen der Toten, wie sie sich beispielsweise im Phänomen des *Spuks* äußern, können zu einem Ende gebracht werden dadurch, daß jemand sie versteht und sich dementsprechend verhält.[65]

Dasselbe gilt für die psychischen Störungen. Wenn sie in ihrem Sinngehalt verstanden werden, können sie auch besser ertragen werden. Der Patient erträgt sich selbst in seiner Krankheit dann leichter, und auch seine Umgebung verkraftet ihn eher, wenn sie seine Symptomatik versteht. Deshalb spielt das Wecken von Verständnis für die Symptome der psychisch Kranken bei der psychiatrisch-psychologischen Beratung, aber auch bei der Aufklärungsarbeit für die Anliegen der psychisch Kranken in der Öffentlichkeit eine so große Rolle. Dadurch wird das pathologische Wechselspiel im Dialog von Kranken und Gesunden entschärft, was allein schon zu einer Besserung führen kann und nicht selten sogar das Verschwinden der Symptome zur Folge hat.

Wenn der gesundgebliebene Seelenteil des Patienten, oder die gesunden Personen in der Umgebung des Patienten sich um Verständnis für die psychische Krankheit bemühen, so begeben sie sich gewissermaßen in die »Hölle« des Kranken. Diese Konfrontation bedeutet, das wage- und opfermutige Abenteuer vollführen, welches der toten Seele die Rettung bringen kann. Das exemplarische Vorbild einer solchen Katábasis ist wiederum die Unterweltreise des ägyptischen Sonnengottes, der auf seinem Weg von Sonnenuntergang nach Sonnenaufgang die Toten zu neuem Leben erweckt. – Klassisch ist der, allerdings mißglückte Rettungsversuch Eurydikes durch ihren Geliebten Orpheus. – In Ländern, in denen schamanistische Praktiken geübt werden, ist es Aufgabe des Schamanen, in die Unterwelt hinabzusteigen, die entwichene Seele zu suchen und wieder zurückzuholen.[66]

In die Hölle vorzudringen und heil zurückzukehren, gilt als ein besonderes Kunststück. Der Unkundige kann die Gefahren, die seiner lauern, nur bestehen, er ist den Tücken des Ortes nur gewachsen unter der Obhut eines erfahrenen *Führers*.[67] – Die Idee des *Seelenführers* in der Unterwelt war bereits Platon bekannt. Aeneas ließ sich, als er auf dem Weg von Troja nach Italien in die Unterwelt kam, von der Sibylle führen. Dante anvertraut sich im Inferno dem getreuen Vergil.

Solchen Führern begegnen wir auch in der Psychotherapie. Den ersten Abstieg in die jenseitigen Gefielde der Seele tut der junge Therapeut tunlichst nicht allein, sondern unter der Anleitung eines Lehrers. Zuerst wagt er sich in der *Lehranalyse* in die dunklen Gründe der eigenen Seele. Später, wenn er bereits selbst Patienten behandelt, aber noch kein Meister seines Faches ist, arbeitet er unter Aufsicht. Er läßt seine Arbeit solange von einem älteren, erfahreneren Kollegen kontrollieren, bis er sie im Alleingang bewältigen kann.

Genau wie ein Lehr- und Kontrollanalytiker betrachtet Vergil während der ganzen Höllenreise das *innere* Geschehen seines Schützlings Dante und paßte so auf ihn auf.[68] – Nicht anders geschieht es in der psychotherapeutischen Supervision. Auch dort geht es nicht so sehr darum, irgendwelche Techniken zu vermitteln. Der Kontrolleur muß vielmehr ein wachsames Auge darauf haben, was *in* seinem jüngeren Kollegen vorgeht. Er muß sehen, *wie* jener von seinen Patienten berührt wird, was seine Patienten ihm »antun«, und warum er ausgerechnet so reagiert, wie er eben reagiert. Wenn nämlich nicht gleichzeitig mit den äußeren Abläufen immer auch die *innere* Bewegung des Therapeuten beobachtet wird[69], läuft die Behandlung Gefahr, sich in bloßem oberflächlichen Agieren zu erschöpfen. Der therapeutische Anfänger wird dann meist rasch in die krankmachenden Mechanismen des Patienten hineingezogen. Und während er sich vielleicht noch dem stolzen Wahn hingibt, er sei derjenige, der behandle, werden er und der Patient gemeinsam schon längst von der Krankheit manipuliert.

Für den Abstieg in die Unterwelt und die Begegnung mit dem Tod bedarf es vor allem der richtigen *Haltung*. Die absurden Verhältnisse, die dort herrschen, verlangen von dem Therapeuten eine ganz besondere *Einstellung*. Das Tibetanische Totenbuch gibt dazu eine Reihe von Ratschlägen, die befolgt werden sollen, damit die Jenseitsreise ein gutes Ende nehme:

»Der erste Schritt ist *›Hörenlernen‹*, Hören wollen, das Durcheinander in sich selbst fallen lassen, es abtun ... Dieser Schritt bedeutet, daß man nicht mehr länger dazwischenfahren will, nichts ändern will (zunächst auch nicht sich selber), nicht streiten will, keine Meinung äußern will, nicht, was gehört wird, in die übliche automatische Tagessprache übersetzen will, ... daß man *neben* dem Millionenheer aufstürmender Denk-, Gefühls- und psychischer Assoziationen ruhig verweilt.

Hören *können* ist eine schwere Sache ...«[70]

Auch der Psychiater soll zuerst einmal seinen Patienten zuhören. Gaetano Benedetti beginnt sein Buch *Klinische Psychotherapie* mit einem Kapitel »Vom rechten Hören«. – Dabei konsultierte Benedetti bestimmt nicht das Tibetanische Totenbuch, um zu der Überzeugung zu gelangen, daß Zuhören in der Krankenbehandlung eine Kunst von allererstem Rang ist.

Eine weitere Eigenschaft, die das Tibetanische Totenbuch verlangt – im vorangegangenen Abschnitt war es bereits angedeutet –, ist *Vorurteilslosigkeit.* Der Mensch, der das Totenreich unversehrt verlassen will, soll nichts wollen und alles, was auch immer ihm begegnet, vorerst an sich herankommen lassen. Das Totenbuch fordert ihn auf:

»Versuche in dem Zustand des klaren Urlichts zu verharren.«[71] – »Erlaube dem Geist in dem ungeschaffenen Zustand zu ruhen ... Dem Geist sollte seine eigene leichte geistige Haltung gestattet werden, in seiner natürlichen oder unveränderten Lage, klar und vibrierend ...«[72]

Mit anderen Worten verlangt das Totenbuch dasselbe, was wir weiter oben als Besinnung auf die innere Gottheit beschrieben haben. Der Geist soll die ihm gebührende Vorrangstellung bekommen, gleichgültig ob der Mensch sich darüber freut oder ob er darunter leidet. Demütig unterwerfe er sich seinem eigenen Wesen. »Ganz gleich, was für einen Körper ich bekomme«, sagt das Totenbuch, »jetzt will ich mich aufmachen und ihn suchen.«[73]

Sigmund Freud stieß bei seinem genialen Entwurf der Psychoanalyse auf dieselben Grundvoraussetzungen für eine gedeihliche seelische Entwicklung. Er empfahl seinen Schülern vor allem anderen, dem Patienten zuzuhören, unparteiisch und vorurteilsfrei für alles offen zu sein, nicht vorschnell zu urteilen, zuzuwarten, nicht auszuagieren, und zunächst einmal alles anzunehmen, was sie zu hören bekämen. Seine inzwischen berühmt gewordene Forderung nach *»gleichschwebender Aufmerksamkeit«*[74] des Analytikers deckt sich weitgehend mit dem Verhalten, welches das Tibetanische Totenbuch der leidenden Seele im Jenseits zur Bedingung macht.

Hier wird man hinzufügen müssen, daß es nicht genüge, wenn bloß der Analytiker sich geduldig auf das Wesentliche des Patienten konzentriert. Der Patient selbst muß die adäquate Einstellung zu seinem eigenen Leben finden! – Gewiß! Aber das kann Jahre dauern, Jahre, während denen der Analytiker beispielhaft dasjenige vorlebt, wozu er den Patienten letzten Endes zu erziehen hofft: die richtige Art des Umgangs mit sich selbst.

Geduldiges Zuhören ist die erste Voraussetzung für die *Erlernung der Sprache der Geister*. Die toten Seelen sprechen nämlich eine eigene Sprache, die man lernen muß, wenn man mit ihnen verkehren will.[75] Aus dem Hören wird sodann ein eigentliches *Verhör*. Die Dämonen müssen gründlich verhört werden, wer sie überhaupt sind, wie sie beschaffen sind und was ihre Absicht ist. Kennt man erst einmal ihren Namen, so hat man auch schon Macht über sie.[76]

Ein bekanntes Beispiel dafür, wie die Kenntnis des Geisternamens vor schädlichem Einfluß schützt, ist das deutsche Volksmärchen »Rumpelstilzchen«: Sobald die Königin den Namen des Rumpelstilzchens kennt, hat dieses keine Macht mehr über ihr Kind.[77]

In der Geschichte der Psychiatrie fehlt es nicht an ausgeklügelten Versuchen, die Krankheitsbilder mit bedeutungsvollen Namen in den Griff zu bekommen. Die Benennung eines Krankheitsbildes führt nur leider gar nicht immer zur Vertreibung der Krankheit. Sie ist aber von nicht zu unterschätzender Bedeutung für das seelische Gleichgewicht der Behandler und für die Beruhigung des Patienten und seiner Angehörigen. Einen möglichst klingenden Namen zur Hand zu haben für einen vorher rätselhaften und vielleicht angsterregenden, seltsamen Geisteszustand, wirkt auf alle Fälle beruhigend und vermindert das unangenehme Gefühl von Ohnmacht. – Die mit etlichem Engagement immer wieder geführten Diskussionen über neue psychiatrische und psychologische Terminologien zeigen, wie wichtig es ist, über Machtwörter zu verfügen, auch wenn solche an der Sache selbst nichts ändern.

Auch in der *Psychotherapie* muß der Therapeut zu Beginn erst recht mühsam lernen, was die bizarre Mimik und Gestik der Patienten überhaupt heißen. Sonst kann er sich gar nicht mit ihnen verständigen. – C. G. Jung kommt das Verdienst zu – nachdem Freud sich vor allem mit den symbolisch verschleierten Äußerungen von Neurotikern beschäftigt hatte –, erstmals den Versuch unternommen zu haben, die unverständliche Sprache der Geisteskranken zu entschlüsseln, und damit den Beweis erbracht zu haben, daß die »Verrückten« nicht einfach »verrücktes Zeug« von sich geben, sondern durchaus sinnvolle Anliegen haben, die sie aber in einer besonderen, rätselhaften Art und Weise vorbringen.[78] Diese Sprache kann man mit einigem psychologischen Geschick, wenn man sich Mühe gibt, erlernen, genauso wie man eine Fremdsprache lernt.

Das *Seelenverhör* kann auf verschiedenerlei Arten geschehen. Es kann sich dabei um eine gezielte Anamnesenerhebung oder um ein analytisches Hinterfragen der Lebensgeschichte handeln. Psychologische Tests können zur Seelenbefragung herangezogen werden und geben Auskunft über die »Geister«, die bewußt oder unbewußt in einem Menschen am Werk sind. – Natürlich genügt es auch hier nicht, daß der *Therapeut* die Namen der Geister – psychologisch würde man von »Komplexen« sprechen – und ihre Wirkungsweise kennt. Der *Patient* sollte sie kennen, um in seinem Leben mit ihnen umgehen zu können. Daß Patienten diesbezüglich manchmal hartnäckig blind und taub sind, davon war bereits die Rede (S. 206 f.).

Die Rolle des Psychotherapeuten ist ähnlich der eines Exorzisten: Er bedient sich seines Wissens von den Dämonen, um diese gleichsam mit ihren eigenen Waffen zu schlagen. – Man könnte in diesem Zusammenhang Sigmund Freud mit gutem Recht einen bedeutenden Dämonologen nennen. Denn auch er war der Ansicht, daß man die bösen Geister, d. h. die psychischen Krankheitserscheinungen zu bezwingen vermöchte, wenn man bloß ihren wahren Namen kenne. Freud knüpft hier an älteste Vorstellungen an. Seine ganze Methode der Psychoanalyse beruht auf dem Prinzip, daß Bewußtmachung gleich Heilung sei. In der Aufdeckung der krankmachenden Konflikte ist die Heilung auch schon inbegriffen. Wer die eigenen bösen Geister mit Namen kennt, der *ist* geheilt! – Man muß der Freudschen Methode in diesem Punkt allerdings Gerechtigkeit widerfahren lassen und hinzufügen, daß »Wissen« und »Bewußtmachung« in der Psychoanalyse nicht bloß intellektuelle Einsicht bedeuten, sondern vielmehr ein Erspüren, ein Erfühlen und Erleiden. Es genügt nicht, daß der Patient bloß theoretisch weiß, woran er krankt. Er muß es mit seinem ganzen Wesen, mit Fleisch und Herzblut gespürt und erfahren haben.

Besonders wichtig für die Jenseitsreise ist, daß derjenige, der sich in die Hölle wagt, dabei möglichst nicht auffällt und *unbemerkt bleibt.* – Der Schamane, der sich in die Unterwelt begibt, wenn er eine verirrte Seele sucht und zurückholen will, beschmiert sein Gesicht mit Ruß, um sich unkenntlich zu machen.[79] Mag da geschehen was will, er hütet sich, drunten seinen wahren Namen zu nennen.[80]

Gilgamesch, der sagenhafte König von Uruk, gibt seinem Freund Engidu, als der sich anschickt, in die Unterwelt hinabzusteigen, folgende Ermahnung mit auf den Weg:

»Ein reines Gewand darfst du nicht anziehen;
Sonst erkennen sie (die Toten), daß du (dort) ein Fremder bist!
Darfst dich mit gutem Öl aus der Büchse nicht salben –
Sonst scharen sie sich zu dir, sobald sie es riechen!
Du darfst das Wurfholz nicht auf die Erde werfen,
Sonst umringen sie dich, die vom Wurfholz erschlagen;
Darfst in die Hand einen Stock nicht nehmen,
Sonst erzittern vor dir die Geister.
Schuhe darfst du nicht tun an die Füße,
Lärm in der Unterwelt darfst du nicht machen;
Dein Weib, das du liebtest, darfst du nicht küssen,
Dein Weib, dem du gram warst, darfst du nicht schlagen,
Dein Kind, das du liebtest, darfst du nicht küssen,
Dein Kind, dem du gram warst, darfst du nicht schlagen:
Sonst wird dich der Aufschrei der Erde packen!«[81]

Es sieht so aus, als wäre beim Besuch der Unterwelt jegliche Gefühlsregung, jede Bewegung, überhaupt alle Auffälligkeit und Aktivität tunlichst zu unterlassen. Man erkennt in solchen Forderungen unschwer das von Freud für die Psychoanalyse aufgestellte Gebot der *Selbstverleugnung des Analytikers*[82], welches von diesem äußerste Zurückhaltung bei der Preisgabe von Information über sich selbst verlangt und darüber hinaus dem Analytiker überhaupt jedes tätige Eingreifen in das Leben des Patienten untersagt.

Der Kundige wird hier sogleich nach dem *Schweige*gebot der Psychoanalyse Ausschau halten – das übrigens schon lange vor

Freud als Therapeutikum im Gebrauch war. Pinel behandelte einzelne Kranke, denen er die Ketten abgenommen hatte, indem er ihnen mit absolutem Schweigen begegnete und auch seine Mitarbeiter anhielt, nicht mit ihnen zu reden.[83] – Unser Frager wird nicht lange auf Antwort warten müssen. Das Jenseits kennt sehr wohl eine Schweigepflicht. Der Besucher der Hölle muß oft schon vor dem Eintritt Verschwiegenheit geloben.[84] Mehrmals ergeht Vergils Mahnung an Dante, sich kurz zu fassen und »nicht mehr als das Gemußte zu sprechen.[85] Gilgameschs Ratschlag an Engidu, »Lärm in der Unterwelt darfst du nicht machen«, weist in dieselbe Richtung. Schweigen gilt als das sicherste antidämonische Mittel.[86] Am besten redet man überhaupt nicht mit Toten.[87] – Absolutes Stillschweigen ist auch angezeigt, bei dem Versuch Ertrunkene ins Leben zurückzubringen. Der Ertrunkene möchte ansonsten in einem Zustand zwischen Leben und Tod steckenbleiben, »der einer Verrücktheit gleichkommt.« Kein einziges Wort darf gesprochen werden, damit das wiederkehrende Leben nicht verscheucht wird.[88]

Es fällt auf, daß viele Verhaltensmaßregeln für den Besuch in der Unterwelt in erster Linie zum Schutz desjenigen gedacht sind, der lebend wieder auf die Erde zurückkommen möchte, und daß dabei nur beiläufig oder gar nicht der zu errettenden toten Seele gedacht wird. – Die Rettung des Retters impliziert zwar das Gelingen seines Planes. Wenn der Retter umkommt, ist es natürlich auch um die arme Seele geschehen. Die Akzente sind dennoch entgegen der gewöhnlichen psychoanalytischen Auffassung gesetzt, wonach die Zurückhaltung des Analytikers vor allem und ausschließlich dem Wohle des Patienten gelte. Aufgrund des hier vorliegenden Vergleichsmaterials muß man sich fragen, ob die diesbezüglich ins Feld geführten Argumente nicht Rationalisierungen sind, hinter denen sich in Wirklichkeit die Notlage des Analytikers verbirgt.

Freud selbst war klug und ehrlich genug, dies auch zuzugeben. Er legte seine Patienten auf die Couch und setzte sich so, daß er während der Behandlung nicht gesehen werden konnte. Er begründete diese Anordnung damit, daß er es nicht ertrage, acht Stunden täglich von seinen Patienten angestarrt zu werden.[89] Er fühlte sich von den Blicken der Patienten gestört und entzog sich ihnen. – Geht man zu weit in der Annahme, er habe etwas geahnt von dem schädigenden Einfluß, der von den vielen kranken Blikken ausgehen könnte? – Es wäre eine amüsante Spielerei der Phantasie, sich einmal die Frage zu stellen, was wohl aus der Psychoanalyse geworden wäre, wenn ihr Begründer sich *doch* ein Leben lang täglich acht Stunden von seinen Patienten hätte anstarren lassen! –

Wie nötig derjenige, der mit Geisteskranken umgeht, es hat, seine Seele zu schützen, sieht man, wenn man sich eine besondere Gruppe von Toten vergegenwärtigt, nämlich die *bösen* unter den umgehenden Seelen, die *Vampire,* Nachzehrer oder blutsaugenden Wiedergänger. Deren einziges Bestreben ist, sich an dem Blut der Lebenden mit *Bösem* zu beleben. Gleichzeitig sind sie fanatische Missionare des Bösen: jeder, der ihnen erliegt, wird selbst zum Vampir, bis es auf der Welt schließlich nur noch Vampire gibt und das Böse triumphiert.[90]

Wir haben bei der Besprechung der Widerstände bereits darauf hingewiesen, daß die Kranken jenen, die sich um ihre Heilung bemühen, keineswegs immer wohlwollend begegnen (S. 204 ff.). Der Pegel der Hostilität ist in psychiatrischen Kliniken manchmal recht hoch. Unter den therapieresistenten Fällen gibt es solche, die ganz besonders bösartig sind. Von ihnen normale menschliche Reaktionen oder gar Dankbarkeit zu erwarten, hieße naiv sein. Sie kehren jede therapeutische Bemühung ins Negative. Sie mißbrauchen jede psychologische Interpretation. Jeder Zuwendung lachen sie Hohn. Wo immer möglich, blockieren sie die Therapie und führen sie ad absurdum. Von solchen Patienten erntet man für seinen Einsatz nur Vorwürfe und eine Flut von Gemeinheiten. Und zum Schluß halten sie einem noch eine üble Nachrede. Man bekommt alle Schuld an der Krankheit des Patienten aufgeladen – obwohl die Krankheit viel älteren Datums ist als die Bekanntschaft mit dem Arzt. – Man wird dafür verantwortlich gemacht, daß die Ehe oder das »schöne Verhältnis« des Patienten zu seinen Eltern in die Brüche ging – auch wenn die diesbezüglichen Beziehungsschwierigkeiten der Anlaß für die Behandlung gewesen waren. – Die vom Arzt verordneten Medikamente – so bekommt man zu hören – hätten den armen Patienten zu allem Elend noch medikamentenabhängig gemacht usw. Solches böse Gerede wird in der Klinik und im Bekanntenkreis eifrig verbreitet. Häufig konsultieren intrigante Patienten mehrere Ärzte gleichzeitig und machen einen bei dem anderen schlecht. Sie liefern mit ihrem Verhalten den schlagenden Beweis, daß Blutsauger durch lebendige Zuwendung nur *noch* böser werden. – Wenn der Arzt oder Psychologe, der sich um den Patienten bemüht, sich nicht vorsieht, kann es geschehen, daß er mit Bosheit angesteckt wird und lustvoll in den Chor der Niederträchtigkeiten einstimmt. Solche Patienten haben eine feine Nase für das latente Böse ihres Gegenübers und steuern es ganz zielbewußt an. Will es das Unglück, fällt der Therapeut auf die schäbigen Avancen herein, die der Patient ihm macht, und womöglich merkt er nicht einmal, was ihm geschieht.

Damit ein Vampir zur Ruhe kommen kann, muß man ihm das Haupt abschlagen, einen Pflock ins Herz stoßen und einen zwischen die Beine.[91] Man verbrennt Vampirleichen auch die Fußsohlen, um sie am Fortkommen zu hindern.[92] – Kopf, Herz und Zeugungsapparat müssen ausgeschaltet werden, weil der Vampir doch nur Böses damit anstellt. Jeder Fort-schritt hat verheerende Folgen.

Das heißt nun nicht, daß man solche Patienten überhaupt nicht behandeln soll. Im Gegenteil, man soll sich ihrer besonders aufmerksam annehmen, schon allein deshalb, damit sie ihr Unwesen nicht anderswo treiben. Aber es bedarf einer besonderen Kunst, um dem Bösen möglichst wenig Nahrung zu bieten und dabei selbst keinen Schaden zu nehmen. Zurückhaltung, Schweigen und Vorsicht sind geeignete Mittel zur Vorbeugung und Behandlung eines unerwünschten vampirischen Expansionismus.

Eine besondere Form der *Tarnung in der Unterwelt* besteht darin, daß derjenige, der nicht entdeckt werden möchte, versucht, sich der Unterwelt anzupassen, indem er sich so gebärdet wie deren Bewohner. Wer mit den Unterirdischen in Kontakt kommen möchte, bemüht sich, es ihnen gleichzutun und ihre Lebensweise nachzuahmen.

Wie schon erwähnt, ist für die jenseitige Welt eine Umkehrung aller Welt charakteristisch. Dazu gehört die Verwendung der *Lüge* als einer Umkehrung der Wahrheit. Mit Lügen kann man die Geister ausgesprochen günstig stimmen.[93]

Der Sinn dieses Manövers ist sofort verständlich. Wer nämlich versucht, einem Geisteskranken mit Vernunft beizukommen, hat von Anfang an ausgespielt. Man muß zuerst einmal seine Sprache erlernen, die in ihrer Verdrehtheit für den Uneingeweihten definitionsgemäß wirklich klingt wie eine Unwahrheit, also wie eine Lüge. – Bekanntlich wurden und werden Geisteskranke dafür bestraft, daß sie »lügen«.

Die Anpassung an die Sitten der Unterwelt führt sehr bald auch zu einem *Übertreiben* derselben und zu einem regelrechten *Rivalisieren mit den Teufeln.* Manche schon verloren geglaubte Seele kann gerettet werden, wenn man sich noch schäbiger, gröber, gemeiner, listiger, brutaler und böser aufführt als der Teufel, dem sie schon gehört.[94] Der starke Hans muß noch lauter in das Höllenhorn blasen als ein Teufel.[95] – Aus der Überzeugung, daß Dämonen schreckliche und überlaute Stimmen haben, entstand nach der Logik homöopathischer Magie die Idee, Dämonen können durch noch lauteres Schreien ausgetrieben werden.[96] Ein modernes Analogon ist die Urschreitherapie. – Die Schamanen ringen mit den Teufeln, verprügeln sie und fesseln sie, um Seelen freizukriegen.[97] Oft kann ein Totengeist überhaupt nur durch einen noch mächtigeren Totengeist besiegt werden.[98]

Dieses »Austreiben des Teufels durch Beelzebub«[99] hat in der Psychiatrie eine lange Tradition. Verschiedene der sogenannten Heilmethoden haben nämlich die Eigenschaft, die Krankheit zwar zu beseitigen, dafür aber so wirksam zu sein, daß sie gleich eine *psychiatrische Zweitkrankheit* nach sich ziehen.

Erst behandelte man die Syphilis, auf deren Konto früher viele Geisteskrankheiten gingen, mit Salvarsan, einem Quecksilberpräparat. Als Folge davon litten viele Patienten an einer Quecksilbervergiftung. – Wagner-Jauregg erfand die Malariabehandlung der Syphilis. Er heilte die Syphilitiker mittels Injektion von Malariakeimen. Dafür hatten die Kranken dann Malaria, die sie gar nicht so leicht wieder loswurden. Wagner-Jauregg wurde für diese Entdeckung 1927 mit dem Nobelpreis geehrt. – Ein weiteres Beispiel für eine psychiatrische Zweitkrankheit ist die im Gefolge des Elektroschocks auftretende organische Hirnschädigung. – Auch die Psychopharmaka, vor allem die Neuroleptika, ziehen eine Zweitkrankheit nach sich. Sie erzeugen beim Patienten die Symptome der Parkinsonschen Schüttellähmung, die zum Glück in den meisten Fällen nach Beendigung der Behandlung wieder verschwinden, bei einzelnen Patienten aber fortbestehen und unheilbar sind. – Für Heroinsüchtige setzt sich immer mehr die Methadonbehandlung durch. Methadon ist, wie Heroin, ein starkes Suchtgift. Wer vorher heroinabhängig war, ist nachher methadonsüchtig. – Die psychiatrische Klinikbehandlung an sich kann ebenfalls krankmachend wirken. Bei längerer Dauer und vor allem in schlecht geführten Kliniken erzeugt sie Hospitalismus. Patienten, die lange in Kliniken gelebt haben, wollen nicht mehr außerhalb der Klinik leben und *können* es vor allem nicht mehr.[100] – Ein weiteres Produkt der Klinikbehandlung ist eine merkwürdige seelische Abstumpfung, die man früher als krankheitsbedingt ansah, von der man heute aber weiß, daß sie eine Folge des langen Aufenthaltes an einem Ort, wo nur wenige Anregungen das Leben der Patienten bereichern, ist.[101] – Auch in der Psychotherapie gibt es solche Zweitkrankheiten. Vor allem bei intensiveren und tiefergehenden Verfahren ist es beinahe die Regel, daß es dem Patienten zunächst einmal schlechter geht statt, wie zu erwarten wäre, besser. – Freud postulierte, daß die Neurose in der analytischen Kur in eine Übertragungsneurose übergeführt werden müßte. Die Auflösung der letzteren sollte im Verlauf der Behandlung bewerkstelligt werden. Die Übertragungsneurose ist um nichts weniger schmerzlich als die ursprüngliche Neurose. Und bekanntlich gelingt die Auflösung der Übertragungsneurose längst nicht immer.

Auf einer – allerdings heilsamen – Übertreibung des Symptoms beruht auch die »paradoxe Intention« Viktor Frankls. Frankl empfiehlt sie vor allem bei Phobien. Er versucht gar nicht erst, seinen Patienten, die sich fürchten, ihre Ängste auszutreiben. Er befiehlt ihnen im Gegenteil, sich gewissermaßen ins Zentrum ihrer Befürchtungen hineinzubegeben, diese besonders intensiv zu erleben, sich *noch mehr* zu fürchten. Auf diese Weise gelingt es ihm, viele Phobien zum Verschwinden zu bringen.

Um den Kampf gegen die Teufel und um das Rivalisieren mit ihnen kommt wahrscheinlich keine Methode ganz herum.

Das kann aber auch zu weit getrieben werden. Das Totenreich ist nämlich nicht ohne Faszination für die Lebenden. Schon mancher Besucher, der sich allzu sehr der Anliegen und Nöte der Verstorbenen annahm, fand Gefallen daran und blieb für immer dort. Um solchem vorzubeugen, sind einzelne Tote so rücksichtsvoll zu schweigen, damit die Gäste aus dem Diesseits sich nicht zu viel mit ihnen abgeben.[102]

In der psychiatrischen und psychologischen Sprechstunde kommt es immer wieder vor, daß der Therapeut, der sich um Verständnis für seinen Klienten bemüht, sich zu intensiv in dessen

Welt verstrickt und sich dabei ansteckt. Das tut zwar den Patienten manchmal ganz gut, kann aber zu einer offensichtlichen Verrücktheit des Therapeuten führen. Diese überstarke Identifizierung mit der geistigen Welt des Patienten kann den Therapeuten auch zu einer falschen Theoriebildung verführen. Sie kann der Ausgangspunkt von verrückten psychologischen Ansichten sein und ganze Schulen verrückter Psychologen zur Folge haben.

Nichts zeigt so deutlich die Relativität von »gut« und »böse«, von »normal« und »verrückt« wie die zahllosen heute nebeneinander existierenden psychologischen Schulen, die sich in ihren theoretischen Konzepten und in ihrem praktischen Vorgehen teils gegenseitig ausschließen (z. B. die analytischen Schulen und die Verhaltenstherapie). Die unvereinbaren Gegensätze würden eigentlich bedeuten, daß die einen nicht recht haben können, falls die anderen im Recht sind. Dennoch erheben alle den Anspruch auf alleinige Richtigkeit, als wären ausgerechnet sie die alleinseligmachende Kirche. Automatisch werden die Kollegen von der anderen psychologischen Fachrichtung als »falsch« und »verrückt« abgetan. Derartiges gab es früher nur in den Religionskriegen.

Ein Umstand, der bei der Behandlung nicht außer acht gelassen werden darf, ist die *Relativität der Zeit,* beziehungsweise die völlige *Zeitlosigkeit* im Jenseits und im Erleben der psychisch Kranken.

Ich bin zu Beginn davon ausgegangen, daß es unheilbares, nicht zu besserndes Kranksein gebe. Es waren die chronischen Krankheitsverläufe, die den Weg in die Unterwelt wiesen. Nun muß ich mir gerade in diesem Kardinalpunkt meiner Beweisführung widersprechen und zugeben, daß es doch immer wieder Fälle gibt, die nach vielen Jahren der Krankheit eines Tages besser werden und den Weg zurück ins normale Leben finden. »Chronisch« verliert dann die endgültige Bedeutung von »ewig« und heißt stattdessen nur mehr so viel wie »langdauernd«. – Man kann zum Vergleich indische Jenseitsvorstellungen heranziehen, wonach gute oder böse Werke, die im Verlauf einer zeitlich begrenzten Existenz getan wurden, nicht Lohn oder Strafe von unendlicher Dauer nach sich ziehen. Himmelslohn und Höllenstrafe sind für die meisten indischen Glaubenssysteme zwar von langer Dauer, aber nicht ewig.[103]

Wann eine solche späte Besserung erfolgt, läßt sich indes nicht vorhersagen. Von der Wiederkunft des Erlösers heißt es im Matthäusevangelium 24,36: »Den Tag und die Stunde kennt niemand ... nur der Vater.«[104] C. A. Meier, der die Parallelen zwischen dem antiken Tempelschlafritual und der modernen Psychotherapie untersuchte, schreibt, »... daß die Inkubanten (diejenigen, die zu Heilzwecken im Tempel schliefen) *Gefangene des Gottes* seien. Sie werden nämlich von Gott ganz nach seinem Ermessen in die Höhle hinuntergezogen, dort eventuell gegen ihren Willen festgehalten und erst wieder hinausgeworfen, wenn es Gott beliebt.[105]

Von der Betreuung Drogensüchtiger kennt man das Phänomen des »aging out« (am ehesten mit »herauswachsen aus der Krankheit« zu übersetzen). Man versteht darunter, daß selbst unverbesserlich Drogenkranken nach Jahren doch noch geholfen werden kann, weil sie mit reiferem Alter irgendwie über ihre Sucht hinaus- und aus ihr herauswachsen. Dasselbe kann man auch bei anderen seelischen Störungen beobachten. So zeigen viele Neurosefälle mit dem Klimakterium eine spontane Besserungstendenz. Auch Psychopathen kommen mit reiferem Alter in der Regel zu einer gewissen Beruhigung. Und manches spricht dafür, daß jugendliche Psychotiker bei guter und genügend langer Behandlung ihre seelische Störung überwinden und »gesund« werden können.

Ich setze »gesund« in Anführungszeichen, weil Kenner der Materie behaupten, ein Süchtiger bleibe seinem Wesen und seiner seelischen Struktur nach ein Süchtiger, auch wenn er längst aufgehört hat, Heroin zu spritzen. Die süchtige Haltung kann sich auf andere – wenn der Betreffende Glück hat, auf sozial anerkannte – Aktivitäten verlagern. Dasselbe gilt auch für alle anderen Arten von seelischen Störungen. Erfahrene Psychiater haben einen ausgesprochenen »Riecher« für latente seelische Krankheiten, selbst wenn keine manifesten Krankheitssymptome zu sehen sind. Der Widerspruch, daß unheilbar Kranke geheilt werden können, ist, so gesehen dann doch keiner.

Ich bin mir bewußt, wie fragwürdig es ist, nicht manifeste seelische Störungen als »Krankheiten« zu bezeichnen. Ich möchte aber auf die diesbezügliche Kontroverse hier nicht eintreten. Es entspricht vor allem der praktischen psychiatrischen Erfahrung, von »symptomfreien Kranken« zu sprechen. Wer einmal psychisch krank war, läuft doch viel eher Gefahr, wieder zu erkranken als der Durchschnitt der Menschen. Der Begriff der »latenten Psychose« ist zwar gewiß nicht über jede Kritik erhaben, doch hat er sich im praktischen Gebrauch durchgesetzt, er hat sogar Eingang in die internationale Klassifizierung der Weltgesundheitsorganisation gefunden.

Kehren wir zurück zu dem Problem der Relativität der Zeit und vergegenwärtigen wir uns jenen Moment, in welchem ein Kranker soweit genesen ist, daß er aus der Klinik in die normale Welt zurückkehren kann. Der vormalige Patient hat die Gefahren der Unterwelt überstanden und ist dem Rachen der Hölle glücklich entronnen. – Ein verbreitetes Märchenmotiv erzählt von den Schwierigkeiten, welchen sich die Besucher der Unterwelt bei ihrer Rückkehr auf die Erde gegenübersehen. In der Unterwelt steht nämlich die Zeit still oder sie vergeht nur sehr langsam. Wo keine Sonne scheint, da gibt es kein Zeitmaß.

Schon den ägyptischen Toten wurde zugerufen: »Vertraue nicht auf die Länge der Jahre, denn die Totenrichter sehen ein ganzes Leben wie eine Stunde an.«[106] Die Zeitlosigkeit im Jenseits ist weithin anerkannt. Sogar in modernen »Sterbeerlebnissen« wird ein Stillstand oder wenigstens eine Relativierung der Zeit im »Jenseits« gefunden.[107] – Während einer meint, er habe nur einen halben Tag oder einen ganzen Tag bei den Toten zugebracht, sind auf Erden inzwischen hundert, zweihundert, dreihundert und mehr Jahre verflossen. Die geliebten Verwandten und Freunde von einst sind dann längst nicht mehr am Leben. Die vertraute Umgebung hat sich verändert. Der Heimkehrer findet sich nicht zurecht und häufig stirbt er bald darauf.[108]

In einem jugoslawischen Märchen heißt es, es sei selbstverständlich, daß der aus der Unterwelt Zurückgekehrte sterben müsse, sei er doch Jahrhunderte ohne Nahrung gewesen.[109] – Gerade diese »Nahrung« dem Patienten während seiner »Unterweltreise« zu verabreichen, wäre Aufgabe der Psychiatrie!

Veränderungen des Zeiterlebens kommen normalerweise schon beim Gesunden vor. Daß die Zeit manchmal »nicht vergehen will« oder »verrinnt wie im Fluge«, sind alltägliche Erfahrungen. Beim seelisch Kranken sind sie viel ausgeprägter.[110] In Krisenzeiten, wie der Adoleszenz, sind mehr oder weniger schwere Störungen des Zeiterlebens beinahe die Regel.[111] Und erst recht leben viele seelisch Kranke (Schizophrene, Depressive, Hirngeschädigte ...) ein autistisches, illusionäres Leben, in welchem Zeitabläufe nichts mehr bedeuten. Sie sagen es auch selbst: »Die Zeit steht still.« – »Meine Uhr, die lebt nicht mehr.«[112] Klagen über

»Langeweile« sind in Kliniken an der Tagesordnung. Dort herrscht eine »zeitlose Leere«. Ein vierzigjähriger Patient Scharfetters erzählte, er lebe schon 2000 Jahre lang in einer unterirdischen Klinik in einem See.[113] Fierz zitiert einen Kranken, der von sich gar behauptete: »Ich bin aus der Zeit in die Ewigkeit gefallen.«[114] Mancher kreist jahrelang um immer dieselben Probleme, ohne irgendeinen Fortschritt zu erzielen. – Befragt nach ihrem Alter, geben langjährige Anstaltsinsassen oftmals ein Alter an, das jenem bei Ausbruch der Erkrankung oder beim Eintritt in die Klinik entspricht. Lanzkron und Wolfson untersuchten 50 Klinikpatienten mit einem Durchschnittsalter von 47 Jahren, die auf Befragen ein Alter von im Mittel 26 Jahren angaben. Die Zeitrechnung der meisten dieser Kranken war während des ersten Jahres in der psychiatrischen Klinik zum Stillstand gekommen.[115]

Sofern die psychische Erkrankung und der Klinikaufenthalt den Patienten aus seinem Leben herausnehmen und ihn von seiner gewohnten Umgebung entfernen, verstärken sie diesen Effekt. Die abgelegenen Örtlichkeiten vieler Kliniken, die alten Mauern und die Tabus trugen viel zu weiterer Entfremdung vom normalen Leben bei. Die ehemaligen Bekannten haben inzwischen den Kranken vergessen, sie wollen mit ihm nichts mehr zu schaffen haben oder sind gestorben. Die Kontakte von früher sind nicht wiederherzustellen. Vertraute Orte sind mittlerweile fremd geworden. Aber auch *im* Patienten selbst ist viel Lebenszeit ungenützt vorübergeflossen. Oft ist es dann zu spät, um noch etwas Rechtes zu lernen. Die Zeit, um zu heiraten und Kinder zu bekommen, ist vielleicht vorbei. Man hat den jugendlichen Mut und die früheren Kräfte nicht mehr.

So sagt ein chinesischer Dichter:

»Wenn man mit dreißig noch unbeweibt,
dann soll mans auch weiterhin bleiben lassen.
Wenn mans mit vierzig noch zu keinem Amt gebracht hat,
dann soll man überhaupt aufgeben.
Mit fünfzig wechselt man nicht mehr Scholle
und Beruf.
Mit sechzig greift man nicht mehr zum Wanderstab.
Warum?
Man hat die Zeit verpaßt.«

Schi Nai An aus Loh Yang

Es bleibt dem genesenen Kranken dann gar nichts anderes übrig, als in die vertraute Umgebung der Klinik zurückzukehren. Nach längerem Anstaltsaufenthalt wollen immer mehr Kranke gar nicht mehr entlassen werden.[116] Was wir Psychiater Hospitalismus nennen, beschreibt in diesem Fall bloß den Umstand, daß ein Mensch durch einen langen Klinikaufenthalt zu normalem Leben völlig unfähig geworfen ist.

Sogenannte Bilanzselbstmorde, zu Tode führende Krankheiten oder tödliche Unfälle angesichts einer Situation, die nicht bewältigt werden kann, sind nach der Rückkehr ins normale Leben nicht so selten. In den Klinikstatistiken scheinen solche tragischen Schicksale aber kaum je auf, weil die Patienten zu diesem Zeitpunkt meist schon aus der Behandlung entlassen sind. – Manfred Bleuler fand bei den von ihm jahrzehntelang betreuten Schizophrenen, daß die zweithäufigste Todesursache – nach dem Tod im unmittelbaren Zusammenhang mit akut psychotischen Zuständen – Selbstmord war. Diese Selbstmorde ereignen sich nicht, wie man geneigt wäre anzunehmen, zu Beginn der Erkrankung, sondern später, meist Jahre später. Bleuler äußerte sich dahingehend, er habe in seiner vieljährigen klinischen Erfahrung den späten Suizid »kennen und fürchten gelernt«.[117] – G. Schimmelpenning sagte 1978 auf einem Symposium in Hamburg vor einem kleinen Gremium von Experten, er sei »geradezu entsetzt über die außerordentlich hohe Zahl von Suiziden, die sich innerhalb weniger Tage und Wochen nach Klinikentlassung ereignet hatten«.[118]

Derartige Aussagen von Fachleuten zeigen, wie wichtig es ist, daß die Verbindung der psychisch Kranken zum gewöhnlichen Alltagsleben nicht abreißt. Von den Betreuern muß dies um so mehr berücksichtigt werden, als viele Patienten von sich aus die Tendenz haben, sich zurückzuziehen und zu isolieren. Erfreulicherweise tragen neue psychiatrische Konzepte dem Rechnung, mit vermehrter ambulanter statt klinischer Therapie, nach Möglichkeit kurzen Klinikaufenthalten, Belassung der Kranken in ihrer gewohnten Umgebung, Sicherung der Arbeitsplätze und Wekkung eines allgemeinen öffentlichen Verständnisses für die Probleme der psychisch Kranken.

Was bleibt noch zu sagen über weitere Heilungsmöglichkeiten? – Es sind fast banale Dinge, die gleichzeitig, gerade wegen ihrer

Banalität, auch grundlegend und wichtig sind. – Wer noch eine Aufgabe in dieser Welt zu erfüllen hat, wer Angehörige und Freunde hat, denen er fehlt und die ihm fehlen, der kommt eher wieder zurück als derjenige, der sich von allem losgesagt hat.[119] Der Ruf des Freundes hat für die tote Seele geradezu etwas Zwingendes.[120] Überhaupt nötigt eine *klare Sprache* die Toten zu antworten und Stellung zu nehmen.[121] – Es gilt also zu prüfen, ob ein Kranker wirklich ins Leben zurückwill und ob seine Angehörigen ihn wirklich wiederhaben wollen oder ob die in dieser Richtung geäußerten Wünsche und das angebliche Bedauern über die Krankheit bloße Lippenbekenntnisse sind, hinter denen sich eine festsitzende Resignation oder gar die bereits etablierte Zufriedenheit mit dem Krankheitszustand verbergen. – Warum auch sollte ein Mensch, den nichts mehr in dieser Welt lockt, seine Traum- und Phantasiewelt in der Klinik verlassen?

Zur Wiederkehr ins Leben braucht es Mut, Kühnheit und Kraft, gepaart mit Unvoreingenommenheit und einer gewissen natürlichen Unschuld. »Sei stark und mutig, das allein kann glücken«, rät Vergil seinem Schützling.[122] Die richtige Einstellung ist die eines Kämpfers. »Wir widersprechen dem inneren Tod«, sagt der Psychiater Benedetti, »und nehmen die Abwehr des Patienten in Kauf.«[123]

Dazu muß man *im richtigen Augenblick das Richtige tun. Buße* und *Wiedergutmachung* haben hier ihren Platz.[124] Die Gelegenheit zur Erlösung eines Geistes bietet sich nicht oft. Wird sie versäumt, muß der Unselige hundert, zweihundert oder mehr Jahre warten.[125] Da ist jedes Zögern von Übel. »Wenn du auch nur für eine Sekunde Unentschlossenheit duldest, hast du Elend zu ertragen für lange Zeit.«[126] Wer sich beirren läßt und Fehler macht, hat verloren. Manchmal kann beherztes Zugreifen angebracht sein. Es kann aber auch schädlich sein. Dann heißt es zuwarten. Das richtige Wort zur richtigen Zeit kann erlösende Wirkung haben. In anderen Fällen ist Schweigen das oberste Gebot.[127]

In der Psychotherapie spricht man vom richtigen »timing«. Dasselbe, was die Totenbücher lehren, sei deshalb nochmals mit den Worten eines Psychotherapeuten gesagt: »Der Therapeut soll seinem Patienten nicht nur das Ruhen in der Zeit zeigen, sondern auch die Stunde erkennen, wo es auf das Ergreifen des Augenblikkes entscheidend ankommt. Denn in der Psychotherapie ist es oft wie in der Geschichte: Vieles muß sich langsam vorbereiten und wie von selbst reifen. Dann aber gibt es die Worte, die Entscheidungen, das Erkennen der Zusammenhänge, die Deutungen, die nur im rechten Augenblick möglich sind, und dann gilt es, die Chance nicht zu verpassen.«[128]

Standhaftigkeit gegenüber Versuchungen, die überall entlang des gefährlichen und mühsamen Weges durch das Totenland lauern, ist unerläßlich. Wer *gut und böse* nicht zu *unterscheiden* vermag, darf nicht auf Erlösung hoffen. Nur das beharrliche Aneinanderfügen guter Taten führt zum Erfolg.[129] *»Ernsthaftigkeit und reine Liebe«* sind dazu nötig.[130] Das wirkt, »wie wenn man eine Rinne in die Bruchstelle einer gebrochenen Wasserleitung legt, . . . wie das Bewegen eines großen hölzernen Balkens, den hundert Menschen nicht tragen können, der aber, wenn man ihn aufs Wasser legt, in einem Moment dahingezogen werden kann, wohin man ihn haben will.«[131]

Auf der Suche nach Techniken, welche bei der psychiatrisch-psychotherapeutischen Arbeit helfen sollen, übersieht man oft das Naheliegende, gewöhnlich Menschliche. Angesichts der Geisteskrankheit erstarrt der Normalverstand wie das Kaninchen vor der Schlange, und dann fällt einem überhaupt nichts Vernünftiges mehr ein. Dabei sind Patienten ganz gewöhnliche Menschen und sind empfänglich für das, wofür Menschen immer und überall ansprechbar sind. Wer nichts wagt, der gewinnt auch in der Psychiatrie nichts. Und zu wissen, was zu einem bestimmten Zeitpunkt das Richtige ist, ist im Umgang mit der Verrücktheit – sei es nun die eigene oder die eines anderen – genauso wichtig wie irgendwo im Leben.

Wenn am Anfang unserer Überlegungen die gewissermaßen verbriefte und für alle Zeiten festgesiegelte Hoffnungslosigkeit stand und wir zuletzt nun doch einen Ausweg aus der Hölle suchen, so ist dies keineswegs so einzustufen, als hätten wir schon zu Beginn nach einer Heilung Ausschau gehalten. Die Hoffnung, die einem leuchtet, nachdem man sich der Konfrontation mit den äußersten Schrecken der Finsternis ausgesetzt hat, ist nicht im entferntesten zu vergleichen mit jener vorschnellen Art optimismustrunkener Ideologiebildung, die sich so gerne angesichts eines drohenden Unbehagens einstellt. Letztere läuft vor dem Unerträglichen davon, ohne es je richtig zu Gesicht bekommen zu haben. Sie macht ihre Rechnung immer nur mit der Hälfte der ganzen Wirklichkeit. Und darum wird sie auch regelmäßig von den alten Mißständen nach einer gewissen Zeit wieder eingeholt. Die Ernüchterung trifft dann doppelt hart.

Die Hoffnungen schließlich, die sich ergeben, *nachdem* die schrecklichen Abgründe des Jenseits durchschritten wurden, sind nicht allzugroß. Für viele Fragen gibt es weiterhin keine Antworten. Für vieles Elend gibt es trotz Konfrontation und Auseinandersetzung keine Besserung. Für viele Probleme gibt es trotz Umwertung aller Werte keine Lösung. Ein Stück Krankheit muß weiterhin ertragen werden.

Die Unterwelt ist aber nicht bloß eine lästige Gegenwelt, deren Bewohner verdreht sind und mit dem Kopf nach unten herumlaufen. Sie ist vielmehr eine legitime, komplett eingerichtete Welt für sich, von der es heißt, sie sei sogar größer und umfassender als die Oberwelt. In ihr findet sich alles, was früher einmal war und was künftig erst werden wird. Sie ist voll von abgestorbenem und von ungeborenem Leben. Pluto, der Reiche, herrscht dort in seines Namens umfänglicher Bedeutung. Dagegen sind die auf Erden lebenden Seelen in einer bescheidenen Minderzahl.[132]

Zwar besteht eine uralte Feindschaft zwischen diesen beiden Welten, aber – wie immer bei Feinden – auch eine heimliche Faszination und Anziehungskraft. Beide bedingen einander notwendig und bedürfen einander. Eine könnte ohne die andere nicht sein. Interpretiert man die Aussagen der Völker über das Leben nach dem Tod als eine Phantasie, deren Substrat die menschliche Seele mit ihren unerschöpflichen Möglichkeiten ist, so erhält man einen erstaunlichen Einblick in weite Bereiche, die gewöhnlich in die Welt der Schatten hinabgedrängt werden. Wenn wir uns mit dem chronisch seelisch Kranken in uns und mit den chronisch seelisch Kranken in der Welt einlassen, so geschieht dies letztlich um unserer eigenen Ganzheit willen und damit wir die Fähigkeit zu einem ganzheitlichen Erleben nicht verlieren.

1 Robert Burton, *The Anatomy of Melancholy,* S. 55 ff.
2 Heinroth, Bd. II, S. 223.
3 Dazu zum Beispiel C. Ernst, *Teufelaustreibungen,* passim.
4 Zit. n. v. Glasenapp, S. 14.
5 Shakespeare, Hamlet, III, 1, 79.
6 Ahern, S. 342.
7 J. Gross, in: Schimmelpenning, S. 164.
8 Ch. Muller, in: Schimmelpenning, S. 108.
9 Achté, in: Schimmelpenning, S. 150.
10 G. Huber, G. Gross, R Schüttler, in: Schimmelpenning, S. 130; in diesem Sinn auch Woggon, *Angst und Margoses.*
11 H. U. Fisch, *Soziopharmakologie – am Beispiel der Psychopharmaka,* S. 465.
12 M. Bleuler, *Die schizophrenen Geistesstörungen,* S. 360.
13 Eliade, S. 289.
14 Kees, S. 186.
15 Alle: Kees, S. 16.
16 Ebda., S. 54; Ägyptisches Totenbuch Kap. 30.
17 Pelliot, S. 78.
18 Ein Beispiel aus neuerer Zeit findet sich in »Das ertrunkene Kind«, Grimms Sagen Nr. 62.
19 M. Bleuler, *Probleme der Psychosomatik,* S. 172; siehe auch H. U. Fisch, S. 464.
20 J. Kroll, *Gott und Hölle.*
21 Alle: Kroll, passim.
22 1. Samuel 2,6.
23 Matthäus 10,8.
24 Weyer, S. 115.
25 Die Terminologie der verschiedenen psychologischen Schulen ist nicht einheitlich.
26 C. G. Jung, *Ges. Werke* V, § 612.
27 Jung, *GW* VI, § 399.
28 Jung, *GW* IX/II, § 49.
29 M. Foucault, *Wahnsinn und Gesellschaft,* S. 389.
30 Ebda., S. 390.
31 Amduat, 7. Stunde, mittleres Register. In: Hornung (Hrsg.), *Ägypt. Unterweltsbücher.*
31a Hier ist unbedingt auch Heinz Kohut, *Die Heilung des Selbst* zu nennen, worin sich ausführliches Material zur Frage der »Unlebendigkeit« gewisser Kranker findet. Leider konnte ich auf dieses anregende und weiterweisende Buch nicht ausführlicher eingehen, da ich erst nach Abschluß meines Manuskriptes davon Kenntnis bekam.

32 W. Loch, Psychogenetische Aspekte der Depression, in: Heimann, Giedke, S. 30.
33 Der Papalagi, Die Reden des Südseehäuptlings Tuiavii aus Tiavea.
34 Zu diesem Fragenkomplex siehe: Ackerknecht, *Kurze Geschichte der Psychiatrie,* S. 2, 3; auch E. Kretschmer, *Geniale Menschen,* S. 41.
35 R. Baer, *Psychopathische und pseudopsychopathische Persönlichkeiten,* S. 826.
36 S. dazu Gerd Huber, in: Schimmelpenning (Hrsg.), *Psychiatrische Verlaufsforschung,* S. 54; und W. Hartmann, *Schizophrene Dauerpatienten,* S. 15.
37 N. Skliar, K. Starikowa, *Zur vergleichenden Psychiatrie,* S. 574.
38 Wagnitz, Bd. II/2, S. 259.
39 Bächtold-Stäubli, III, 505; »Von einem Einsiedler, der die Menschen schwarz und weiß sah«, Klapper Nr. 26.
40 Moody, I, S. 87.
41 Kroll, S. 320.
42 Bächtold-Stäubli, III, 1078 und VIII, 1059.
43 Moody, I, S. 85.
44 N. Remigius, *Daemonolatria,* Das ist/Von Unholden und Zauber Geistern . . ., S. 419 ff.
45 »Von einem Unbußfertigen, den der Teufel erwürgte«, Klapper, Nr. 35.
46 »Die Männer im Zottenberg«, Grimms Sagen Nr. 144.
47 *Tibetanisches Totenbuch,* S. 106.
48 Ebda., S. 107.
49 E. Rohde, *Psyche,* Bd. I, S. 58.
50 A. Dieterich, *Nekyia,* S. 122.
51 *Tibetanisches Totenbuch,* S. 76.
52 Ebda., S. 94.
53 Ebda., S. 102.
54 Hornung (Hrsg.), *Ägypt. Unterweltsbücher,* S. 281.
55 Ebda., S. 11.
56 Guido Huber, S. 164 f.
57 Kroll, S. 263.
58 Ebda., S. 172.
59 Hornung, *Ägypt. Unterweltsbücher,* S. 38, S. 506 Anm. 13.
60 Apokryphen, Nikodemusevangelium 18,1.
61 Matthäus 27, 52 u. 53.
62 Moody, I, S. 87; ein solches Lichtwesen auch in »König Karl sieht seine Vorfahren in der Hölle und im Paradies«, Grimms Sagen Nr. 467.
63 Höhlenbuch, 6. Abschnitt, 3. Szene, in: Hornung, *Ägypt. Unterweltsbücher,* S. 418.

64 G. Rabuse, *Der kosmische Aufbau der Jenseitsreiche Dantes,* S. 55.
65 Guido Huber, S. 94.
66 Eliade, S. 198.
67 Bächtold-Stäubli, IV, 234.
68 Dante, Inferno, XXIII, 27.
69 Technisch gesprochen: die Analyse der Gegenübertragung.
70 *Tibetanisches Totenbuch,* S. 39.
71 Ebda., S. 74.
72 Ebda., S. 125.
73 Ebda., S. 126.
74 S. Freud, Ratschläge für den Arzt bei der psychoanalytischen Behandlung, in: *Ges. Werke* VIII, S. 377.
75 Bächtold-Stäubli III, 553.
76 v. Dam, S. 249 ff.; Böcher, S. 106.
77 Grimms Kinder- und Hausmärchen Nr. 55 (bzw. Nr. 2).
78 C. G. Jung, Über die Psychologie der Dementia Präcox, *GW* Bd. III.
79 Eliade, S. 202.
80 Ebda., S. 205.
81 Das Gilgamesch Epos, XII. Tafel, v. 14 ff.
82 Zum Beispiel in: Die Frage der Laienanalyse, S. Freud, *GW* XIV, S. 259.
83 Zit. n. Foucault, S. 519.
84 Bächtold-Stäubli IV, 235.
85 Dante, Inferno, X, 39; XVII, 40.
86 Böcher, S. 306.
87 Beispiele in: »Frau Holla und der treue Eckart«, »Kaiser Friedrich zu Kaiserslautern«, »Freiherr Albrecht von Simmern«, Grimms Sagen Nr. 7, 296 und 534.
88 Storå, S. 207 u. 230.
89 S. Freud, Zur Einleitung der Behandlung, *GW* VIII, S. 467.
90 Pirie, passim; Calmet, S. 43.
91 Calmet, passim; Bächtold-Stäubli VI, 819 u. IX, 575.
92 Storå, S. 263.
93 Bächtold-Stäubli VIII, 1322 ff.
94 Siehe zum Beispiel »Die Teufelsmühle«, Die Sachsenhäuser Brücke zu Frankfurt«, »Der Wolf und der Tannenzapf«, Grimms Sagen Nr. 184, 186, 187.
95 Bächtold-Stäubli IV, 235.
96 Böcher, S. 173.
97 Das Motiv findet sich auch in: »Dagoberts Seele im Schiff«, Grimms Sagen Nr. 439.
98 K. Kerényi, *Dramatische Gottesgegenwart,* S. 19.

99 Matthäus 9,34; 12,24 u. 27; Markus 3,22; Lukas 11,15-19.
100 W. Hartmann, S. 85.
101 Ebda., S. 117 ff.
102 Ahern, S. 243.
103 v. Glasenapp, S. 15; zur Frage der späten Besserungen bei Schizophrenen siehe M. Bleuler, *Die schizophrenen Geistesstörungen,* S. 276.
104 Auch Apostelgeschichte 1,7.
105 C. A. Meier, S. 100.
106 H. Altenmüller, *Grab und Totenreich der alten Ägypter,* S. 18.
107 Moody, I, S. 53; II, S. 127 ff.
108 L. Petzold, *Der Tote als Gast,* S. 26; s. a. »Die drei Bergleute im Kuttenberg«, Grimms Sagen Nr. 1.
109 Petzold, S. 235.
110 Th. R. Payk, *Störungen des Zeiterlebens bei den endogenen Psychosen;* auch Scharfetter, *Psychopathologie,* S. 85 ff.
111 E. H. Erikson, *Jugend und Krise,* S. 174.
112 Scharfetter, *Psychopathologie,* S. 111.
113 Ebda., S. 87.
114 H. K. Fierz, *Klinik und Analytische Psychologie,* S. 32.
115 J. Lanzkron, W. Wolfson, *Prognostic value of perceptual distortion of temporal orientation in chronic schizophrenics,* S. 745; s. a. Rümke, S. 209.
116 W. Hartmann, *Schizophrene Dauerpatienten,* S. 85.
117 M. Bleuler, *Die schizophrenen Geistesstörungen,* S. 371.
118 G. Schimmelpenning, in: Schimmelpenning (Hrsg.), S. 97.
119 Moody, I, S. 88 f.
120 Rohde, Bd. I, S. 61.
121 Dante, Inferno XVIII, 53.
122 Dante, Inferno XVII, 57.
123 Benedetti, S. 146.
124 Siehe zum Beispiel »Wie es um Ludwigs Seele geschaffen war«, Grimms Sagen Nr. 560.
125 Bächtold-Stäubli III, 507.
126 *Tibet. Totenbuch,* S. 120.
127 Bächtold-Stäubli III, 479.
128 Benedetti, S. 54.
129 *Tibetanisches Totenbuch,* S. 120.
130 Ebda, S. 119.
131 Ebda., S. 135.
132 Bächtold-Stäubli IV, 232.

Literatur

Ackerknecht, Erwin H., *Kurze Geschichte der Psychiatrie,* 2. verb. Aufl., F. Enke, Stuttgart 1967.

ders. u. Akert, K., Wechselnde Formen der Unterbringung von Geisteskranken, in: *Schweiz. Med. Wschr.* 94, 1541-1546, 1964.

Ägyptisches Totenbuch (Livre des Morts des Anciens Égyptiens), Übersetzt und kommentiert von Gregoire Kolpaktchy, O. W. Barth, München 1955.

Ahern, Emily M., *The Cult of the Dead in a Chinese Village,* Stanford University Press, Stanford 1973.

Altenmüller, Hartwig, *Grab und Totenreich der alten Ägypter,* Wegweiser zur Völkerkunde, Hamburgisches Museum für Völkerkunde, Hamburg 1976.

Angst, Jules, *Verlauf endogener Psychosen,* Privatdruck, Zürich.

Die Apokryphen Schriften zum Neuen Testament, Übersetzt und erläutert von Wilhelm Michaelis, Sammlung Dieterich Bd. 129, C. Schünemann, Bremen 1958 – S. a. Hennecke.

Arnold, O. H., Zur Frage der Abwandlung depressiver Verläufe nach Anti-depressiva-Therapie, in: Hippius, N., Selbach, H., (Hrsg.), *Das depressive Syndrom,* Urban & Schwarzenberg, München 1969, S. 575-586.

Astrup, C., Long-term Prognosis of the Functional Psychoses, in: Mitsuda, H., Fukuda, T., *Biological Mechanism of Schizophrenia and Schizophrenia-Like Psychoses,* Tokyo 1974, S. 120-125.

Augustinus, Aurelius, *Die Sorge für die Toten (De cura pro mortuis gerenda),* Übertragen v. Gabriel Schlachter OSA, eingeleitet und erläutert von Rudolph Arbesmann OSA, Augustinus-Verlag, Würzburg 1975.

Axline Virginia, M., *Dibs (Dibs in Search of Self),* Ex-Libris, Zürich o. J.

Bächtold-Stäubli, Hanns (Hrsg.), *Handwörterbuch des deutschen Aberglaubens,* 10 Bände, W. de Gruyter, Berlin 1927-1942.

Baer, Rolf, Psychopathische und pseudopsychopathische Persönlichkeiten, in: *Die Psychologie des 20. Jahrhunderts,* Bd. x, S. 818-827, Kindler, Zürich 1980.

Basaglia, Franco (Hrsg.), *Die negierte Institution oder die Gemeinschaft der Ausgeschlossenen (L'istituzione negata, Rapporto da un ospedale psichiatrico),* edition suhrkamp 655, Frankfurt 1973.

Beese, Friedrich (Hrsg.), *Stationäre Psychotherapie,* Vandenhoeck & Ruprecht, Göttingen 1978.

Benedetti, Gaetano, *Klinische Psychotherapie,* 2. Aufl., H. Huber, Bern 1980.

Die Bibel.
Bleuler, Eugen, *Das autistisch-undisziplinierte Denken in der Medizin und seine Überwindung* (1919), 4. Neudruck d. 5. Aufl., mit einer Einleitung v. M. Bleuler, Springer, Berlin 1976.
ders., *Lehrbuch der Psychiatrie,* 10. Aufl., umgearbeitet v. M. Bleuler, Springer 1960.
Bleuler, Manfred, Probleme der Psychosomatik, in: *Schweiz. Med. Wschr.* 90, 170-188, 1960.
ders., *Die schizophrenen Geistesstörungen im Lichte langjähriger Kranken- und Familiengeschichten,* G. Thieme, Stuttgart 1972.
Böcher, Otto, *Dämonenfurcht und Dämonenabwehr,* Ein Beitrag zur Vorgeschichte der christlichen Taufe, W. Kohlhammer, Stuttgart 1970.
Bolte, Johannes / Polivka, Georg, *Anmerkungen zu den Kinder- und Hausmärchen der Brüder Grimm,* Leipzig 1913, Neudruck Olms, Hildesheim.
Bosmans, Phil, *Vergiß die Freude nicht,* Herder, Freiburg 1976.
Brant, Sebastian, *Das Narrenschiff* (1494), Herausgegeben von Manfred Lemmer, M. Niemeyer, Tübingen 1962.
Breasted, James Henry, *Die Geburt des Gewissens (The Dawn of Conscience),* Morgarten Verlag Conzett & Huber, Zürich 1950.
Burton, Robert, *The Anatomy of Melancholy,* Oxford 1621.

(Calmet), *Des hochwürdigen Herrn Augustini Calmet Gelehrte Verhandlung von denen sogenannten Vampiren oder zurückkommenden Verstorbenen in Ungarn, Mähren etc.,* Augsburg 1751, Neudruck Merlin, Zürich 1963.
Camerling, Elisabeth, *Über Ahnenkult in Hinterindien und auf den großen Sunda-Inseln,* Diss. Zürich 1928.
Campbell, Joseph, Renewal Myths and Rites of the primitive Hunters and Planters, in: *Eranos* Jb. 1959, XXVIII, Rhein, Zürich 1960, S. 407-457.
Christiansen, Reidar Th., *The Dead and the Living,* Studia Norvegica, Vol. 1, No. 2, Oslo 1946.
Chronizität: Schicksal oder Artefakt? Protokoll der Geschäftssitzung der 156. Jahresversammlung der Schweiz. Gesellschaft für Psychiatrie 20.-22. 9. 1979 in Montreux, in: *Schweiz. Arch. f. Neurologie, Neurochirurgie und Psychiatrie,* Vol. 126, fasc. 2, p. 223-368, Orell-Füssli, Zürich 1980.
Ciompi, L. / Muller, Ch., Katamnestische Untersuchungen zur Altersentwicklung psychischer Krankheiten, in: *Der Nervenarzt* 40, S. 349-355, 1969.
Coleridge, Samuel Taylor, *Gedichte,* Reclams Universal-Bibliothek Nr. 9484-86, Stuttgart 1973.

v. Dam, Willem C., *Dämonen und Besessene,* 2. Aufl., Christiana Verl., Stein a. Rhein 1975.
Dante Alighieri, *Die göttliche Komödie,* Übertragen von Benno Geiger, H. Luchterhand 1960.
David-Neel, Alexandra, *Unsterblichkeit und Wiedergeburt (Immortalité et réincarnation),* Brockhaus, Wiesbaden 1962.
Dieterich, Albrecht, *Nekyia,* Beiträge zur Erklärung der neuentdeckten Petrusapokalypse, B. G. Teubner, Leipzig 1893.

Eliade, Mircea, *Schamanismus und Archaische Ekstasetechnik,* Rascher, Zürich o. J.
Erasmus von Rotterdam, *Das Lob der Torheit (Moriae Encomium, laus stultitiae),* Übers. v. Alfred Hartmann, herausgegeben von Emil Major, Birkhäuser, Basel 1947.
Erikson, Erik H., *Jugend und Krise (Identity, Youth and Crisis),* 2. Aufl., Klett, Stuttgart 1974.
Ernst, Cécile, *Teufelsaustreibungen,* Die Praxis der katholischen Kirche im 16. und 17. Jahrhundert, H. Huber, Bern 1972.
Esquirol, Jean Etienne Dominique, *Von den Geisteskrankheiten* (*Des maladies mentales,* 1. Kapitel 1816 u. 1838), H. Huber, Bern 1968.

Fierz, Heinrich Karl, *Klinik und Analytische Psychologie,* Studien aus dem C. G. Jung-Institut Zürich, Bd. xv., Rascher, Zürich 1963.
Finé, Heinz, *»Der Ort der Erquickung«,* Eine frühchristliche Jenseitsvorstellung und ihre geschichtliche Entwicklung im Lichte der Sprache, in: *Geist und Leben* 33, S. 334-348, 1960.
Fisch, H. U., *Soziopharmakologie – am Beispiel der Psychopharmaka,* in: *Schweiz. med. Wschr.* 109, S. 461-466, 1979.
Foucault, Michel, *Wahnsinn und Gesellschaft,* Eine Geschichte des Wahns im Zeitalter der Vernunft *(Histoire de la Folie),* Suhrkamp, Frankfurt 1973.
ders., *Von der Subversion des Wissens,* Ullstein Buch Nr. 3548, Berlin 1978.
Frazer, James George, *Der goldene Zweig (The golden Bough),* Hirschfeld, Leipzig 1928.
Freud, Sigmund, *Gesammelte Werke,* Versch. Aufl., S. Fischer, Frankfurt.
Frey-Wehrlin, C. T. / Bosnak, Robert / Langegger, Florian / Robinson, Christa, Behandlung chronischer Psychosen, in: *Analyt. Psychologie* 9, S. 132-138, 1978.
Fromm, Erich, *Anatomie der menschlichen Destruktivität (The Anatomy of Human Destructiveness),* Deutsche Verlagsanstalt, Stuttgart 1974.

Das Gilgamesch Epos, Reclams Universal-Bibliothek Nr. 7235/35a, Stuttgart 1958.
v. Glasenapp, Helmuth, Unsterblichkeit und Erlösung in den indischen Religionen, in: *Schriften der Königsberger Gelehrten Gesellschaft,* 14. Jahr, 1938, Heft 1, S. 1-72.
v. Goethe, Johann Wolfgang, *Faust.*
ders., *Westöstlicher Diwan.*
Grabowsky, F., Der Tod, das Begräbnis, das Tiwah oder Totenfest und Ideen über das Jenseits bei den Dajaken, in: *Internationales Archiv für Ethnographie,* Bd. II, 1889, S. 177-204.
Griesinger, Wilhelm, *Die Pathologie und Therapie psychischer Krankheiten für Aerzte und Studirende,* 3. Aufl., F. Wreden, Braunschweig 1871.
Brüder Grimm, *Kinder- und Hausmärchen,* 2 Bde., E. Diederichs, Düsseldorf 1968/69.
dieselben, *Deutsche Sagen,* 2 Bde. in einem Band, Winkler, München 1956.
Grof, Stanislaw & Christina, *Beyond Death,* Thames & Hudson, London 1980.
Gundolf, Hubert, *Totenkult und Jenseitsglaube,* St. Gabriel, Mödling b. Wien 1967.

Handwörterbuch des deutschen Aberglaubens: siehe Bächtold-Stäubli.
Handwörterbuch des Märchens: siehe Mackensen.
Hargous, Sabine, *Beschwörer der Seelen,* Das magische Universum der südamerikanischen Indianer *(Les appeleurs d'âmes),* Sphinx, Basel 1976.
Harms, E., Origin and Early History of Electrotherapy and Electroshock, in: *Am. Journ. Psychiatry* 12, 933, 1955.
Hartmann, Wolfgang, *Schizophrene Dauerpatienten,* F. Enke, Stuttgart 1980.
Heimann, H. / Giedke, H. (Hrsg.), *Neue Perspektiven in der Depressionsforschung,* H. Huber, Bern 1980.
Heinroth, F. C. A., *Lehrbuch der Störungen des Seelenlebens oder der Seelenstörungen und ihrer Behandlung,* 2 Bde., F. Ch. W. Vogel, Leipzig 1818.
Hennecke, Edgar, *Neutestamentliche Apokryphen,* 3. neu bearb. Aufl., hg. v. Wilhelm Schneemelcher, J. C. B. Mohr (Paul Siebeck), Tübingen 1959 u. 1964.
Hesiod, *Die Theogonie.*
Homer, *Ilias.*
Homer, *Odyssee.*
Horaz, *Sämtliche Werke,* E. Heimeran, München 1957.
Hornung, Erik, *Altägyptische Höllenvorstellungen,* Abhandl. d. sächs.

Akad. d. Wissenschaften zu Leipzig, Phil. hist. Klasse, Bd. 59, Heft 3, Berlin 1968.
ders. (Hrsg.), *Ägyptische Unterweltsbücher,* Artemis, Zürich 1972.
Huber, Gerd (Hrsg.), *Verlauf und Ausgang schizophrener Erkrankungen,* 2. Weißenauer Schizophreniesymposium 1973, F. K. Schattauer, Stuttgart 1973.
ders. (Hrsg.), *Therapie, Rehabilitation und Prävention schizophrener Erkrankungen,* 3. Weißenauer Schizophreniesymposium 1975, F. K. Schattauer, Stuttgart 1976.
Huber, Guido, *Das Fortleben nach dem Tode,* Origo, Zürich 1957.
Hughes, Robert, *Heaven and Hell in Western Art,* Weidenfeld and Nicholson, London 1968.

Iwai, H. / Homma, H. / Amamoto, H. / Asakura, M., Morita Psychotherapeutic Process, in: *Psychother. Psychosom.* 29, 330-332, 1978.

Jung, Carl Gustav, *Gesammelte Werke,* Rascher, Zürich, und Walter, Olten 1960-1979.

Kasack, Hermann, *Die Stadt hinter dem Strom,* Suhrkamp, Frankfurt 1947.
Kees, Hermann, *Totenglauben und Jenseitsvorstellungen der alten Ägypter,* 2. Aufl., Akademie Verl., Berlin 1956.
Keller, Gottfried, *Der Landvogt von Greifensee,* Insel Bücherei Nr. 321, Leipzig o. J.
Kerényi, Karl, Dramatische Gottesgegenwart in der griechischen Religion, in: *Eranos* Jb. 1950, Bd. XIX, Rhein, Zürich 1951, S. 13-39.
Kierkegaard, Sören, *Das Tagebuch eines Verführers*, Schiller, Berlin o. J.
Kipphardt, Heinar, *März,* Autoren Edition, Bertelsmann, München 1976.
Klapper, Josef (Hrsg.), *Erzählungen des Mittelalters,* Wort und Brauch, Heft 12, M. & H. Marcus, Breslau 1914.
Kohut, Heinz, *Die Heilung des Selbst,* suhrkamp taschenbuch wissenschaft 373, Frankfurt 1981.
Kolb, Annette, *Mozart,* E. Rentsch, Erlenbach-Zürich 1947.
Kortum, C. A., *Über die Unschädlichkeit der Kirchhöfe und Begräbnisse in Städten und Dörfern,* H. Blothe, Osnabrück 1801.
Kraepelin, Emil, *Psychiatrie,* Ein Lehrbuch für Studierende und Ärzte, J. A. Barth, Leipzig 1909.
Kretschmer, Ernst, *Geniale Menschen,* 2. Aufl., J. Springer, Berlin 1931.
Kriss, Rudolf / Kriss-Heinrich, Hubert, *Volksglaube im Bereich des Islam,* 2 Bde., O. Harrassowitz, Wiesbaden 1960/62.
Kroll, Josef, *Gott und Hölle,* B. G. Teubner, Leipzig 1932.

Laehr, Heinrich, *Ueber Irrsein und Irrenanstalten,* C. E. M. Pfeffer, Halle 1852.
ders., *Gedenktage der Psychiatrie,* Berlin 1893.
Lanzkron, J. / Wolfson, W., Prognostic value of perceptual distortion of temporal orientation in chronic schizophrenics, in: *Amer. J. Psychiatry* 114, 744-746, 1958.
Layard, John, Identification with the sacrificial Animal, in: *Eranos* Jb. 1955, Bd. XXIV, Rhein, Zürich 1956, S. 341-406.
Lévy-Bruhl, Lucien, *Die geistige Welt der Primitiven,* F. Bruckmann, München 1927.
ders., *Die Seele der Primitiven,* W. Braumüller, Wien 1930.
Lombroso, Cesare, *Der Verbrecher (Homo delinquens),* 2. Bd., Verlagsanstalt und Druckerei Actien-Gesellschaft, Hamburg 1890.
Lukian, *Gespräche der Götter und Meergötter, der Toten und der Hetären,* Reclams Universal-Bibliothek Nr. 1133/33a/b, Stuttgart 1967.
Lukrez, *Von der Natur der Dinge (De natura rerum),* Fischer Bücherei, Exempla Classica 4, Frankfurt 1960.

Mackensen, Lutz, *Handwörterbuch des Märchens,* 2 Bände, W. de Gruyter, Berlin 1930-40.
Manninen, Ilmari, *Die dämonistischen Krankheiten im finnischen Volksaberglauben,* Folklore Fellows Communications No. 45, Helsinki 1922.
Meerloo, Jost A. M., *The Rape of the Mind,* The World Publishing Company, Cleveland, New York 1956.
Meier, Carl Alfred, *Antike Inkubation und moderne Psychotherapie,* Studien aus dem C. G. Jung-Institut Zürich Bd. 1, Rascher, Zürich 1949.
Meyer, Jonas, *Die Hölle im Islam,* Diss. Basel 1901.
Michel, H. M., Oser, F., *Der Mensch, Wanderer zweier Welten von Geburt zu Geburt,* Wegweiser, Wannweil 1974.
Miller, Alice, *Das Drama des begabten Kindes und die Suche nach dem wahren Selbst,* Suhrkamp, Frankfurt 1979.
dies., *Am Anfang war Erziehung,* Suhrkamp, Frankfurt 1980.
Milton, John, *Das verlorene Paradies (Paradise Lost),* Reclams Universal-Bibliothek Nr. 2191-93/93a/b, Stuttgart 1969.
Mitsuda, H., Fukuda, T. (Hrsg.), *Schizophrenia and Schizophrenia-Like Psychoses,* Thieme, Stuttgart, Tokyo 1975.
Moody, Raymond A., *Leben nach dem Tod (Life after Life),* Rowohlt, Reinbek b. Hamburg 1977.
ders., *Nachgedanken über das Leben nach dem Tod (Reflections on life after life),* Rowohlt, Reinbek b. Hamburg 1978.
Morenz, Siegfried, Ägyptischer Totenglaube im Rahmen der Struktur ägyptischer Religion, in: *Eranos* Jb. 1965, XXXIV, Rhein, Zürich 1966, S. 399-446.

Nestroy, Johann, *Der Mensch ist auch ein Federvieh,* K. H. Bischof, Reutlingen 1943.
Nietzsche, Friedrich, *Also sprach Zarathustra,* A. Kröner, Leipzig 1913.

Otto, Walter F., *Die Manen, oder von den Urformen des Totenglaubens,* 2. Aufl., H. Gentner, Darmstadt 1958.
Ovid, *Die Metamorphosen,* E. Heimeran, München 1952.

Pándy, K., *Die Irrenfürsorge in Europa,* G. Reimer, Berlin 1908.
Der Papalagi, Die Reden des Südseehäuptlings Tuiavii aus Tiavea, R. Tanner, Adliswil 1977.
(Paracelsus) Theophrast von Hohenheim, *Fünf Bücher über die unsichtbaren Krankheiten,* Fr. Frommanns, Stuttgart 1923.
Payk, Theo Rudolf, Störungen des Zeiterlebens bei den endogenen Psychosen, in: *Schweiz. Arch. f. Neurol., Neurochir. u. Psychiatrie* 121, 277-285, 1977.
Pelliot, Paul, Die Jenseitsvorstellungen der Chinesen, in: *Eranos* Jb. 1939, VII, Rhein, Zürich 1940, S. 61-82.
Petzold, Leander, *Der Tote als Gast,* Folklore Fellows Communications LXXXIV, No. 200, Helsinki 1968.
Pirie, David, *Vampir Filmkult,* Prisma, Gütersloh 1977.
Platon, *Sämtl. Werke,* Rowohlts Klassiker, Reinbek b. Hamburg 1959-60.

Rabuse, Georg, *Der kosmische Aufbau der Jenseitsreiche Dantes,* Böhlau, Graz 1958.
Rahner, Hugo, *Griechische Mythen in christlicher Deutung,* Rhein, Zürich 1957.
Reil, Johann Christian, *Rhapsodien über die Anwendung der psychischen Curmethode auf Geisteszerrüttungen,* Halle 1803.
Remigius, Nicolaus, *Daemonolatria,* Das ist / Von Unholden und Zauber Geistern . . ., C. Palthenius, Frankfurt 1598.
Rohde, Erwin, *Psyche,* Seelencult und Unsterblichkeitsglaube der Griechen, J. C. B. Mohr, Freiburg i. B. 1890 und 2. Aufl. 1898.
Rümke, H. C., *Über alte Schizophrene,* in: *Schweiz, Arch. f. Neurol., Neurochir. u. Psychiatrie* 91, 201-210, 1963.

Scharfetter, Christian, *Allgemeine Psychopathologie,* G. Thieme, Stuttgart 1976.
ders. u. Hagenbuchner, K., Blutdurst als Symptom, Ein seltsamer Fall von Bluttrinken, in: *Psychiat. Neurol.* 154, 288-310, 1967.
Schatzman, Morton, *Soul Murder,* Persecution in the Family, A. Lane,

London 1973, Deutsch: *Die Angst vor dem Vater,* Rowohlt, Reinbek b. Hamburg 1978.
Schimmelpenning, Gustav W. (Hrsg.), *Psychiatrische Verlaufsforschung,* H. Huber, Bern 1980.
Schizophrenie und Familie, Beiträge zu einer neuen Theorie von Bateson, Jackson, Laing, Lidz, Wynne u. a., Suhrkamp, Frankfurt 1969.
Schopenhauer, Artur, *Werke in 2 Bänden,* G. Fock, Leipzig o. J.
Schreuer, Hans, Das Recht der Toten, in: *Ztschr. f. vergl. Rechtswissenschaft* Bd. 33, S. 333-432, 1915 u. Bd. 34, S. 1-208, 1916.
Schweizer Volksmärchen, E. Diederichs, Düsseldorf 1971.
Scot, Reginald, *The discoverie of witchcraft,* London 1584.
Shakespeare, William, *Hamlet.*
Skliar, N. / Starikowa, K., Zur vergleichenden Psychiatrie, in: *Archiv f. Psychiatrie u. Nervenkrankheiten* 88, 554-585, 1929.
Smith, Robert J., *Ancestor Worship in Contemporary Japan,* Stanford Univ. Press, Stanford 1974.
Sophokles, *Die Tragödien,* A. Kröner, Stuttgart 1957.
Spieß, Edmund, *Entwicklungsgeschichte der Vorstellungen vom Zustande nach dem Tode,* H. Costenoble, Jena 1877.
Stemplinger, Eduard, *Antike und moderne Volksmedizin,* Dieterich, Leipzig 1925.
Stierlin, Helm, Das von Schizophrenie bedrohte Familienmitglied, in: Hexagon Roche 1977, Heft 7, S. 5.
Stolze, Helmuth, Die Katamnesen des Psychotherapeuten, in: *Münch. Med. Wschr.* 50, 2451-2456, 1962.
Storå, Nils, *Burial Customs of the Skolt Lapps,* Folklore Fellows Communications Vol. LXXXIX No. 210, Helsinki 1971.
Strack, Hermann L., *Das Blut im Glauben und Aberglauben der Menschheit,* 5.-7. Aufl., C. H. Beck, München 1900.
ders. u. Billerbeck, Paul, *Kommentar zum Neuen Testament aus Talmud und Midrasch,* Bd. 4, C. H. Beck, München 1928.
Swedenborg, Immanuel, *Von dem Himmel und seinen Wunderdingen und von der Hölle (De Coelo et ejus Mirabilibus, et de Inferno,* London 1758), Verlags-Expedition, Tübingen 1854.
v. Sydow, Eckart: *Ahnenkult und Ahnenbild der Naturvölker,* Beiträge zu einer Weltgeschichte religiöser Kunst Bd. 6, Furche-Kunstverlag, Berlin 1924.
Szasz, Thomas S., *Theologie der Medizin (The Theology of Medicine),* Europaverlag, Wien 1980.

(Thinckel, Johann Friedrich), *Die Unschädlichkeit der Kirchhöfe nahe bey den Wohnungen der Lebendigen,* Freyberg 1775.
Das Tibetanische Totenbuch, Hrsg. v. W. Y. Evans-Wentz, mit einem psychologischen Kommentar von C. G. Jung, Rascher, Zürich 1935.

Toynbee, Jocelyn M. C., *Death and Burial in the Roman World,* Thames & Hudson, London 1971.

Vergil, *Aeneis.*

Viszanik, Michael, *Leistungen und Statistik der k.k. Irrenheilanstalt zu Wien . . .,* Mörschner und Bianchi, Wien 1845.

Wagner, Albrecht (Hrsg.), *Visio Tnugdali,* A. Deichert, Erlangen 1882.

Wagnitz, Heinrich Balthasar, *Historische Nachrichten und Bemerkungen über die merkwürdigsten Zuchthäuser in Deutschland,* nebst einem Anhange über die zweckmässigste Einrichtung der Gefängnisse und Irrenanstalten, 2 Bde. in 3 Vol., J. J. Gebauer, Halle 1791-1794.

Weinhold, Karl, *Altnordisches Leben,* A. Kröner, Stuttgart 1938.

Weyer, Johann, *De Praestigiis Daemonum,* Von Teuffelsgespenst Zauberern und Gifftbereytern / Schwartzkünstlern / Hexen und Unholden / darzu irer Straff / auch von den Bezauberten / und wie ihnen zuhelffen sey . . ., N. Basseus, Frankfurt 1586.

Wickland, Carl, *Dreißig Jahre unter den Toten (Thirty Years among the dead),* O. Reichl, Darmstadt 1952.

Woggon, B. / Angst, J. / Margoses, N., Gegenwärtiger Stand in der neuroleptischen Langzeitbehandlung der Schizophrenie, in: *Der Nervenarzt* 40, 349-355, 1969.

Wolman, B. B., Exploration in latent Schizophrenia, in: *Amer. J. Psychotherapie* 1957, pp. 560-588.

Yamamoto, H. / Suzuki, J. / Yamauchi, Y., Psychophysiological Study on Fasting Therapy, in: *Psychother. Psychosom.* 32, 229-240, 1979.

Personen- und Sachregister

Alphabetisches Gesamtverzeichnis der suhrkamp taschenbücher

st 829 Pablo Neruda
Liebesbriefe an Albertina Rosa
Zusammengestellt, eingeführt und mit Anmerkungen versehen
von Sergio Fernández Larraín
Aus dem Spanischen von Curt Meyer-Clason
Mit Abbildungen
338 Seiten
Wer die Memoiren Nerudas gelesen hat, kennt seine Erzählhaltung. Das Schreiben sei für ihn wie das Schuhemachen – und so urpersönlich, sympathisch warm und menschlich ist auch der Ton dieser Briefe. Sie befassen sich mit Zuneigung und alltäglichen Sorgen, mit Hoffnungen und Enttäuschungen.

st 831 Helm Stierlin
Delegation und Familie
Beiträge zum Heidelberger familiendynamischen Konzept
258 Seiten
»Die Beiträge des Bandes verarbeiten eine Fülle von Fallbeispielen und therapeutischen Erfahrungsdaten vor dem Hintergrund der psychoanalytischen Grundannahmen zu einem komplexen System von Hilfestellung für die unterschiedlichsten familiären Konstellationen. Lesenswert für jeden, der an Einsicht in ein komplexes Gefüge von Zusammenhängen interessiert ist.«

Wissenschaftlicher Literaturanzeiger

st 833 J. G. Ballard
Die Tausend Träume von Stellavista
und andere Vermilion-Sands-Stories
Aus dem Englischen von Alfred Scholz
Phantastische Bibliothek Band 79
204 Seiten
Vermilion Sands, ein Wüstenkurort zur Erfüllung der ausgefallensten Träume der gelangweilten Reichen, jetzt Künstlerkolonie für Maler, Literaten, bildende Künstler und Musiker, ist in einem langsamen, aber unaufhaltsamen Verfall begriffen. Dichter drücken lediglich auf die Knöpfe ihrer Computer, die automatisch für sie dichten; tönende Skulpturen wachsen aus dem Boden, und empfindsame Pflanzen reagieren auf die Töne der Musik.

diert für eine Form von Adaption, die den Patienten befähigt, die Realität so zu sehen, wie sie ist, was nicht bedeutet, sie in ihrer Faktizität einfach hinzunehmen. Eriksons »goldene Regel« für seine eigene Praxis ist ein Begriff von Anpassung, der auf Gegenseitigkeit und Anerkennung basiert.

st 825 Volker Erbes
Die blauen Hunde
Erzählung
190 Seiten
Die blauen Hunde erzählt die Geschichte einer Krankheit. Scheinbar unangekündigt trifft sie eine junge Frau. Die Vorgeschichte zeigt, daß die Formen ihres Wahns nicht zufällig sind oder abstrus, sondern bis in die absonderlichen Details biographisch bestimmt. Auch der Erzähler, der ehemalige Freund dieser Frau, wird von dem Wahn, der der Wahn einer Epoche ist, erfaßt. Indem er ihre Geschichte erzählt, entdeckt er betroffen die Rolle, die er darin spielt.

st 826 Phantasma
Polnische Geschichten aus dieser und jener Welt
Herausgegeben und übersetzt von Klaus Staemmler
Phantastische Bibliothek Band 77
282 Seiten
Zwanzig Erzählungen von neunzehn Autoren stellt dieser Band vor, utopische und phantastische Geschichten, heitere und ernste, amüsante und besinnliche; Spekulationen über die Zukunft stehen neben satirischen Seitenhieben auf die wenig vollkommene Gegenwart. Und es gibt auch gar schauerliche, diabolische und unheimliche Geschichten.

st 828 Hermann Lenz
Die Begegnung
Roman
204 Seiten
»Ein wundersames und wunderbares Buch ... ein Roman, der ganz unwichtig tut und doch voll Weisheit ist; der beiläufig erzählt wirkt und doch Existentiellem auf den Grund geht; der in geschichtlicher Zeit spielt und uns die eigene Zeit und unsere eigene Zerrissenheit besser wahrnehmen läßt.« *Deutsche Zeitung*

st 821 Hans Carossa
Der Arzt Gion
Eine Erzählung
256 Seiten
»Die Lauterkeit seiner Gesinnung, die Tiefe seiner so bescheiden auftretenden Problematik, und mehr als alles der Adel seiner Sprache, seines schönen, wie eine Quelle fließenden Deutsch machen dies ernste Buch unausschöpflich, wie alle echte Dichtung es ist.« *Hermann Hesse*

st 822 Marcel Proust
Sodom und Gomorra
Auf der Suche nach der verlorenen Zeit
Vierter Teil
Deutsch von Eva Rechel-Mertens
2 Bände, zus. 724 Seiten
»Von der Erfahrung Prousts in Deutschland verspreche ich mir Entscheidendes, nicht im Sinne der Nachahmung, sondern in dem des Maßstabes. ... Angesichts des desorientierten Zustandes der deutschen Prosa, wenn nicht der Krisis der Sprache überhaupt, ist Rettendes zu hoffen von der Rezeption eines Dichters, der das Exemplarische vereint mit dem Avancierten.«
Theodor W. Adorno

st 823 Sylvia Beach
Shakespeare and Company
Ein Buchladen in Paris
Aus dem Amerikanischen von Lilly v. Sauter
Mit Abbildungen
248 Seiten
»*Shakespeare and Company* ist kein gelehrtes Buch, es ist ein ganz persönlicher Bericht. In Sylvia Beachs Erinnerungen kommen nahezu alle vor, die in den zwanziger Jahren eine Rolle spielten, und Sylvia Beach zählte sie alle zu ihren Bekannten.« *The New Yorker*

st 824 Erik H. Erikson
Lebensgeschichte und historischer Augenblick
Übersetzt von Thomas Lindquist
296 Seiten
Die Frage, um die es Erikson in diesem Buch geht, lautet: Psychoanalyse – Anpassung oder Freiheit? Erikson plä-

füge, in das man selbst, lesend, hineingerät, dem man in alle Einzelheiten folgt.« *Süddeutsche Zeitung*

st 817 Igor Strawinsky
Aufsätze, Kritiken, Erinnerungen
Ausgewählt und herausgegeben von Heinrich Lindlar
226 Seiten
Was über Werden und Wirken, über Weg und Werk des russisch-französisch-amerikanischen Komponisten und Kosmopoliten Strawinsky vom Aufbruch unseres Jahrhunderts im Reflex seiner Mitarbeiter, Freunde und Mäzene, aber auch seiner eingeschworenen Gegner aus dem Umfeld der Neuen Wiener Schule Schönbergs – was da an Erinnerungen, an Huldigungen und Attacken von Belang war, findet sich in diesem Auswahlband wie in einem Brennspiegel.

st 818 J. G. Ballard
Kristallwelt
Roman
Aus dem Englischen übersetzt von Margarete Bormann
Phantastische Bibliothek Band 75
178 Seiten
»Am Tage flogen phantastische Vögel durch den erstarrten Wald, und edelsteinbesetzte Krokodile glitzerten wie heraldische Salamander an den Ufern des kristallenen Flusses. Nachts jagte der leuchtende Mann unter den Bäumen dahin, die Arme wie goldene Wagenräder, der Kopf wie eine gespenstische Krone ...«

st 819 Peter Schattschneider
Zeitstopp
Science-fiction-Geschichten
Phantastische Bibliothek Band 76
230 Seiten
»Mit einemmal sah er nur noch Atome und Moleküle, die keinen Bezug zueinander hatten. Nichts veränderte sich. Die Naturgesetze zerfielen, weil es in der Zeitlosigkeit nichts gab, das sie beschreiben konnten, und mit ihnen zerfielen die Objekte. Bäume, Sträucher, das verdorrte Gras, Erde und Gestein, selbst die Sonne und der in der Luft erstarrte Vogel: Alles verlor sich in Bedeutungslosigkeit.«

st 812 Der lange Kampf Lateinamerikas
Texte und Dokumente
von José Martí bis Salvador Allende
Herausgegeben von Angel Rama
424 Seiten
Seit den Unabhängigkeitskriegen existiert die Idee Simón Bolívars von einem einigen und starken Lateinamerika: mit politischer, wirtschaftlicher und kultureller Selbständigkeit. Der Traum ist heute noch ein Wunschbild, Lateinamerika sucht noch immer seine Identität.

st 813 Robert Walser
Der Gehülfe
Roman
292 Seiten
»Die Prosa Robert Walsers ist auf arglose Weise hinterhältig. Gefeit gegen jede schnelle Lektüre, verlangt sie eine unendlich rege Aufmerksamkeit, denn erst im Wieder- und Wiederlesen zeigt sie ihre wahre Gestalt. Was zuerst wie Unvermögen und Verwahrlosung, wenn nicht gar wie Kitsch aussieht, entpuppt sich im Nachhinein als Raffinesse. ... Jedes Klischee gerät ihm zur Demonstration gegen den gefälligen Effekt, seine Komik ist freiwillig.« *Wolf Wondratschek*

st 815 Hans Christoph Buch
Jammerschoner
Sieben Nacherzählungen
162 Seiten
»Hintergründig und scheinbar sadistisch entlarvt der Autor soziale, politische, historische Verhältnisse, er verschränkt spielerisch, doch mit deutlichem Hinweis, verschiedene Epochen, Zeiten, ja Kulturen. Er tut dies mit den Mitteln einer Sprache, die parodistisch zitierend den Figuren ihr eigenes Urteil spricht.«

st 816 Natalia Ginzburg
Ein Mann und eine Frau
Aus dem Italienischen von Arianna Giachi
190 Seiten
»Aus diesen gleichmütigen, fast teilnahmslosen Mitteilungen entsteht unversehens ein unentrinnbares Lebensge-

er, wieder im Urwald, nach den Gefährten und Stätten des Glücks sucht, sind alle Spuren verwischt.

st 809 Darcy Ribeiro
Maíra
Roman
Deutsch von Heidrun Adler
340 Seiten
»Meisterhaft in der Komposition, von bestechendem Können im psychologischen Zugriff auf die einzelnen Charaktere, von geradezu weltliterarischer Souveränität in der allmählichen Entfaltung unaufhebbarer Konflikte, gehört dieser Roman zu den großen Leistungen des amerikanischen Subkontinents.«

Frankfurter Allgemeine Zeitung

st 810
Lateinamerika
Gedichte und Erzählungen 1930–1980
Herausgegeben mit einer Einleitung und Hinweisen zu den Verfassern von José Miguel Oviedo
426 Seiten
Chronologisch werden die großen Dichter und Erzähler Lateinamerikas vorgestellt: mit einem kurzen Stück Prosa oder wenigen Gedichten. Die Auswahl vermittelt einen Begriff von der unerhörten Lebendigkeit und schöpferischen Kraft, die überall auf diesem Kontinent zutage treten. Sie reicht von der Lyrik César Vallejos, Pablo Nerudas und Nicolás Guilléns bis zu den Erzählungen Asturias', Guimarães Rosas und Gabriel García Marquez'.

st 811 Die Neue Welt
Chroniken Lateinamerikas von Kolumbus bis zu den Unabhängigkeitskriegen
Herausgegeben und mit einer Einleitung versehen von Emir Rodríguez Monegal
Mit zeitgenössischen Illustrationen
434 Seiten
Diese Chroniken sind der Beginn eines Dialogs der Kulturen. Die Europäer reagierten auf die ersten Zeugnisse aus Amerika: so entstanden die *Utopia* von Thomas Morus oder der Essay über die *Kannibalen* von Montaigne, der Vorstellungen nachhaltig prägte. Dieser Dialog dauert bis heute an, im Begriff des Eurozentrismus hat er seine moderne Form gefunden.

»Das Mädchen des Erzählten nannte ihren Superstar-Freund erstmals halbversehentlich Pappkarton, machte es sich von nun bequem, mit Kissen und so. Davor war sie allerdings sehr klein, war auch erst 12 oder 13 Jahre alt. Aus diesem Alter stammen die ersten vorliegenden Seiten. Doch dann wollte sie ihr Buch schreiben, weil er ihre Briefe nicht beantwortete, jenes Buch wird ihr Superstar mit Sicherheit lesen.«

Aus dem Brief der Autorin vom 27. 4. 1981

st 806 Stanisław Lem
Die Ratte im Labyrinth
Ausgewählt von Franz Rottensteiner
Phantastische Bibliothek Band 73
274 Seiten
»... zur Zeit wohl der umfassendst gelehrte Kollege, einer der letzten Alexandriner, dem es gelingt, interdisziplinär zu arbeiten, als könnten die Ecken unseres Bewußtseins und die Geheimnisse etlicher Galaxien eine Verbindung eingehen.« *Günter Herburger*

st 807 Johanna Braun, Günter Braun
Der Irrtum des Großen Zauberers
Ein phantastischer Roman
Phantastische Bibliothek Band 74
196 Seiten
»Die Parabel vom Birnenimperium Plikato ist ... eine Satire auf totalitäre Machtapparate und deren Scheitern an der menschlichen Widerstandskraft und entfaltet bei deren Durchschauen beträchtlichen Witz.« *Otto F. Beer*

st 808 Alejo Carpentier
Die verlorenen Spuren
Roman
Aus dem Spanischen von Anneliese Botond
354 Seiten
Ein Musikwissenschaftler erhält den Auftrag, für die Sammlung der Universität bestimmte primitive Instrumente im Urwald aufzuspüren. Die Reise, die ihn für einige Wochen von unbefriedigender Tätigkeit und Ehe befreien soll, wird ihm zur Befreiung schlechthin. Doch er hat den Bruch mit der Zivilisation nur halbherzig vollzogen. Er kehrt noch einmal zurück in die Weltstadt. Als

st 802 Wolfgang Koeppen
Amerikafahrt
168 Seiten
»Die Amerikafahrt Wolfgang Koeppens zieht ihre wirklich oft unwiderstehliche Schönheit, ihre hinreißend ›genaue‹, vibrierend notierte Diktion aus der Summierung ›gelungener‹ Minuten-Notizen, an denen Netzhaut, Ohr, Kalkül, ästhetisches Kombinationsvermögen, Duldsamkeit, diskrete Klugheit in gleichem Maße beteiligt sind. Die Notizen ereignen sich unterwegs von Fall zu Fall, in New York wie in Hollywood oder bei den Mormonen, im Flugzeug oder im Pullman.« *Karl Krolow*

st 803 Herbert Achternbusch
Das letzte Loch
Filmbuch
Mit Abbildungen
122 Seiten
»Wie kommt es, daß die besten Filme, die sich mit dem Grauen in Deutschland auseinandersetzen, von Komödianten gemacht wurden? Chaplins ›Großer Diktator‹, Lubitschs ›Sein oder Nichtsein‹, und nun Achternbuschs ›Das letzte Loch‹. Kann man das Unfaßbare nur mit Gelächter ertragen?« *Süddeutsche Zeitung*

st 804 Bohumil Hrabal
Erzählungen, Moritaten und Legenden
Aus dem Tschechischen von Franz Peter Künzel
248 Seiten
»Welt ist das, als was man sie ansieht. Hier wird sie nicht ernster genommen, als unbedingt nötig. Mit hinterhältigem Witz und unter Harmlosigkeit getarnter Ironie erredet sich Hrabal eine Freiheit, die immun macht, weil es die Freiheit der Narren ist.« *Wolfgang Werth*

st 805 Veranda Spuk
Mein Flirt mit einem ganz bestimmten Superstar
oder Mein heiliger Pappkarton im Bettlaken
300 Seiten im Schuber

Abbildungsnachweis

Reproduktionsgenehmigungen gaben freundlicherweise: für Seite 33, 35, 90 der Artemis Verlag Zürich (Hornung, *Ägyptische Unterweltsbücher*); für Seite 68 das Linden-Museum Stuttgart; für Seite 74 die Trustees des British Museum London; für Seite 92 Princeton University Press Princeton, New Jersey (Lyman H. Butterfield [Hrsg.], *Letters of Benjamin Rush,* Vol. 2: 1793-1813, Copyright 1951, © renewed 1979 by the American Philosophical Society; reproduced by permission of Princeton University Press); für Seite 96 oben Verlag Hans Huber Bern (Esquirol, *Von den Geisteskrankheiten*); für Seite 105 der O. W. Barth Verlag im Alfred Scherz Verlag Bern/München/Wien (*Ägyptisches Totenbuch,* Hrsg. G. Kolpaktchy); für Seite 110 das Museo del Prado Madrid.